江苏省产教融合项目资金支持

体育管理学：理论与实践

主编　刘　晖

东南大学出版社
SOUTHEAST UNIVERSITY PRESS
·南京·

内容提要

本书主要内容分为理论篇和实践篇，共 12 个章节。理论篇包括绪论、体育管理系统、体育管理理论、体育管理职能、体育管理方法，实践篇包括全民健身、青少年体育、体育产业、体育赛事、体育旅游、体育场馆和体育公园。

本书在参考大量国内外体育管理学研究成果的基础上，结合当前产教融合的教学需求以及我国体育发展的实际情况，对体育管理学所涉及的基本理论和基本方法进行了系统介绍，并对当前体育发展的热点领域从概念、现状及未来发展等方面进行了深入分析。

本书可作为体育经济与管理、休闲体育、社会体育指导与管理等专业的教材，也可作为教练员和体育管理者的参考用书。

图书在版编目（CIP）数据

体育管理学：理论与实践 / 刘晖主编. -- 南京：
东南大学出版社，2025. 3. -- ISBN 978-7-5766-2218-8

Ⅰ. G80-05

中国国家版本馆 CIP 数据核字第 2025H163N0 号

责任编辑：张绍来　　责任校对：张万莹　　封面设计：毕真　　责任印制：周荣虎

体育管理学：理论与实践
Tiyu Guanlixue；Lilun Yu Shijian

主　　编	刘晖
出版发行	东南大学出版社
社　　址	南京四牌楼 2 号　邮编：210096　电话：025-83793330
网　　址	http://www.seupress.com
出 版 人	白云飞
经　　销	全国各地新华书店
印　　刷	广东虎彩云印刷有限公司
开　　本	787 mm×1 092 mm　1/16
印　　张	13.25
字　　数	330 千
版　　次	2025 年 3 月第 1 版
印　　次	2025 年 3 月第 1 次印刷
书　　号	ISBN 978-7-5766-2218-8
定　　价	39.00 元

编写组成员

刘　晖　南京体育学院　　　　博士　副教授

谢经良　山东财经大学　　　　博士　教　授

刘　峥　西南大学　　　　　　博士　教　授

傅振磊　南宁师范大学　　　　博士　教　授

王　艳　鲁东大学　　　　　　博士　教　授

冯　婧　江西财经大学　　　　博士　讲　师

齐春燕　南开大学　　　　　　博士　副教授

李海霞　山东体育学院　　　　博士　副教授

张建伟　北京师范大学　　　　博士　副教授

孙钰林　韩国汉阳大学　　　　博士

前　言

　　习近平总书记在2020年9月召开的教育文化卫生体育领域专家代表座谈会上指出,体育是提高人民健康水平的重要途径,是满足人民群众对美好生活向往、促进人的全面发展的重要手段,是促进经济社会发展的重要动力,是展示国家文化软实力的重要平台。新时代体育将在中华民族复兴伟业中扮演更积极的角色,发挥更重要的影响。从《体育强国建设纲要》的全面实施,到"十四五"体育发展规划的精准落地,以及当前"十五五"体育发展规划的科学谋划,从全民健身国家战略的深入推进到体育产业高质量发展的多维布局,中国体育正在经历从规模扩张向质量提升、从要素驱动向创新引领的深刻变革。这一历史性跨越,既为体育管理学科的发展提供了丰沃土壤,也对人才培养提出了更高要求——既需要深谙体育规律的专业人才,又需要精通现代管理的复合型人才;既要服务全民健身的普惠需求,又要支撑千亿级体育产业的转型升级。《体育管理学:理论与实践》的编写,正是响应时代召唤、对接国家战略、破解育人瓶颈的重要探索。

　　2014年,国务院印发《关于加快发展体育产业促进体育消费的若干意见》,提出到2025年,我国体育产业总规模超过5万亿元,成为推动经济社会持续发展的重要力量;同时还将全民健身上升为国家战略。2021年,党的十九届五中全会提出到2035年建成体育强国的战略目标。这些宏伟战略计划的达成,既需要教育、科技的大力支撑,更需要各类体育人才的践行和推动。新时代的体育专业教育需顺势而为,担负为国育才的重要使命。编撰科学创新的教材是科学育才的第一步。

　　为了达成上述使命,该教材在吸收现有优秀研究成果的基础上,围绕"产教融合"进行了大胆的创新尝试,增加了一些新内容、新思想和新案例,更好地让学生消除校社之间的需求差、信息差、能力差,进而更高效地培养社会所需人才。教材分为理论篇和实践篇:理论篇主要阐述了体育管理学的由来、体育管理系统、体育管理理论、体育管理职能、体育管理方法等相关内容;实践篇则结合当下社会热点难点,以及专业应学应会的知识,阐述了全民健身、青少年体育、体育产业、体育赛事、体育旅游、体育场馆和体育公园等内容。每章都精选了与教学内容相关的案例,以帮助体育经济与管理、社会体育指导与管理等专业的学生更好地理解相关知识,进而达成"立德树人、全面育才"的目的。

本教材共分为 12 章。刘晖负责整本教材的框架设计、内容规划、任务分配、审稿润色、案例分析编写等工作,并负责第一章、第十一章和第十二章的内容编写,以及第九章部分内容的编写;谢经良负责编写第二章;齐春燕负责编写第三章;张建伟负责编写第四章;刘峥负责编写第五章;孙钰林负责编写第六章;李海霞负责编写第七章;王艳负责编写第八章;傅振磊负责编写第九章部分内容;冯婧负责编写第十章。硕士研究生李明月、叶紫雯协助审校书稿。

本书在编写过程中参考了大量中外体育管理学著作及相关文献资料。这些研究成果为本教材的撰写起到了至关重要的作用。由于编写时间相对仓促,文中对一些引用的观点和论述未能一一标注,谨向这些作者表示由衷的敬意。鉴于编者的知识水平和认知能力有限,教材中难免存在疏漏和不足之处,恳请广大读者不吝批评指正。

刘晖

2025 年 2 月

目　录

理 论 篇

实 践 篇

理 论 篇

第一章

绪　论

📚 **内容提要**

（1）体育管理学的形成与发展。

（2）体育管理学的概念与任务。

（3）新时代体育管理学的使命。

📖 **学习目的**

（1）掌握体育管理、体育管理学的概念。

（2）了解体育管理学形成的影响因素及发展过程。

（3）思考新时代对人才的新要求及体育管理学相关专业产教融合改革的必要性。

第一节　体育管理概述

　　管理活动发端于人类社会的早期，并广泛存在于人类社会生活的方方面面。在人类进入原始社会，协作劳动和公共生活产生了最早的管理现象。人们用原始的协作孕育出分工、合作等管理观念的萌芽。体育活动作为人类区别于动物的一种重要社会文化活动，也从最初的劳动、军事、祭祀、医疗等社会实践中脱离出来，成为一种有基本规则或规范的社会文化现象，并且伴随着其活动的增多和日渐复杂，逐渐出现了体育管理的萌芽。

一、人类的体育活动

　　从人类文明演进的宏观视角审视，体育活动是人类生物本能与文化建构交织而成的独特现象。原始社会时期，奔跑、跳跃、投掷、格斗等身体技能是生存竞争的必需能力，考古证据显示，旧石器时代人类已通过模拟狩猎的肢体训练传递生存经验，这种将生存技能仪式化的群体行为，构成了体育活动的原始雏形。古代人类的飞石索、角力、射箭、滑雪等活动，都与现代体育存在千丝万缕的联系。古埃及壁画中的摔跤角力、古希腊陶器上刻画的竞技场景、商周青铜器上的射礼画像等表明，很多身体运动在服务于军事、劳动等目的的同时，慢慢开始从实用价值向精神象征转化，逐渐摆脱在表象支配下无意识地进行身体活动的状态，开始具有了初步的体育意识。

　　古奥林匹克竞技来源于古希腊早期氏族部落民主时期的首领选举仪式和祭礼竞技，后来逐渐演变成希腊神话的主神宙斯祭奠的主要活动内容。它通过制订规则、固定赛程和神圣化仪式，使得体育活动完成了从自发游戏到制度文明的转型。在古代中国，肇始于周朝的六艺教育体系就包括射与御的内容，使得二者不仅承载着军事训练的功能，更被视为礼仪修养与君子人格塑造的重要实践载体。中世纪至近代，体育在不同文明中呈现差异化发展轨迹：欧洲骑士比武体现封建等级，日本武士道将武技升华为精神修行，中国明清武术则融入民间结社与宗教因素。这种多元形态揭示了体育活动作为社会结构镜像的文化适应性。

资本主义的发展与城市的兴起产生了对体育的新需求,推动体育呈现出新特点,进而成为古代向现代体育蜕变的转折点。一方面,工业革命所带来的社会结构、思想文化、生活方式的巨变使体育的社会需求大幅增长;另一方面,工业革命所确立的社会规则引导着欧洲体育进一步摆脱宗教性、野蛮性和依附性而走向理性化和制度化,成为具有世俗性、规范性和独立性的大众休闲方式和教育手段。随着人们对体育认知的不断深入、体育功能的变迁以及体育产业的发展,现代人类的体育活动表现出新特点,也展示出新的生命力。全球化的赛事体系、同一化的竞赛规则、统一化的体育资源等都使得体育活动不断突破传统的时空、价值范畴,而具备越来越大的发展空间和影响力。

二、体育管理的实践

体育管理的系统性形成可追溯到 19 世纪末工业文明与城市化的双重驱动,而其管理形式的萌芽则贯穿人类文明演进全过程。从古希腊奥林匹亚竞技会的组织运行到南宋临安蹴鞠(足球)联赛的社会化运作,都反映了人们在体育实践中不断超越和创新的过程。古代奥林匹克竞技会中有短跑、往返跑、长距离跑、五项竞技、摔跤、拳击、武装赛跑、赛车、赛马等项目。赛前一个月,竞技会的组织者和裁判员带着各城邦经淘汰赛选出并已训练 10 个月的运动员,来到伊利斯参加最后的集训。赛会期间,运动员、裁判员等各负其责,各项活动井然有序,比赛过程奖惩分明。我国唐代封演所撰的笔记体著作《封氏闻见记》中记载了唐朝马球选手与吐蕃使臣同场比赛的激烈场景,并留下"玄宗东西驱突,风回电激,所向无前"的描述;南宋临安曾举办过有史料记载的世界上最早的蹴鞠联赛"山岳正赛",还建立了最早的蹴鞠俱乐部组织"齐云社",并制订了严格的竞赛规则。这都体现了古人丰富的体育实践以及卓越的管理智慧。

工业革命彻底重构了体育的管理范式,标准化的竞赛规则、职业联盟的诞生标志着体育进入现代科层制管理阶段。1863 年,英格兰足球协会(The Football Association,FA)成立并制定了世界上第一部统一的足球竞赛规则,这标志着现代足球运动的诞生。20 世纪体育产业的资本化运作,体现了全球化时代商业逻辑对传统体育伦理的重塑。国际奥委会的品牌运营、跨国体育集团的产业链整合等都在印证体育管理已成为融合政治、经济、文化的复杂系统。体育管理就是在特定环境下,为有效实现体育组织的目标,管理者通过计划、组织、控制、协调等职能,有效动员各种资源,以实现组织目标的过程。日趋繁杂的体育实践对体育管理者提出了更高要求,为体育管理学的形成与发展创造了条件。

第二节　体育管理学的形成与发展

一个学科或课程的形成通常始于社会需求与技术变革的相互作用,体育管理学的形成与发展也遵循了这一规律。

一、体育管理学的形成

体育管理的实践古已有之,但是体育管理学的出现是伴随着管理学的进步以及体育自身的发展壮大及影响力的日益提升而出现的。管理学的系统化发展始于 19 世纪末工业革命催生的效率革命。科学管理理论的创始人弗雷德里克·泰勒在其 1911 年创作出版的《科学管理原理》中确立的工作定额与标准化理论,最初应用于钢铁厂的生产线优化,其核心目标是通过科学方法提高劳动生产率。此后,管理学理论慢慢渗透到竞技体育领域。第二次世界大战(以下简称"二战")后全球体育产业的快速发展,为体育管理学的形成做好了铺垫。

(一)体育管理学形成的影响因素

任何新事物的出现,或者呈现出新发展动向,都可以归结于其内部各影响要素的联合作用,以及外部环境的改变。同样地,体育管理学的产生既受体育事业内部结构变化、管理需求增加的推动,也是体育产业发展以及管理学、心理学等相关学科共同影响的结果。

1. **体育自身发展的内在驱动** 随着体育活动从民间游戏升级为专业竞技,其复杂性催生了系统化管理需求。当足球从街头随意踢打的群体嬉戏演变为拥有数万现场观众的职业比赛,当一个区域性赛事活动演变为全球体育盛事或狂欢,当一个仅仅是健身健心或扩展交往的体育手段变为全球关注的政治经济文化热点,体育所涉及的人群、地域、领域等日益广泛,所衍生出的新问题和难题也不断涌现。解决这些难题仅仅依靠传统经验已难以应对。例如,奥运会的全球化扩张迫使国际奥委会在1921年成立常设管理机构——执行委员会,以解决赛事日程协调、运动员国籍认定等新问题。体育项目越专业化,就越需要更标准化的训练体系、公平的竞赛规则和科学的健康保障机制等。这些内在需求直接推动了体育管理体系的建立,这就需要规范、科学、高效的体育管理知识作支撑。

2. **体育产业对高质量发展的追求** 体育产业发源于英国,兴盛于美国,后推及全球。19世纪初,英国赛马俱乐部模式开始在美国流行。由于美国社会缺乏像英国那样的贵族对俱乐部进行慷慨资助,于是美国人开始探索营利性俱乐部的运作方式,并取得成功,由此开创了体育商业化的先河。20世纪初,美国在俱乐部发展的基础上,建立并完善了职业体育联盟制,向市场化、商业化和产业化迈出了关键一步。在美国体育产业的影响和带动下,以及全球生产方式转型的推动下,世界体育产业获得快速发展。1992年,22家顶级俱乐部脱离原英格兰足球联赛体系,成立独立的英超联盟(Premier League),直接掌控联赛商业开发权。这一变革打破了英格兰足球协会对顶级联赛的垄断,将决策权交给俱乐部代表,形成"俱乐部自治"模式。同时,赛事规模扩大带来了风险升级,如球场踩踏事故、兴奋剂丑闻等,这些问题迫使行业建立应急预案和危机公关体系。以1994年中国职业足球联赛的开展为标志,我国体育也开启了产业化和职业化之路。市场化进程使体育从兴趣活动转化为产值惊人的经济产业,这些新变化倒逼管理制度的改革、重构和管理方法的优化提升。职业联赛的转播权销售、运动品牌的赞助合同、球星商业代言等新型盈利模式,要求管理者具有精细化、专门化的管理协调和组织策划能力。

3. **多学科知识的协同赋能** 体育管理学是管理学的分支学科,同时涉及运动医学、信息技术、心理学等学科知识,具有交叉学科的特点。所以,其他相关学科的发展进步也直接对体育管理学的发展产生了深远影响。管理学理论构建了组织架构与决策框架,使职业俱乐部能够建立科学的选拔机制和薪酬体系;运动医学的突破革新了训练方式,通过肌肉电信号监测、疲劳度分析等技术,帮助教练团队制订个性化训练方案;信息技术的应用彻底改变了赛事运营模式,从实时数据采集到观赛体验优化,数字工具贯穿整个管理链条,并有效推动了竞技体育的全球化、产业化发展。

(二)体育管理学的演进

体育管理学的产生是社会发展和体育自身进步的必然结果。早期,随着体育活动的逐渐丰富和规模的扩大,简单的组织与协调需求开始出现。工业革命后,生产力的提升促使体育领域不断拓展,体育赛事、俱乐部等形式日益多样,对科学管理的需求愈发迫切。美国作为现代体育产业的发源地,美国职业篮球联赛(National Basketball Association,NBA,简称美职篮)、美国职业棒球大联盟(Major League Baseball,MLB,简称美职棒)等职业体育联盟的商业运营模式成为体育管理实践的典范,推动了管理学理论与体育产业的深度融合。

20世纪中期以来,体育管理学迎来快速发展阶段。教育界以1966年美国俄亥俄大学开展全球首个体育管理硕士项目为起点,将市场营销、组织行为学等管理学理论系统引入体育领域,奠定了学科理论基础。奥运会、世界杯等国际体育赛事的组织复杂性与各国职业体育的商业化浪潮,共同推动了体育管理理论的创新,并促进了赛事运营、运动员职业规划、体育市场营销等细分领域的形成。1985年,北美体育管理协会(North American Society for Sports Management,NASSM)的成立标志着该学科进入系统化发展阶段,其学术研究成果与体育实践经验相结合,共同完善了学科体系。进入信息化时代,美国在体育管理领域的技术应用持续引领全球。大数据分析、人工智能等技术被广泛应用于运动员表现评估、体育场馆智能运营及体育消费行为预测等。同时,美国体育管理研究更加注重跨学科融合,将心理学、经济学理论与体育组织行为学等相结合,形成独特的研究范式。如今,美国体育管理学不仅塑造了全球体育产业的运营标准,其产学研一体化的发展模式也为各国提供了重要借鉴,推动体育管理学科向全球化、智能化方向持续演进。

二、体育管理学的发展阶段

体育管理学是由管理科学分化出来的一门分支学科,属于部门管理学。体育管理学最早产生于美国,20世纪30年代有学者开始对这一学科进行研究,到50年代把它列为大学课程。1949至1959年间,南佛罗里达大学就开设了经过州教育部批准的体育管理课程,是同类课程中开设最早的。苏联在20世纪40年代也着手研究这一学科,并在50年代末将其列为体育院校的课程。日本自20世纪40年代以来,也出版了许多体育管理的专著和教材。随着美国体育产业的快速发展及其全球影响力的逐渐扩展,源于美国的体育管理理论与实践向世界蔓延,体育管理学也在这一潮流中传向全球。加拿大、日本、澳大利亚、新西兰、希腊、意大利、南非、法国和英国等国家先后开设了类似课程。体育管理学作为一个学术专业在这些国家逐步发展起来,为所在国体育事业或产业发展培养了大批人才,也丰富了世界体育管理学理论体系,为体育产业的大发展提供了智力支持。

从全球视角来看,体育管理学发展、成熟于体育产业起步较早的美国、欧洲各国,随后才紧随全球化的步伐向世界各地传播。

(一) 萌芽期(19世纪末—20世纪50年代)

工业革命推动了全球体育形态变革,英国的体育俱乐部、德国的体育教育体系与美国职业体育联盟雏形初现。社会分工细化催生体育管理需求,早期管理者多依靠经验处理赛事组织、资源分配等问题。美国学者开始尝试将泰勒的科学管理理论引入体育领域,探索提升训练效率与商业运营的方法,为学科的形成奠定了实践基础。

(二) 形成期(20世纪50—80年代)

二战后全球体育产业勃兴,奥运会商业化转型与欧洲足球俱乐部职业化初兴,推动体育管理从经验走向科学。美国高校率先设立体育管理专业,欧洲高校则注重体育政策与公共管理研究。1985年北美体育管理协会成立,标志着体育管理学科进入系统化发展阶段,研究聚焦于赛事运营、组织行为学与体育经济学等领域。

（三）成熟期（20世纪90年代—21世纪初）

全球化加速体育资源整合，国际足联（Fédération Internationale de Football Association，FIFA）、国际奥委会（International Olympic Committee，IOC）等国际体育组织的管理模式引发学界关注。美国职业体育联盟开展的工资帽制度、转播权开放等商业运营模式成为全球模板，欧洲足球俱乐部的股份制改革深化了资本与体育的融合。信息技术革命促使体育管理引入集成化的企业管理软件（Enterprise Resource Planning，ERP）系统、运动员数据追踪等工具，学科研究扩展至体育伦理、跨文化管理等新领域。

（四）拓展期（2010年至今）

这一时期，科技与全球化深刻重塑了体育管理领域。数字技术渗透到行业的每个角落——大数据帮助球队分析球迷偏好、优化赛事转播；区块链技术被用于门票防伪和运动员合同透明化管理；元宇宙平台甚至让观众戴上VR眼镜"亲临"虚拟赛场观赛。同时，环保理念推动行业变革：全球越来越多的体育场馆开始采用太阳能供电、雨水回收系统，国际赛事主办方也更关注赛事对社区生态的长远影响。

新兴市场的崛起让体育管理不再局限于欧美模式。例如，中国电竞产业的爆发式增长、印度板球联赛的商业化探索、非洲足球青训体系的创新，都要求管理者制订更灵活的区域化策略。全球体育行业正加速规范化改革：国际奥委会推动反腐败机制，国际足联调整赛事规则促进性别平等，这些实践也反哺了学科理论体系的完善。如今的体育管理，既是技术的竞技场，也是社会责任与商业智慧的平衡艺术。

三、体育管理学在中国的发展情况

体育管理学是随着我国体育事业的迅速发展、现代管理理论与方法的日益丰富，以及现代科学技术的进步而产生的一门部门管理学，它是管理学科的一门分支学科。20世纪30年代，中华民国政府从美国引入《体育行政》一书，并在部分体育系科开课。50年代，我国从苏联引入《体育组织学》和《体育理论与方法》，并在一些体育院校开课。改革开放初期，我国部分体育理论学者与体育管理工作者着手系统研究并筹建这一学科。1984年，在国家体委科教司的支持下，由武汉体育学院牵头，会同有关体育院校编写出我国第一本《体育管理学》教材，接着举办了两期全国体育管理学讲习班，这标志着"体育管理学"学科在我国的初步建立。1985年，北京体育学院、武汉体育学院在我国首开体育管理学本科专业；1989年，武汉体育学院正式招收体育管理学专业硕士研究生；2000年，北京体育大学首次招收体育管理学方向博士研究生。此后，体育管理学课程和体育管理学专业陆续在全国诸多高校落地生根、快速发展。

2001年北京申奥成功成为转折点，赛事筹备催生对赛事运营、体育营销等专业人才的需求。2008年北京奥运会后，体育产业进入市场化快车道。上海体育学院等50余所高校设立体育经济与管理专业，研究领域从竞技体育管理拓展至全民健身、体育旅游等新业态。2014年，《关于加快发展体育产业　促进体育消费的若干意见》明确体育产业的战略地位后，学科建设加速升级。北京大学开设体育MBA项目，阿里体育等企业联合高校建立产教融合基地，研究重点转向数字化转型、体育公共政策创新。当前，体育管理学已形成涵盖本科至博士的培养体系，在"健康中国"与体育强国建设中持续赋能产业升级，其本土化理论创新正为全球体育治理提供中国方案。21世纪初，我国多层次的体育管理学人才培养体系已经初步建立，体育管理学的学术研究群体日益扩大，中国特色的体育管理学学科日臻完善。

第三节　体育管理学的概念与任务

国内外学者先后出版过很多体育管理学著作,绝大多数学者更愿意在著作中对体育管理的概念进行严格界定,而对体育管理学的概念界定鲜有提及。其原因主要源于该学科的特殊性与发展阶段的复杂性。当前体育管理学的发展相对成熟,并形成了自己独有的研究理论和研究范式。

要了解体育管理学的概念,就需要了解其上位概念管理学。管理学诞生于19世纪末工业革命时期,旨在突破大规模生产带来的组织效率瓶颈,通过科学方法优化资源配置与流程控制,其发展不仅重塑了现代企业组织形态,更成为推动全球经济体系演进的核心驱动力。

一、管理学的概念

管理学是一门研究管理活动基本规律和方法的科学,通过计划、组织、领导、控制等职能,有效协调人力、物力、财力和信息资源以实现组织目标。其核心在于优化资源配置、提升效率并应对不确定性,涵盖战略决策、流程设计、团队激励及创新管理等多元维度。管理学作为独立学科出现,与18世纪末至19世纪工业革命引发的生产模式变革密不可分:工厂制度取代手工作坊,规模化生产催生劳动分工复杂化,传统经验式管理难以满足效率需求。蒸汽机技术推动铁路、纺织等行业发展,跨国贸易扩张加剧竞争,企业亟须科学方法协调大规模劳动力与生产流程。在此背景下,弗雷德里克·泰勒于20世纪初提出"科学管理理论",主张通过标准化操作和时间研究提升效率,奠定管理学科学化的基础;亨利·法约尔则系统提炼出管理的计划、组织、指挥、协调和控制等五大职能,推动管理理论体系化。人们一般认为,法约尔是第一个概括和阐述一般管理理论的管理学家,并称其为"管理理论之父"。随后马克斯·韦伯、埃尔顿·梅奥、哈罗德·孔茨等从行政组织、行为科学等维度不断丰富和推进管理理论和实践的纵深发展,进而推动管理学的进一步完善。

二战后,各类组织的规模进一步扩大,员工的人数越来越多,加之各种先进技术的使用等因素影响,促进了管理理论的不断繁荣。代表人物包括哈罗德·孔茨、彼得·德鲁克、切斯特·巴纳德等。1954年,德鲁克在《管理的实践》一书中首次提出"管理学",从而奠定其管理大师的地位。此后,管理学也从制造业扩展至服务、创新等领域,并为世界各国政府、经济等领域的高效运行提供了理论支撑和技术指导。管理学是研究人类管理活动一般规律的科学,随着人们对人类行为、管理学认识的不断加深,管理学在人类活动的各个领域都发挥着越来越积极的作用。

二、体育管理学的概念

所谓体育管理就是围绕体育的相关活动的计划、组织、指挥、协调和控制等活动。西方学者认为,体育管理是在一个组织或部门中,其主要产品或服务与体育和/或体育活动相关的规划、组织、指导、控制、预算、领导和评估相关的技能的任何组合。而体育管理学是以管理学为核心,融合经济学、法学、社会学等多学科理论,系统研究体育组织运营、赛事管理、市场营销、政策制定等领域的应用型学科。其核心目标是通过科学管理提升体育资源配置效率,实现体育事业的社会价值与商业价值的平衡发展。体育管理学是专门研究体育管理的科学,是研究体育管理现象及其发展规律的一门综合性的管理科学,是在总结体育管理经验、把握体育管理规律基础上形成的知识体系。

随着体育全球化、产业化、一体化程度的不断加深,体育管理活动场域和深度的不断拓展,体育管理实践越来越丰富,涉及面也越来越宽泛。体育管理实践是体育管理学理论在现实场景中的应用延伸,其涉及领域广泛且动态扩展,主要涵盖以下核心方向:竞技体育管理聚焦运动员选拔、训练体系优化及赛事组织框架构建;体育产业运营包含职业俱乐部管理、赛事商业化开发及体育场馆智慧化运营;全民健身服务涉及社区体育设施规划、大众健身活动组织及健康管理平台搭建;国际体育事务涵盖国际赛事申办、跨国体育组织治理及跨文化体育交流;体育科技应用推动运动员表现分析、体育消费行为预测及元宇宙赛事体验开发;体育教育与科研关注体育人才培养模式创新、运动训练科学研究及学科交叉理论构建;体育政策与法规涉及体育产业政策制定、反兴奋剂规则执行及体育纠纷法律调解。随着经济社会的快速发展,以及体育的社会影响力的日益提升,体育管理的应用场景日趋丰富,所以保持对体育实践的研究,分析它们的活动规律和特点,是进行有效管理的重要前提,是体育管理学与时俱进、不断丰富和优化的内生动力。体育管理学是研究体育领域管理现象、活动及其规律的应用性交叉学科,以系统科学为方法论基础,通过计划、组织、领导、控制等管理职能,协调体育资源并优化配置,旨在实现体育组织目标、提升体育系统效能,并推动体育事业的社会效益与经济效益协调发展。

三、体育管理学的任务

体育管理学以构建跨学科理论框架、揭示体育系统运行规律、指导产业实践创新为核心任务。

(一)理论建构层面

体育管理学致力于构建系统化的理论体系,通过整合管理学、社会学、经济学等多学科知识,提炼体育领域的独特管理规律与范式。其核心任务是界定学科边界、明确研究对象,形成包含基础理论、应用理论及方法论的理论框架,为学科发展提供逻辑支撑。

(二)规律探索层面

该任务聚焦于揭示体育管理现象的本质与发展规律,通过实证研究、案例分析等方法,探索体育资源配置、组织变革、政策效应等动态过程。研究内容涵盖竞技体育举国体制与市场机制的协同路径、全民健身服务的供给模式创新、体育产业数字化转型的驱动机制等,旨在为实践提供科学依据。

(三)实践指导层面

体育管理学以解决现实问题为导向,将理论成果转化为可操作的管理方案。其任务包括为政府制订体育发展战略、为社会组织提供理论借鉴、为市场运作提供新视角与新方法等,同时关注全球化背景下世界体育治理规则的适应性调整,推动理论与实践的双向互动,助力体育事业与产业的可持续发展。

第四节　新时代体育管理学的使命

面对体育产业的快速发展与岗位需求精细化的趋势,体育管理学正从知识本位转向能力本位,着力扩展管理学知识,提升分析问题、解决问题的能力,孕育创新思维,增强协同合作能力,与社会需求深度契合。

一、新时代对体育管理人才的要求

(一)构建"T型"复合知识结构

新时代体育管理人才需打破学科壁垒,构建"垂直深耕+横向贯通"的知识矩阵。要求人才在纵向深耕体育组织赛事运营、体育经济、全民健身公共服务等体育管理核心知识领域的同时,横向拓展跨学科知识边界,涵盖管理学、行为组织学、经济学、社会学等领域。这种复合知识结构既能满足体育产业细分领域的专业化需求,又能应对体育与科技、健康、文化等领域融合发展的复杂性,适应产业转型升级对复合型人才的需求。

(二)锻造"问题解决型"实践能力

实践能力的培养需超越模拟训练,直面产业痛点难点。强调以实际问题为导向的能力培养,包括复杂环境下的决策能力、资源整合能力及创新思维。鼓励学生掌握一定水平的数据分析工具、战略规划方法及团队协作技巧,能够在体育政策落地、俱乐部运营、全民健身服务等场景中,通过系统化思维提出针对性解决方案,并具备应对突发事件的灵活性与抗压能力。

(三)建立"敏捷响应"的产学联动机制

理论教学必须嵌入产业变革的实时反馈循环。通过深化教育机构与体育企业、政府部门的协同合作,实现人才培养与产业需求的动态匹配。课程教学要涉及最新管理学知识、现实体育行业发展卡点、学生实操能力培养等,确保学生具有较强的实践应对能力,缩短从理论到实践的转化周期,提升对体育事业产业变革的快速响应能力。

二、体育管理学的新使命

当今世界处在一个科技飞速发展的时期,各类知识迭代更新的速度之快超乎想象。所以,作为知识传授重要阵地的大学教育就必须把握这一世界发展动向,把社会所需和课堂所学结合起来。另外,为了缩小大学教育和社会需求之间的信息差、能力差,应在教学过程中增加对学生实操能力的培养。体育管理学作为一门理论与实践相结合的课程,就必须肩负起这一重要使命。

(一)重构知识生产体系

面对体育产业数字化、全球化与复杂化趋势,体育管理学需突破传统学科边界,构建多维度知识生产体系。其核心在于整合管理学、社会学、伦理学等跨学科理论,推动体育组织行为学、体育经济学、体育科技应用等领域的交叉创新。同时,需强化对新兴议题的理论回应,形成"问题导向—理论建构—实践验证"的闭环知识生产机制,提升学科解释力与前瞻性。

(二)重塑人才培养逻辑

以知识传授为主的传统培养模式已难以适应产业变革需求,新时代体育管理人才需转向"能力本位+价值导向"的培养逻辑。具体表现为:在能力维度,注重"技术+管理"的复合型技能培育,强化沟通能力、团队协同、战略决策、跨文化沟通等核心素养;在价值维度,强调社会责任意识与伦理判断能力,引导人才关注体育公平、可持续发展等社会议题。此外,需构建"产教融合"培育生态,通过真实案例分析、实习实训等方式,实现教育链与产业链的深度衔接。

(三)重建学科社会价值

体育管理学需从"工具理性"向"价值理性"进阶,将学科发展与社会福祉紧密结合。其社会价值重构体现在:通过优化体育资源配置助力健康中国战略,推动全民健身公共服务高水平供给;通过体育产业管理赋能经济高质量发展,助力我国体育强国战略的实现。

时代在发展,体育所面对的内外环境日新月异,体育在新时代所发挥的功能也日益突出。体育的健康发展需要得到充分保障,创新的体育管理学知识、更高水平的体育管理人才,以及飞速发展的现代科技,已成为社会所需,也构成了体育管理学的新使命。

案例分析

案例 1.1　长安竞技足球俱乐部另辟蹊径

陕西长安竞技足球俱乐部曾面临严重的经营困境。受多种因素影响,近3年其主场收入、赞助等急剧减少,2022年11月还因欠薪问题被足协扣除6个联赛积分。为缓解经营困难状况,2023年1月17日,俱乐部发布了《2023赛季套票购买意愿调查》,1月30日正式推出会员制,发布《创始终身会员身份&2023赛季套票正式开售》公告。

会员制设置了不同的会员等级和价格,赛季套票价格为500元/张,创始终身会员为1000元/位、1300元/位,创始终身荣耀会员为10000元/位,创始终身参议会员为100000元/位。其中,创始终身参议会员享有对俱乐部发展、规划等各项事务的建议、参与、座谈等权利,并可获得2023赛季VIP包厢观赛、每个主场随队谢场、客场观赛旅行3次等多项权益。

该会员制方案得到了球迷的大力支持。2月6日公告显示,共有9155位球迷购买创始终身会员身份及套票,截至2月23日时,创始终身会员(1000/1300元)、创始终身参议会员(100000元)名额基本已满。据中国新闻网2月8日消息,超过9300名球迷购买套票和会员身份,带来的收入超过1000万元。

同时,俱乐部于2月21日发布了《创始企业会员合作意愿问询》,希望拓展职业足球商业运营模式,实现"自我造血"。然而,由于未能通过2023赛季中国足球协会职业联赛准入名单,3月29日,陕西长安竞技宣布解散。

不过,5月20日,陕西长安联合俱乐部成立,继续推行会员制。其向球迷出售俱乐部会员资格,设有普通会员(会费365元/年,不限名额)、联合会员(会费1000元/年,限10000人)、参议会员(会费10000元/年,限100人)等挡位。

新俱乐部借鉴了西班牙、德国一些会员制俱乐部的经验,结合中国国情,设计了由非营利机构持有俱乐部股权的特殊结构,球迷可通过非营利组织参与俱乐部管理,拥有投票、动议、议事的权限等。12月23日球迷会员大会公布的2023赛季财务汇报显示,赛季总收入1100万元(个人会员费705万元、企业会员费106万元、门票收入129万元、旗舰店收入142万元、联合之家18万元)。

目前,陕西长安联合的会员制运行已初见成效,具备了一定的造血功能,为俱乐部的可持续发展以及中国足球俱乐部运营模式的探索提供了新的思路。

问题与思考:

我国职业体育俱乐部在发展过程中不断面临新问题,作为俱乐部管理者如何用管理学知识来创新管理路径和方法?

案例 1.2　曼联足球俱乐部绝处求生

曼联足球俱乐部自2013年弗格森退休后陷入长期动荡,竞技成绩下滑与管理结构问题交织。格雷泽家族通过杠杆收购带来的债务负担持续累积,至2022年总负债达6.59亿英镑,而高薪引援如博格巴、桑切斯等未能兑现预期,反而导致更衣室矛盾与财务失衡。管理层长期由商业出身的高管主导,缺乏专业体育总监,引援决策常被诟病为"盲目追星",2013—2022年间净支出超10亿英镑却收效甚微,连续多个赛季无缘欧冠资格。与此同时,青训体系断层,10年间仅有拉什福德等少数球员晋升一线队,与"92班"黄金时代形成鲜明对比。球迷对格雷泽家族的不满在2021年"欧洲超级联赛"事件中爆发,抗议活动升级,要求资本退出。

2022年起,俱乐部开启系统性改革。管理架构方面,设立足球总监约翰·默托与技术总监达伦·弗莱彻,分离商业与竞技决策权,并组建跨部门"足球委员会"制订长期战略。转会策略转向年轻化与数据驱动,放弃高价巨星模式,2023年夏窗引进的霍伊伦德、梅努等球员平均年龄仅22岁,并依托科技公司开发球员分析系统评估伤病风险与战术适配性。薪资结构设置周薪30万英镑上限,清理德赫亚、马奎尔等高薪球员,年节省超2500万英镑。青训体系投入2500万英镑升级卡灵顿基地,增设运动科学实验室,同时在巴西、南非建立海外学院挖掘潜力新星。2023年U18梯队夺得青年足总杯冠军,4名青训球员进入一线队。

商业运营上强化本土化与数字化,推出"曼联社区计划",每年投入500万英镑与本地商户合作,重启亚洲巡展吸引50万人次参与。会员平台"United Direct"实现球衣定制与战术互动,付费会员突破500万,NFT数字藏品试水首月收入200万英镑。资本层面,格雷泽家族2023年向英国富豪拉特克利夫爵士出售25%股权获13亿美元注资,其中2.45亿美元用于偿债,并承诺暂停股东分红3年以投入球队建设。

改革初见成效:2023/24赛季英超重返前四,欧冠小组出线,债务降至4.8亿英镑,商业收入逆势增长8%。但深层挑战犹存,新管理层权责界限模糊导致引援谈判屡屡受挫(如错失弗伦基·德容),格雷泽家族仍控股75%引发持续抗议,曼城与纽卡斯尔的资本优势进一步挤压竞争空间。此案例折射出传统豪门在资本压力下,如何平衡短期复苏与长期转型——专业化管理架构、青训造血能力与社区纽带重塑,或是破解"商业巨头"与"竞技弱旅"悖论的关键。

问题与思考:

俱乐部经营中普遍面临短期效应和长期经营的问题,作为管理者如何协调两者关系,并做好俱乐部经营规划?

思考题

1. 体育管理学形成的影响因素有哪些?
2. 简述体育管理学的演进过程。
3. 体育管理学的任务是什么?

第二章

体育管理系统

📚 **内容提要**

(1) 系统的概念及特征。

(2) 系统理论的发展历程。

(3) 体育管理系统的构成要素与运行机制。

(4) 体育管理系统外部环境带来的机遇与挑战。

(5) 体育管理系统内部环境的构成要素。

(6) 体育管理体制的定义与发展趋势。

📖 **学习目的**

(1) 掌握系统理论对体育管理的指导价值。

(2) 了解体育管理系统内外部环境的构成要素与运行机制。

(3) 认识体育管理体制的功能、未来发展方向。

第一节　系统与系统理论

一、概述

(一) 系统的概念与特征

系统是由相互关联、相互作用的若干要素组成的具有特定功能的有机整体。其基本特征包括：

1. **整体性**　系统的整体功能大于各要素的简单相加。在系统中,各个要素相互关联、相互作用,形成了一种协同效应,使得整体的功能远远超越了各个部分功能的简单相加。这种整体性往往能够创造出全新的、独特的价值,是系统能够高效、稳定运行的重要保障。

2. **有序性**　系统在相对稳定的结构状态下有序运行。主要表现在两个方面:第一,系统内各要素相互作用的层次性,即构成系统的各要素在不同层次上发挥作用;第二,系统各要素相互作用的层次性,即系统各要素在纵向的各层次之间和横向的各环节之间朝一定的方向交互作用。

3. **开放性**　系统与外部环境持续进行物质、能量、信息交换。一个开放的系统能够不断地从外界环境中吸收新的物质、能量和信息,从而保持系统的活力和生命力。这种开放性使得系统能够不断地适应外部环境的变化,进行自我更新和优化。

4. **动态性**　系统随时间推移不断演化发展。系统内部结构和外部表现都会发生变化以适应环境的变化和满足新的需求。动态性可以让系统保持适应性和灵活性,从而在面对各种挑战和机遇时,能够迅速作出反应,实现可持续发展。

5. **目的性** 系统具有明确的整体目标导向。系统的目的性为系统的运行和发展提供了明确的方向和动力,这样系统才能高效地实现其预定功能,满足内外部环境的要求。

(二)系统理论的发展历程

系统思想在我国古代就已经出现了,老子道家思想以"道"为宇宙本源,主张顺应自然规律,认为万物相互关联、动态平衡。这种整体观将天、地、人视为统一整体,强调无为并非消极放任,而是遵循事物内在法则,以柔克刚,实现无为而治的和谐境界。《黄帝内经》将人体视为精密系统,"五脏相生相克"理论揭示生命运行的内在逻辑:肝生心、心生脾、脾生肺、肺生肾、肾生肝,形成能量流转的闭环;同时,肝克脾、脾克肾、肾克心、心克肺、肺克肝,构成制衡网络。这种动态平衡机制体现了生命体通过自我调节维持平衡状态。《孙子兵法》将战略思维升华为系统艺术,主张知己知彼的全局观,通过因敌制胜的动态决策,在"奇正相生"的变化中实现战略优势。其"五事七计"分析框架,将道、天、地、将、法五要素纳入决策系统,强调各要素间的联动效应,体现了"善战者致人而不致于人"的主动调控智慧。

在西方,亚里士多德提出整体大于部分之和的思想,揭示系统整体性本质。他认为,当元素构成整体时,会产生各孤立部分不具备的新质,如房屋由砖瓦建成,却获得遮风避雨的功能;手作为身体部分,只有在人体系统中才实现抓握能力。人绝非所有身体部位的简单相加,而是通过复杂的协调关系实现人的整体性。

1. **系统科学"老三论"** 到了现代,1937年生物学家路德维希・冯・贝塔朗菲提出一般系统论,开创现代系统科学理论。他批判机械论将生命体分解为孤立部分的研究方式,主张系统是相互作用的多个要素的集合体,具有整体性、关联性、动态性和目的性。其核心观点"整体大于部分之和",揭示系统的涌现性,也就是多个要素组成系统后,系统整体表现出单个要素所不具备的新性质或新功能。该理论框架将系统分为开放系统与封闭系统两类,强调反馈机制在维持系统稳态中的作用,为系统理论的发展打下了基石。

1948年,数学家诺伯特・维纳提出控制论,这个理论阐释了系统通过内外信息不断交换并给予反馈实现稳态的内涵,形成"感知—决策—行动"循环。控制论让系统理论活了起来。传统研究把系统看成静态零件组合,而控制论揭示系统其实是"感知—反应"的生命体。无论是工厂流水线、人体免疫系统还是城市交通,都遵循"监测偏差→调整行动"的循环逻辑。就像骑自行车,身体不断感知平衡变化,肌肉自动微调保持不倒。这种思想让工程师设计出更智能的机器,生物学家理解生命调节机制,甚至帮助经济学家优化市场调控。控制论告诉我们:真正的系统智慧,不在于精密设计,而在于懂得"随机应变"。维纳的控制论丰富了系统理论的内涵。

1956年,艾什比出版的《控制论导论》为系统理论发展树立了里程碑,其贡献在于首次将生物学中的适应性原理、控制论的反馈机制与信息论的量化思维整合成统一框架。他提出的系统三角模型揭示了任何系统的生存与发展都依赖于对环境变化的动态感知与及时响应,如同生命体通过神经系统调整行为以维持稳态。必要多样性定律深刻指出,系统的复杂程度必须与所处环境的复杂性相匹配,这不仅解释了生物进化的生存逻辑,也为人工智能的架构设计提供了理论指南。其"黑箱—灰箱—白箱"方法论更是将抽象理论转化为工程实践工具,使系统分析既能从宏观行为推导出内在机制,又能通过局部调整优化整体功能。这本书完成了系统理论的体系化整合,系统理论就此确立。系统论和同时期出现的控制论和信息论被称为系统科学的"老三论"。

2. **系统科学"新三论"** 20世纪70年代,耗散结构论、协同论、突变论等系统科学"新三论"

被先后提出。耗散结构论由比利时科学家普里戈金提出,主要研究系统在远离平衡状态下,通过与外界的物质和能量交换,形成新的有序结构的过程,为理解复杂系统的演化提供了新的视角。协同论则是由德国物理学家哈肯创立,研究系统中个体单元如何通过相互作用自发地形成有序结构,强调整体行为是通过个体单元之间的合作和相互作用产生的。突变论是由法国数学家勒内·托姆提出的,主要用于研究系统在平衡状态下临界点的状态,描述由逐渐变化的力量或运动而导致突然发生变化的现象。这些新理论在系统科学领域中占据了重要地位,推动了系统科学研究的深化和拓展,为解释复杂系统的动态和非线性变化提供了有力的工具。

20世纪70年代末,钱学森提出的系统工程方法论,为系统理论注入了整体最优的实践智慧。他将复杂系统比作交响乐团:子系统是各种乐器,系统设计师是指挥家,要素是不同的声部。每个乐器都很重要,但只有指挥家统筹协调,才能让不同声部和谐共鸣。传统工程常将系统拆解为独立部件研究,而钱学森强调从整体上考虑问题的解决,主张通过顶层设计优化全局,避免"头痛医头"的局部修补。其方法论核心在于综合集成,通过定性判断与定量计算相结合,在航天工程、城市管理等领域实现"1+1>2"的协同效应。

20世纪90年代,霍兰的复杂适应系统理论为系统科学带来了革命性突破。他不再将系统视为静态结构的组合,而是看作由大量个体组成的动态网络。这些个体像生命体一样,能感知环境、学习规则,并在互动中自发调整行为。比如,鸟群没有领队的指挥,却能通过个体间简单的保持距离和跟随同伴,形成壮观的飞行阵列。这个理论揭示了一个深刻道理:复杂系统的秩序并非来自顶层设计,而是无数简单个体在局部互动中自然演变出来的。就像交通堵塞、网络潮流或金融危机,这些现象看似混乱,实则是大量个体行为相互作用的必然结果。霍兰的理论让系统研究更贴近真实世界,为解释生物进化、经济波动、人工智能等复杂现象提供了全新视角,也让工程师能设计出更智能、自适应的技术系统。

二、体育管理系统的构成要素与运行机制

(一)体育管理系统的基本架构

体育管理系统是一个综合性的管理与运营框架,它由信息技术、组织结构、流程管理、资源调配以及规章制度等多个要素组成,通过系统化的管理手段,促进体育事业的持续发展,提升体育竞技水平,满足公众对体育活动的多元化需求。按照结构—功能分析框架,体育管理系统包含四大核心子系统。

1. 主体子系统　主体子系统是驱动体育管理系统运行的能动力量,由实施主体与参与主体共同构建动态运行网络。实施主体包含政府机构、社会组织及市场组织;参与主体涵盖专业群体与大众群体。两类主体通过规则约束和利益联结,形成从政策制定到基层实践的完整传导链条。

2. 物质子系统　物质子系统是体育管理系统运行的物质基础,它包含了多个关键要素。其中,场馆设施包括体育场馆、训练基地和健身路径等,为运动员和公众提供了专业、便捷的训练和健身场所。器材装备则包括竞赛器材、训练设备和智能穿戴等,这些设备不仅有助于提升运动员的训练效果和比赛成绩,还为人们日常健身提供了重要的辅助工具。数据资源也是物质子系统中的重要一环,包括运动员数据库和赛事信息系统等,它们为教练团队和管理者提供了宝贵的决策支持。

3. 制度子系统　制度子系统是规范体育管理系统的规则体系。它包含了体育组织的管理规章制度、赛事运营规则、运动员及教练员的行为准则、体育设施的使用与维护规定等多方

面内容。通过制订和执行这些制度,制度子系统能够保障体育竞赛的公平性、安全性和高效性,促进体育事业的健康发展。同时,它也为体育管理者、参与者及利益相关者提供了明确的指导和规范,是体育管理系统稳定运行不可或缺的一环。

4. 文化子系统　文化子系统是体育管理系统的精神内核,通过体育价值观、符号象征、仪式活动及伦理规范等因素,塑造系统的文化认同与行为导向。它既包含传统体育文脉的传承,也涵盖现代体育文化的创新,并通过多种媒介实现跨时空的文化再生产,最终形成维系系统凝聚力的精神纽带与指导主体行为的价值标尺。

(二) 体育管理系统的分类

体育管理系统分类多样,可从功能、空间、运作主体等维度划分。功能上涵盖竞技体育管理系统、群众体育管理系统与学校体育管理系统;空间上区分国际体育管理系统、国家体育管理系统与区域体育管理系统;运作主体维度上包含政府主导型管理系统、市场驱动型管理系统与社会自治型管理系统(见图 2.1)。

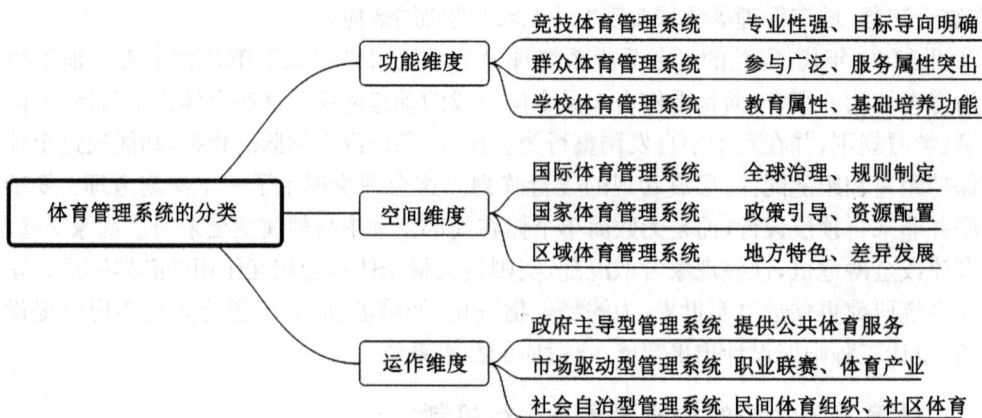

图 2.1　体育管理系统的分类

三、系统理论对体育管理的指导价值

(一) 体育管理活动所处理的每一个问题都是系统中的问题

系统理论将研究对象视为一个由相互关联、相互依赖的要素组成的整体,这些要素通过特定的结构和功能相互作用,共同维持系统的存在与发展。体育管理系统包含了运动员、教练员、管理人员、赛事组织、训练设施、规则制度等多个子系统。这些子系统之间既存在紧密的协作关系,又各自保持着一定的独立性和动态变化能力,共同推动着体育事业的进步。系统理论强调的整体性,促使我们在进行体育管理时,必须考虑各要素间的相互作用及其对整体性能的影响,而非孤立地看待任何单一环节。

(二) 体育管理系统需要保持开放性

系统理论强调系统的开放性,即系统与外部环境之间存在着物质、能量和信息的交换。体育管理系统必须不断地从社会、经济、文化等外部环境中吸收资源,同时输出其成果和影响,如竞技成绩的展示、体育精神的传播等。这一原则要求体育管理者具备高度的环境敏感性和适应性,能够灵活调整管理策略,以促进体育管理系统与外部环境的和谐共生。

(三) 体育管理系统需要维持动态平衡

系统理论认为,任何系统都处于不断的动态变化之中,但内部存在着一种趋向于稳定平衡的力量。在体育管理中,这种动态平衡体现为体育管理系统在追求竞技成绩、培养体育人才、满足民众体育需求等多重目标之间的权衡与协调。管理者需运用系统理论,识别系统中的关键变量和反馈机制,制订灵活的管理策略,以应对突发事件(如运动员伤病、赛事取消等)带来的挑战,确保系统能够在变化中维持稳定和发展。动态平衡的观念鼓励管理者采取预见性和灵活性的管理措施,促进体育管理系统的可持续发展。

(四)体育管理系统需要有创新性

体育管理工作必须有创新观点。在体育管理系统中,创新性体现在运动员的自我激励、团队的自主协作以及体育创新活动的自发涌现等方面。管理者应认识到,过度的控制和干预可能会阻碍系统的创新和发展。因此,创造有利于创新的环境,如提供充分的资源支持、建立开放包容的组织文化,鼓励创新思维和实践,成为提升体育管理水平的关键。通过激发系统的内在潜能,体育管理系统能够更加高效地适应外部环境变化,实现自我超越。

系统理论深刻的洞察力和广泛的适用性,为体育管理提供了宝贵的理论指导。它不仅帮助我们认识了体育管理系统作为一个复杂整体的本质特征,还指导我们在实践中如何促进系统的开放性、维持动态平衡、激发创新能力,从而实现体育管理的科学化、高效化和可持续发展。

第二节　体育管理系统的外部环境

外部环境一直是驱动体育行业发展的主要力量,也是在制订战略时必须考虑的重要因素。因此,外部环境对于体育管理系统的结构、标准、运行模式等有着深远的影响。对于体育管理系统的宏观环境分析基于 PESTEL 模型,即综合考虑政治(Political)、经济(Economic)、社会文化(Sociocultural)、技术(Technological)、环境(Environmental)与法律(Legal)等多方面因素(见图 2.2)。

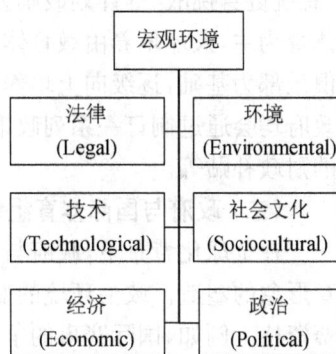

图 2.2　体育管理系统宏观
环境 PESTEL 模型

一、政治环境

政治因素在体育管理系统中扮演着至关重要的角色,它不仅影响体育政策的制订,还直接关系到体育组织的运营模式、资源分配、市场竞争等。政治环境的变化可以在短期内对体育行业造成巨大影响,它往往决定了某些体育事业或项目的兴衰。

(一)国家政策对体育事业的支持

在全球范围内,政府对体育产业的重视程度显著提升。中国近年来为促进体育事业的全面发展,颁布了一系列重要政策,涵盖体育强国建设、全民健身、赛事经济、冰雪体育、乡村振兴等多个领域(见表 2.1)。

表 2.1　我国近年相关体育政策

颁布时间	政策	重点内容
2019 年	《体育强国建设纲要》	纲要提出深化体育改革,2035 年实现体育治理现代化,2050 年实现全面建成社会主义现代化体育强国的目标

颁布时间	政策	重点内容
2021 年	《"十四五"体育发展规划》	该政策是中国为指导 2021 年至 2025 年体育事业发展而制定的纲领性文件,总体目标是到 2025 年基本实现体育强国建设的阶段性目标,全民健身和竞技体育齐头并进,体育产业发展壮大,体育文化深入人心
2023 年	《关于推进体育助力乡村振兴工作的指导意见》	推进农村全民健身设施建设,举办"村 BA""村超"等赛事,推广传统体育项目(如太极拳、八段锦)
2024 年	《2024 年群众体育工作要点》	围绕"全民健身与奥运同行"主题,推动健身设施全覆盖,促进全民健身与乡村振兴、区域协调等国家战略融合,提升群众获得感
2024 年	《关于以冰雪运动高质量发展激发冰雪经济活力的若干意见》	提出到 2027 年冰雪经济规模达 1.2 万亿元,推动冰雪运动与文化、旅游深度融合,扩大冰雪消费市场
2024 年	《关于促进低空经济发展的若干意见》	该政策强调发展航空运动,建设低空飞行营地,培育无人机、飞行营地等新业态
2024 年	《关于开展"体育赛事进景区、进街区、进商圈"活动的通知》	将赛事活动延伸至商业中心、景区等区域,推动"流量"转为"经济增量",并公布 30 个国家体育消费试点城市

　　具有全球第一体育强国之称的美国强调市场化和精英培养,以社会力量为主导,如通过"总统健身挑战"等计划鼓励公众健身;采用"学校体育体系",体育发展路径以学校联赛和大学体育为主,人才培养由教育体系和职业联盟共同推动。欧洲则采用"金字塔结构",以基层体育俱乐部为基础,逐级向上培养人才,政府和社会团体共同推动体育事业发展。除此之外,各国政府均会通过制订一系列政策来激励体育产业的发展,如对体育企业的税收优惠、对体育产业的财政补贴等。

　　(二) 政府与国际体育组织的关系

　　在全球化背景下,政府与国际体育组织之间的互动,往往影响着国际赛事的举办和国家体育形象的塑造。政治环境的变化可能直接影响某些国际体育赛事的举办权和运动员的国际参赛资格。例如,国际赛事的争夺:国际奥委会、国际足联等国际体育组织负责全球范围内体育赛事的组织和管理。政府的政治博弈往往成为争夺主办权的关键因素。一个国家能否成功申办国际赛事,往往取决于其政治环境的稳定性、外交策略以及国内体育发展的整体实力。在国际制裁与体育交流方面:政治冲突和外交制裁可能导致国际体育交流的中断。某些国家因政治原因被国际体育组织禁赛,运动员失去参加国际赛事的资格,甚至国家队被禁止参与国际比赛。历史上,像南非因种族隔离政策被国际奥委会禁赛多年。而通过体育外交,国家可以借助体育活动增进与其他国家的友谊与合作。在一些政治敏感地区,体育赛事也可以作为缓解紧张局势、促进对话和交流的平台。

　　二、经济环境

　　经济因素直接影响体育产业的发展,体育赛事的运营以及运动员、俱乐部等相关主体的经济状况。通过直接的资金流动、政策导向和间接的市场需求、技术应用,深度塑造体育管理系统的运行模式。而经济环境的波动直接决定了体育系统能否维持稳定发展,并影响着体育的资源配置和各类体育组织的战略决策变化。

（一）宏观经济波动

宏观经济波动对体育管理系统影响广泛。在经济繁荣期，企业盈利与政府财政收入增加，社会资本积极投入体育领域，有充裕的资金助力体育场馆建设、设备购置及赛事赞助，经济增长带动居民收入提升，促使体育市场需求旺盛，就业机会增多，赛事运营良好；而经济衰退时，资金投入大幅减少，体育组织面临资金短缺，居民消费意愿下降，市场需求萎缩，体育人才就业压力增大，赛事商业赞助与观众减少，赛事规模和规格降低。因此，体育管理系统需关注宏观经济形势，繁荣期抓住机遇发展，衰退期调整策略确保正常运转，以实现可持续发展。

（二）体育产业多元化发展

作为体育产业核心业务的竞赛表演业已从传统的竞技体育转变为集娱乐、科技、文化、经济于一体的综合产业，未来也将继续朝着全球化、数字化、多元化、可持续化的方向迈进。在体育服务业领域，赛事运营更加专业化，当前以盈方、IMG为首的体育运营公司推动赛事更加市场化和国际化。体育健身服务也不断多元化，从传统健身房扩展至线上健身课程、运动健康管理、私人教练服务等领域，满足了不同人群需求。体育制造业正从代工生产向品牌化、国际化转型，如中国的李宁、安踏等品牌已跻身全球市场，产品更加智能化和数字化，企业注重使用环保材料、优化生产工艺，以降低碳排放。在群众体育方面，健身方式更加多样化，马拉松、骑行、瑜伽、户外攀岩等新兴运动逐渐普及。城市绿道、健身步道、体育公园、社区篮球场等设施的日益增多降低了居民参与体育运动的门槛。各国政府不断强化体育在学校教育体系中的地位，如体教融合和"双减"政策都在强调要丰富体育活动，促进学生德、智、体、美、劳全面发展。这种多元化的发展不仅提升了体育行业的整体经济效益，也推动了体育管理系统的转型与发展。

（三）体育市场的全球化与跨国合作

随着经济全球化的深入发展，体育产业的国际化程度也日益提高。跨国企业、跨国投资、国际赛事的举办和国际赞助商的进入，都使得体育市场不再局限于本国市场，而是向全球扩展。这种全球化带来了更多的商业机会，也促使各国体育管理系统更加开放，更加国际化。但在经济保护主义抬头时，可能出现体育贸易壁垒，影响跨国赛事和体育用品出口。

三、社会文化环境

社会因素影响着体育活动的参与度、文化认同，体育市场的需求以及体育产业的整体发展方向。社会环境包括了人口结构变迁、健身与健康意识的觉醒、生活方式的变化等多个方面，社会环境推动了体育管理系统的协同化发展。

（一）人口结构变迁

人口结构变迁从多个维度影响体育管理系统，当人口增长时，体育参与人数相应增加，推动体育市场规模扩大，刺激体育赛事、培训、用品等相关产业发展，促使体育管理系统拓展业务与增加资源投入；人口老龄化则会使体育消费需求倾向于适合老年人的健身项目和康复服务，体育管理系统需调整服务内容与设施建设；人口结构变化，如性别、地域分布改变，也会引发不同体育需求，像女性体育需求增长要求体育管理系统提供更多适合女性的体育活动和产品，地区人口流动会影响体育资源在不同区域的分配。

（二）健身与健康意识的觉醒

随着慢性病、肥胖、心理压力等健康问题的普遍化、低龄化，人们逐渐认识到体育锻炼在预防疾病、增强免疫力、改善心理状态等方面的积极作用,促使体育锻炼成为健康生活的重要组成部分。尤其在新冠疫情后,人们对身体健康的关注达到新的高度,健康意识的觉醒推动了全民健身理念普及,体育产业蓬勃发展,社会体育文化氛围优化,进一步巩固了体育在现代社会中的地位,同时推动了私人健身教练、居家健身设备、健身 App 等新兴市场的发展。

(三)生活方式的变化

现代生活方式的变化,会使得越来越多的人通过智能手机、健身手环、虚拟教练等方式参与体育活动。虚拟体育赛事、电子竞技等新兴业态吸引了大量年轻群体,这一趋势推动了体育产业的数字化转型。消费者通过数字平台观看比赛、参与互动,体验虚拟运动,体育消费逐渐呈现出数字化、网络化。忙碌的生活节奏,使许多人倾向于选择居家或社区附近的体育活动。这推动了家庭健身、社区运动设施的建设。尤其是跑步、瑜伽、家庭健身器材等体育项目的流行,这些活动不仅有利于个人健康,还促进了家庭成员之间的亲密关系和社区团结。因此生活方式的变化,使得人们的体育参与行为发生了改变,体育市场需求更加多元,促使体育管理系统进行组织运营变革与调整。

四、技术环境

技术因素是现代体育产业中不可忽视的关键要素。技术的进步推动了体育的变革,它涵盖了从运动员训练、赛事运营、观众体验到体育产业的各个层面。随着信息技术、人工智能、大数据、虚拟现实等高科技的不断发展,技术正以前所未有的速度重塑着体育管理系统的格局。

(一)数字技术渗透

虚拟现实(VR)和增强现实(AR)技术在体育领域的应用,不仅改善了观众的观赛体验,也为体育训练和赛事转播带来了革命性的变化。VR 技术使得观众能够以更加沉浸式的方式观看比赛,仿佛亲临现场;通过虚拟训练,运动员能够在模拟环境中进行各种战术演练,甚至可以在没有实际场地和对手的情况下进行多场景的练习。体育管理系统要根据数字时代的变革来进行动态调整。

(二)人工智能(AI)

在科技快速发展的当下,AI 深度融入体育管理系统。在赛事运营上,筹备时借助大数据分析预测观众流量、优化场地和票务安排,比赛中 AI 裁判提升判罚准确性,直播技术带来个性化观赛体验;运动员培养方面,通过可穿戴设备收集数据,制订个性化训练与康复计划;体育市场拓展和营销上,利用 AI 分析数据判断消费者需求,以聊天机器人互动和个性化广告提升营销效果;体育组织管理中,AI 简化行政流程,在人才筛选、财务管理等方面提供支持,助力信息共享与协同办公。

五、生态环境

(一)自然生态环境

生态环境对体育管理系统的影响广泛,优质的生态环境能够为体育基础设施建设提供理想空间,助力打造特色户外运动场地,并有利于场馆周边绿化;气候宜人、生态稳定的地区举办体育赛事条件优越,可减少极端天气对赛事的干扰。同时,随着人们环保意识的增强,重视生态环境保护推动了绿色体育产业的兴起。但恶化的生态环境会阻碍体育基础设施建设,打乱赛事日程,破坏场地设施,冲击依赖自然资源的体育产业。因此,体育管理中需重视生态环境,推动体育事业与生态保护协调发展。

(二) 人为生态环境

随着城市化进程的推进和居住模式的转型，传统的熟人社会正在被陌生人社会所取代，社区生态系统从"群体性邻里"演化为"个体化单元"。这导致体育活动中的"自发组队机制"逐渐式微，原有依托广场、公园、单位等空间的群众性体育活动频率下降。此外，邻里关系的疏离也削弱了大家对体育资源的共享能力。例如，在封闭小区中，公共健身设施的使用往往存在"先占先用"与"缺乏维护"的问题。这背后不仅是制度管理的缺失，更是邻里之间信任与协商沟通的缺失。对此，在进行体育管理时必须具备一定的社会工作能力与社区运营能力，加强对社区内部生态关系的研究，通过社群组织、志愿活动等柔性手段，恢复人与人之间的情感链接，从而激发基层群众体育的活力，实现"以体育为媒介"的社区重构功能。

六、法律环境

法律环境是体育管理系统平稳运行的重要基石，它决定了体育产业的规范化发展、赛事运营的合法性、运动员权益的保障、体育市场的公平竞争以及反兴奋剂和道德规范的执行。随着全球体育产业的不断发展，体育法律体系也在不断完善，以适应体育商业化、全球化和科技发展的新趋势。各国政府和国际体育组织都在通过立法、监管和执法，确保体育产业的健康发展，并维护各方利益。

(一) 国际体育法律体系

国际体育法律体系主要由各类国际体育组织的规章制度、国际公约以及各国政府间的法律合作构成。统一赛事规则与标准，让全球体育赛事在竞赛组织等方面有一致依据，促进赛事国际化和标准化；保障跨国赛事组织，明确各方权利义务，解决管辖权等问题，助力赛事顺利举办；保护运动员跨国权益，在转会、参赛资格等方面有规定，国际体育仲裁法庭依此处理纠纷；推动体育产业国际化，规范知识产权跨国保护，协调市场准入规则，减少企业跨国投资障碍；为体育组织国际合作提供法律框架，引领各国体育管理系统在项目发展、人才培养等方面交流合作。体育管理系统应积极遵循利用，提升管理水平，推动全球体育事业繁荣。

(二) 各国体育法律体系

各国政府通常根据自身的体育发展情况制定相应的体育法律法规。例如：美国在 1978 年通过了一个《业余体育法》(The Amateur Sports Act)，1998 年重新修改成了《特德·史蒂文斯奥林匹克与业余体育法》(Ted Stevens Olympic and Amateur Sports Act)，该法案规定美国奥委会是具有垄断性的与奥运相关的体育活动的协调机构，对美国参加奥运会的所有事项行使专属管辖权；中国于 1995 年颁布《中华人民共和国体育法》(简称我国《体育法》)，并不断修订和完善，其内容涵盖学校体育、竞技体育、反兴奋剂、体育组织、体育产业等多个方面，以推动体育事业的发展；欧盟在体育法方面强调公平竞争、球员自由流动(如博斯曼法案)以及赛事透明度管理。各国的体育法律体系为体育管理工作提供了基本规范和原则。

第三节　体育管理系统的内部环境

体育管理系统的内部环境涵盖多个关键要素，它们相互交织，共同推动着体育事业的发展。

一、体育组织架构

体育管理系统的组织架构是指体育组织内部各构成要素以及它们之间相互关系的一种模式,是为了实现体育组织的目标,对组织内的资源进行合理配置和分工协作所形成的多层次、多维度的结构体系。清晰合理的组织架构确保了体育管理系统内各项任务和职能的有效分配,促进了信息在不同层级之间的顺畅传递,是体育管理系统高效运作的重要保障。

(一)体育组织架构的构成要素

1. **职能部门**　职能部门是体育组织架构的基本单元,根据不同的业务职能进行划分。常见的职能部门包括:①竞赛部门,主要负责各类体育赛事的策划、组织和实施,从赛事的前期筹备、赛程编排,到比赛期间的现场管理和裁判工作协调,都由该部门主导;②培训部门,专注于体育人才的培养,制订培训计划,组织教练培训、运动员集训等活动,为体育事业的发展输送专业人才;③市场开发部门,承担着体育组织的商业运营职责,负责赛事赞助招商、广告推广、体育产品销售等工作,为体育组织获取资金和资源支持;④后勤保障部门,负责体育场馆设施的维护、物资采购、餐饮住宿安排等,确保体育活动的顺利进行。

2. **管理层级**　管理层级体现了体育组织内的权力分配和决策流程,一般分为高层、中层和基层管理。高层管理者如体育协会的主席、体育俱乐部的董事长等,他们站在战略高度,制订组织的长期发展规划、重大决策和政策方针,把握体育组织的发展方向。中层管理者包括各部门的经理,他们负责将高层决策转化为具体的工作计划,并组织和监督基层人员执行,起到承上启下的关键作用。基层管理者则直接管理一线员工,如赛事现场的主管、训练基地的组长等,他们负责具体任务的分配和执行,确保各项工作按计划有序推进。

3. **工作流程**　工作流程是体育组织内各项工作开展的先后顺序和操作规范,明确了不同部门和岗位之间的工作衔接和协作关系。以举办一场大型体育赛事为例,工作流程通常从赛事策划阶段开始,竞赛部门制订赛事方案,市场开发部门同步开展招商和宣传工作;接着进入筹备阶段,后勤保障部门负责场地布置、物资准备,培训部门协调裁判和工作人员培训;比赛期间,各部门协同作战,确保赛事顺利进行;赛后,进行总结评估,各部门总结经验教训,为后续赛事提供参考。

4. **权力分配**　权力分配在体育管理系统中起着至关重要的作用,它决定了决策过程的高效性和组织运作的灵活性。在体育组织中,权力的分配需要在各级管理层之间实现合理的层次划分。高层管理者负责制订战略目标、长期规划和重大决策,确保体育组织的发展方向与核心任务的一致性。中层管理者则需要将这些战略决策转化为可操作的计划,并协调各职能部门之间的协作,以确保决策能够有效落实到实际工作中。基层管理层则负责日常的具体执行工作,在面对突发情况或现场变化时,需要具备一定的自主权和决策能力,以保证体育活动的灵活应对和高效运作。此外,权力分配还要注重信息的流动和反馈机制,确保高层能够及时了解执行过程中的问题与挑战,并作出必要的调整。因此,合理的权力分配能够提升管理效率,促进组织内各部门之间的协作与互动,推动体育管理系统的稳定运行和持续发展。

(二)体育组织架构的类型

1. **直线型组织架构**　这是一种较为简单的组织架构形式,权力从高层到基层直线传递,每个层级的人员只对直接上级负责(见图2.3)。在一些小型体育俱乐部或基层体育组织中较为常见,其优点是结构简单、指挥统一、决策迅速;缺点是高层管理者负担过重,且缺乏专业分工,难以适应复杂的体育管理工作。

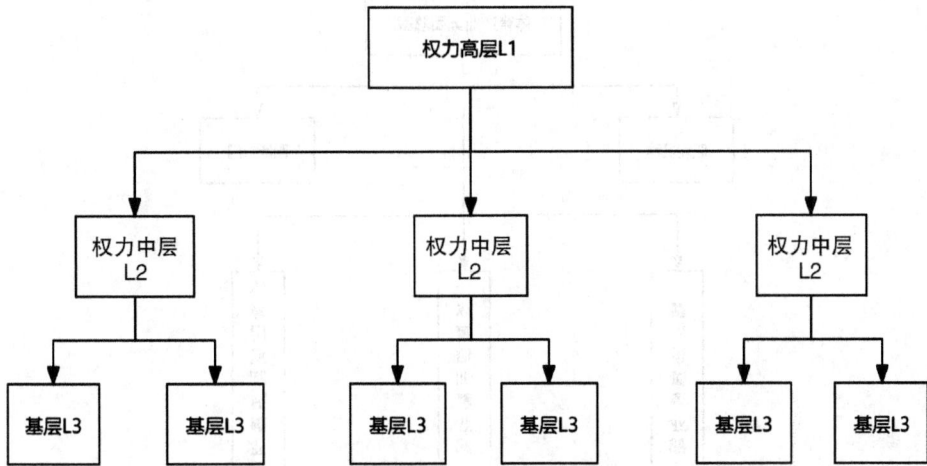

图 2.3　直线型组织架构

2. 职能型组织架构　按照职能进行部门划分,各职能部门在其业务范围内拥有指挥权(见图 2.4)。例如,体育协会中分别设立竞赛部、培训部、财务部等,各部门各司其职,专业分工明确,能够提高工作效率。但这种架构容易导致部门之间沟通协调困难,出现多头指挥的问题。

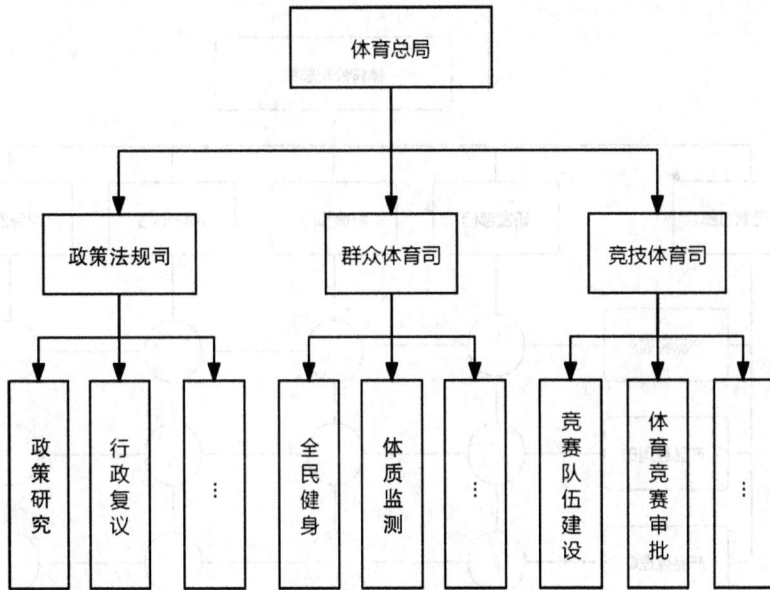

图 2.4　职能型组织架构

3. 事业部型组织架构　通常适用于规模较大、业务多元化的体育组织,如大型体育产业集团。它将组织划分为多个事业部,每个事业部都有相对独立的经营自主权,负责特定的业务领域,如赛事运营事业部、体育培训事业部、体育用品制造事业部等(见图 2.5)。事业部型组织架构能够充分发挥各事业部的积极性和创造性,适应市场变化,但也存在资源重复配置、管理成本较高的问题。

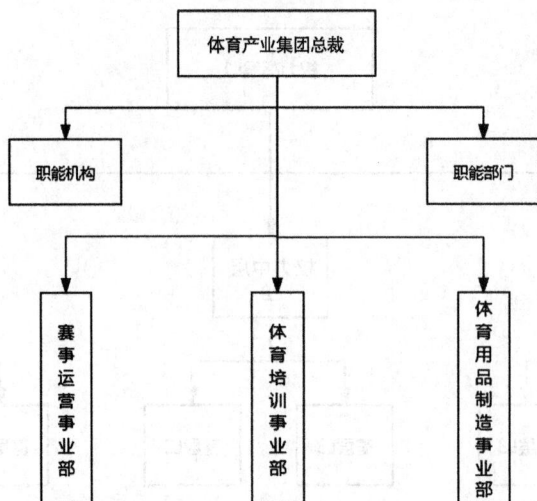

图 2.5 事业部型组织架构

4. 矩阵型组织架构 结合了职能型和事业部型组织架构的特点,在保留职能部门的基础上,针对特定的体育项目或赛事成立项目团队(见图 2.6)。项目团队成员来自不同的职能部门,既接受项目负责人的领导,又接受原职能部门的管理。这种架构能够提高组织的灵活性和应变能力,加强部门之间的协作,但也容易导致成员的角色冲突和管理混乱。

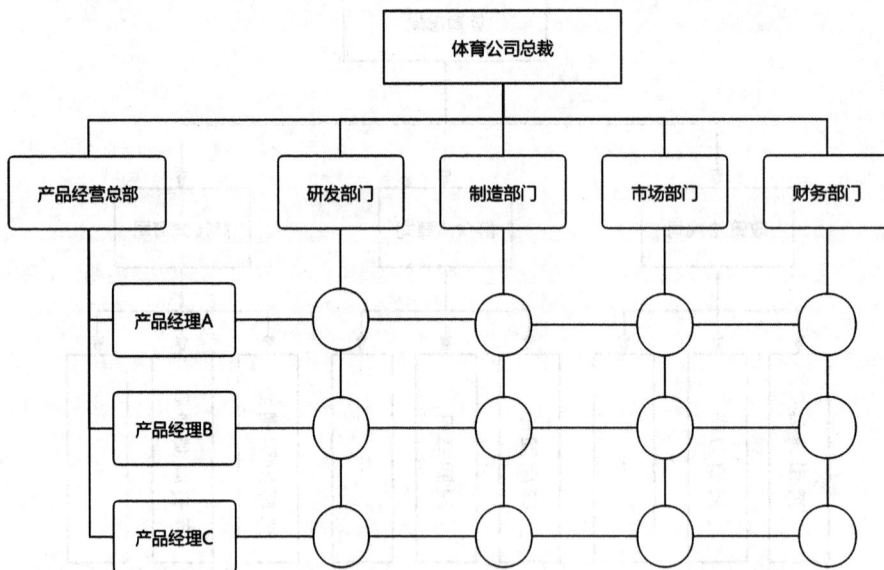

图 2.6 矩阵型组织架构

(三) 体育组织架构在体育管理系统中的作用

1. 提高管理效率 合理的体育组织架构明确了各部门和岗位的职责与工作流程,减少了职责不清、推诿扯皮等现象,使体育管理工作能够高效有序地开展。例如,在赛事组织过程中,各部门按照既定的工作流程和职责分工,各司其职,能够确保赛事筹备和举办的各个环节顺利进行,提高赛事组织的效率和质量。

2. 优化资源配置　通过组织架构的设计,能够根据体育组织的目标和任务,将人力、物力、财力等资源进行合理分配和整合。例如,在体育人才培养方面,培训部门可以根据不同项目和年龄段的需求,合理调配教练资源和培训设施,提高资源的利用效率,为体育人才的成长提供保障。

3. 促进沟通协作　清晰的组织架构为体育组织内各部门和人员之间的沟通与协作提供了明确的渠道和机制。不同部门之间能够根据工作流程和职责分工,进行有效的信息交流和协同工作。在大型体育赛事的组织中,竞赛部门、市场开发部门、后勤保障部门等通过定期的沟通会议和协调机制,共同解决赛事筹备和举办过程中出现的问题,确保赛事的成功举办。

4. 保障组织发展　科学合理的体育组织架构能够适应内外部环境的变化,为体育组织的可持续发展提供有力保障。当体育组织面临市场竞争、政策调整等情况时,可以通过调整组织架构,如增设新的部门、优化工作流程、重新分配权力等,来增强组织的适应能力和竞争力。

(四)体育组织架构的发展趋势

1. 扁平化　为了应对快速变化的市场环境和提高组织的适应性,越来越多的体育组织正在向扁平化架构转型。传统的多层次管理结构往往导致信息流动缓慢、决策迟缓,而扁平化架构通过减少管理层级,能够缩短决策链条,提升组织的反应速度。这种结构通常使得高层管理者与基层员工之间的联系更为紧密,信息传递更加直接、透明。同时,扁平化架构也鼓励基层员工更多地参与决策过程,提高其责任感和工作积极性,进一步增强团队的凝聚力和效率。然而,虽然扁平化架构有其优势,但也可能导致管理者工作量增加、团队协调变得更加复杂,因此需要加强有效的沟通机制和团队合作精神。

2. 数字化　数字化已成为现代体育组织架构发展的重要趋势。借助先进的互联网技术和信息管理系统,体育组织能够打破地域限制,实现跨部门和跨地区的即时沟通与资源共享。数字化的组织架构通常依赖云计算、大数据分析和人工智能等技术,使得体育管理工作更加智能化、自动化。通过在线平台和协作工具,体育组织内的各个职能部门能够更加高效地协调工作、共享信息,并及时调整策略。数字化还为体育组织提供了更大的灵活性和透明度,优化了资源的配置和使用,提高了组织整体的响应速度。然而,这种结构也要求组织具备足够的信息技术和人才培养支撑,以应对日益复杂的数字化管理需求。

3. 专业化与多元化　随着体育产业的不断扩展与细化,体育组织在其职能和业务方面呈现出专业化与多元化的发展趋势。传统的体育管理组织通常只集中于赛事组织和基础设施建设。但如今,随着体育产业的逐渐成熟,体育组织逐步拓展业务领域,包括体育传媒、体育营销、运动员培养、体育旅游等多个方面。每个领域都要求更高的专业能力和细分管理,因此,体育组织需要组建更加专业化的团队,聘请具有特定领域知识和技能的专家,从而提升管理效率和决策质量。同时,为了满足不同市场和消费者群体的需求,许多体育组织也开始推动多元化发展,涉足新的领域,如青少年体育培训、女性运动市场、智能体育设备等,以拓展市场份额并保持更强的创新力。

4. 动态化　面对外部环境的不确定性和市场需求的快速变化,体育组织的架构需要具备更强的适应性和灵活性。动态化的组织架构能够帮助体育管理系统更好地应对市场的波动和突发事件。一些体育组织已开始采用项目制和团队制等灵活的组织形式,根据不同的项目和任务组建临时团队,任务完成后团队解散,组织架构随之进行调整。这种形式使得组织能够根据具体需求快速调动资源和人力,提升工作效率。同时,动态化架构也能够促使体育组织更加注重创新和灵活应变,通过快速调整战略来适应外部环境的变化。尽管动态化组织架构具有高度的灵活性,但也可能面临团队间协调困难和管理复杂度增加的挑战,需要建立更有效的沟通和决策机制。面对快速变化的内外部环境,体育组织的组织架构需要具备更强的适应性和动态调整能力,更好地应对市场变化和不确定性。

二、体育人力资源

体育管理系统中的体育人力资源是指能够推动体育事业和体育产业发展,具有智力劳动和体力劳动能力的人们的总和。人力资源是体育管理系统的核心要素,涵盖了从运动员、教练员到体育管理人员、科研人员等多个群体。

(一) 体育人力资源的构成

1. **运动员、教练员、裁判员** 运动员是体育竞技的核心主体,通过长期的专业训练和比赛,展现体育的竞技魅力;教练员负责制订训练计划,指导运动员提高竞技水平;裁判员确保比赛的公平公正进行。

2. **体育管理人员** 体育管理人员包括体育行政管理人员、体育赛事管理人员、体育俱乐部管理人员等。他们负责体育组织的日常运营、战略规划、资源调配、赛事策划与组织等工作,是保障体育活动和体育组织正常运转的关键力量。

3. **体育服务人员** 体育服务人员包括体育场馆工作人员、体育康复治疗师、体育媒体工作者、体育市场营销人员等。体育场馆工作人员负责场馆的维护与管理;体育康复治疗师帮助运动员进行伤病康复;体育媒体工作者负责体育信息的传播与推广;体育市场营销人员致力于体育品牌的打造和体育产品的销售,他们从不同方面为体育事业提供支持与服务。

4. **体育科研人员** 随着体育科技的不断发展,科研人员在体育管理系统中的作用日益凸显。他们通过运动生理学、运动生物力学、体育心理学等领域的专业知识,为运动员的训练和比赛提供科学依据,推动体育训练方法和技术装备的创新。

(二) 体育人力资源在体育管理系统中的作用

1. **推动体育事业发展** 体育人力资源是体育事业发展的核心动力。优秀的运动员在赛场上取得优异成绩,能够提升国家和地区的声誉,激发民众的体育热情;专业的体育管理人员能够合理规划和组织体育资源,推动体育事业的整体进步;体育科研人员的创新研究为体育训练和赛事组织等提供科学依据,促进体育事业的科学化发展。

2. **促进体育产业繁荣** 在体育产业中,体育人力资源是创造价值的关键要素。体育明星和知名教练等具有强大的品牌效应,能够吸引大量的商业赞助和观众,带动体育赛事、体育用品、体育传媒等相关产业的发展;体育市场营销人员通过有效的市场推广和运营,拓展体育产业的市场空间,增加体育产业的经济效益。

3. **传播体育文化** 体育人力资源在体育文化的传播和传承中发挥着重要作用。运动员通过自身的言行和比赛表现,传递体育精神和价值观;体育媒体工作者通过报道和宣传体育赛事与活动,让更多的人了解体育美和体育文化;体育教育工作者则通过学校体育教育和社会体育培训等途径,培养青少年对体育的兴趣和热爱,传承体育文化。

三、体育文化

在体育管理系统内部环境中,"体育文化"是指在体育管理活动及相关体育实践过程中,由体育管理组织及其成员共同创造和遵循的价值观念、道德规范、行为准则、传统习俗以及与之相适应的制度体系、物质表现形式等的总和。它对体育管理系统的运行和发展具有重要的导向、凝聚和激励作用。体育管理系统内部的文化氛围是一种无形却强大的力量,对体育事业的发展有着深远影响。

(一)体育文化的构成要素

1. **体育精神**　体育精神是体育文化的核心和精髓,是体育管理系统的精神支柱,体现了体育活动中的人文价值。它不仅仅是竞赛中的胜负关系,更是对个人和团队在面对挑战时展现出的拼搏精神、勇于进取的态度以及团队协作的价值观。体育精神包括但不限于以下几个方面:拼搏精神,即不畏困难、不屈不挠地追求成功;进取心,即在竞技过程中不断超越自我、寻求突破;团结与协作,强调团队在共同目标下的紧密合作;公平竞争,即在规则下进行比赛,尊重对手,公平公正地争取胜利。体育精神不仅塑造了运动员的心理素质,也为体育管理系统的健康运作奠定了道德基础。它推动着体育管理者和组织成员在面对外部压力和挑战时,能够保持积极心态,勇于创新,不断追求卓越。

2. **体育价值观**　体育价值观是体育文化的重要组成部分,它反映了体育管理系统对社会和个体的价值定位,并体现了社会对体育的认知和评价。现代体育价值观强调健康、快乐、平等和参与等理念,认为体育不仅仅是竞技和娱乐活动,更是促进人们身心健康的重要途径。体育作为社会发展的重要组成部分,能够增强社会的凝聚力,促进人际交流与理解。因此,体育管理系统应当致力于推广"以人为本"的价值观念,确保体育资源和设施的公平分配,使各类人群都能参与其中,享受体育带来的益处。体育价值观的传递有助于构建更加包容和多元的社会,促进全民健身和健康生活方式的普及,使体育活动成为社会生活中不可或缺的一部分,进一步加强国家与社会的联系与认同。它反映了人们对整个体育管理系统的认知和评价,以及体育管理系统在社会生活中的价值定位。

3. **体育道德规范**　体育道德规范是约束体育管理系统内部成员行为的重要准则,涉及运动员、教练员、裁判员以及体育管理人员的行为标准。这些道德规范不仅帮助体育管理系统维持良好的秩序,还确保了体育活动中的公平性与公正性。运动员的道德规范包括诚实守信、公平竞争、尊重对手和不使用兴奋剂等;教练员的道德规范则要求对运动员负责,不偏袒任何一方,传递正确的价值观;裁判员的道德规范强调公正无私,严守比赛规则,公平地裁决比赛;体育管理人员的道德规范则要求他们具备高度的责任感和职业操守,合理分配资源,确保各项工作顺利进行。通过严格遵守这些道德规范,体育管理部门或机构能够确保赛事的公正性、运动员的竞技状态以及体育文化的健康传承,从而实现体育活动的社会价值和文化意义。

4. **体育传统与习俗**　体育传统与习俗是不同地区和不同体育组织在长期体育实践中形成的独特文化特征,涵盖了赛事组织、运动员训练以及日常管理等方面的惯例和习惯。在基层和中层体育管理系统中,体育传统与习俗常常成为促进团队凝聚力和提升赛事影响力的关键因素。体育传统可能包括特定节日或纪念日的体育活动,如传统节庆的运动赛事,或是对某一历史性体育事件的纪念性活动;习俗则可能体现在赛事的开幕和闭幕仪式、运动员的礼仪行为以及裁判员的行为规范等。不同的体育文化和管理系统中,传统与习俗常常承担着传承和弘扬体育精神的责任,同时也反映了不同社会群体的历史背景和文化特色。这些习俗在促进体育文化多样性的同时,也能增强人们对体育的归属感和认同感,丰富了体育管理系统的文化内涵。

(二)体育文化在体育管理系统中的作用

1. **凝聚作用**　体育文化在体育管理系统中扮演着极为重要的角色,尤其是在团队建设方面。它能够通过共同的价值观和精神目标,增强团队成员的归属感和认同感。在体育团队中,不论是运动员、教练员,还是其他工作人员,都因共享相同的体育文化而形成深厚的情感纽带。

体育文化通过明确的目标和行为规范,促进了团队成员之间的理解与支持,帮助他们克服在训练和比赛过程中面临的种种困难。正因为有了共同的文化底蕴和价值追求,团队在面对挑战时才能表现出强大的凝聚力,集体的力量才能得到充分发挥。这种文化的力量不仅仅体现在比赛中,还能延续到体育管理和日常工作的各个方面,确保组织的长期稳定和高效运行。

2. 激励作用 体育文化的积极向上精神能够激发体育组织中每个成员的积极性和创造力。体育精神中的拼搏、进取和奋斗精神,不仅鼓励运动员超越自我、突破极限,也鼓励他们面对困难时不屈不挠地追求胜利。同样,体育文化对管理人员的激励作用也同样显著。在一个良好的文化氛围中,管理人员能够以创新的思维方式,探索更加高效的管理方法,从而提升整个体育管理系统的执行力和决策效率。体育文化的激励作用也在推动体育组织的持续发展,它鼓励团队成员不断突破自我界限,敢于迎接挑战,并通过彼此之间的相互支持与协作,提升整体工作效率,推动体育事业的前进。

3. 导向作用 体育文化在体育管理系统中发挥着导向作用,它为体育管理提供了强有力的价值引领。体育文化中所蕴含的价值观,如公平竞争、拼搏进取和团队合作等,不仅影响运动员的竞技表现,还深刻影响体育管理的各项决策。体育文化作为管理理念的一部分,为体育管理者制订组织战略、发展规划和具体操作规程提供了指导思想。良好的体育文化能够引导体育管理系统围绕体育精神与社会责任等核心理念,制订与时俱进的规章制度和工作流程,以确保体育组织在遵循法律与道德的框架下健康发展。此外,体育文化还为体育管理者提供了做出决策时的重要参考,让管理层始终以更符合社会价值观和长远发展的视角来看待体育事业的各个方面。

4. 传播作用 体育文化通过各类媒介和活动进行广泛传播,在提升体育的社会影响力方面起到了不可或缺的作用。体育赛事作为最直观的体育文化展示平台,能够将运动员的个人成就和团队精神传播到全世界。观众观看精彩赛事时,不仅仅是在关注比赛本身,更多的是在感受运动员们背后的拼搏精神和不屈意志,这些都深深打动人心,激发人们对体育的兴趣与热情。体育文化通过体育媒体、社交平台、新闻报道等途径广泛传播,使得更多的人了解、接触并参与到体育活动中。与此同时,优秀运动员的事迹和榜样力量也通过媒体的传播激励着社会各界人士积极参与体育活动,促进全民健身的普及。体育文化的传播不仅仅局限于竞技体育,它还塑造了一个更加健康、积极、充满活力的社会环境,推动了体育事业的全面发展和社会对体育更广泛的支持与参与。

四、体育资源配置

体育管理系统的资源配置,是指体育管理主体根据体育发展目标和任务,对人力、物力、财力、信息等各类资源进行合理分配、组合与运用,以实现体育资源利用效率最大化,推动体育事业和体育产业协调发展的过程。这一过程贯穿于体育管理的各个环节和层面,从基层体育活动的开展到大型体育赛事的组织,从体育人才的培养到体育设施的建设与运营,都离不开科学合理的资源配置。

(一) 体育资源配置原则

1. 目标导向原则 资源配置必须紧密围绕体育发展目标进行。如果体育发展目标是提升竞技体育水平,那么资源应向运动员培养、高水平教练引进、先进训练设施建设等方面倾斜;若目标是促进全民健身,资源则应更多地投入社区体育设施建设、群众体育活动组织等领域。

2. 效益最大化原则 追求资源利用的经济效益和社会效益最大化。在经济效益方面,合理配置资源,降低体育项目的运营成本,提高赛事的商业价值和盈利能力;在社会效益方面,通过资源的合理分配,让更多人参与体育活动,提升国民身体素质和健康水平,促进社会和谐发展。

3. 均衡与重点相结合原则　既要保证体育资源在不同地区、不同项目、不同群体之间的均衡分配,避免出现资源过度集中或短缺的现象,又要根据体育发展战略和实际需求,突出重点领域和关键环节的资源投入。例如,在推动全民健身的同时,对具有优势和发展潜力的竞技体育项目给予重点支持。

4. 动态调整原则　体育发展环境和需求是不断变化的,资源配置也应随之动态调整。随着体育产业的发展、体育政策的变化以及社会对体育需求的转变,及时优化资源配置方案,确保资源始终能够满足体育事业发展的需要。

(二) 资源配置的影响因素

1. 政策法规　政府的体育政策和法规在资源配置中起着至关重要的引导和规范作用。政府通过出台一系列政策和法规,能够有效引导社会资源流向体育产业,确保资源的合理分配和高效利用。比如,政府鼓励社会资本投资体育产业的政策,能够吸引企业和投资者增加资金投入,推动体育基础设施建设和赛事组织的多元化发展。此外,税收优惠政策、财政补贴和投资激励等措施为体育项目的资金筹措提供了便利,同时也降低了投资者的风险,促进了体育市场的活跃度。政策法规不仅影响政府财政资金的配置,还能够影响社会力量进入体育领域的渠道和方式。由此,体育管理系统必须关注政策动向,及时调整资源配置,以符合政策要求,推动体育事业的健康发展。

2. 经济发展水平　地区的经济发展水平直接决定了体育资源的投入能力。经济较为发达的地区通常能够提供更多的财力、物力和人力支持体育事业的发展。这些地区拥有较强的财政实力,能够加大对体育设施建设、赛事举办和人才培养等方面的投入。同时,发达地区的企业和社会组织也更具备赞助和投资体育产业的能力,使得体育资源的配置更加丰富多样。而在经济欠发达地区,财政收入相对较低,公共体育设施和服务的供给能力有限,体育项目的开展往往受到资金和物资的制约。这些地区需要通过合理规划和政策扶持来优化资源配置,提升体育资源的利用效率。经济水平的差距要求各级体育管理系统要结合地方实际情况,制订符合本地区经济发展水平的资源配置方案,实现资源的最大化利用。

3. 社会需求　社会对体育的需求是多方面的,包括对竞技体育赛事的观赏需求、对全民健身设施的参与需求以及日常健身活动的服务需求等。随着人们健康意识的提高,越来越多的民众开始关注体育锻炼,推动了全民健身活动的兴起。因此,体育管理系统需要根据不同人群的需求,灵活调整资源的配置。例如,青少年体育、老年人健身以及女性体育需求的增长,都要求体育组织在各项资源配置时有所侧重。此外,竞技体育的资源需求与群众体育的需求也存在差异,体育管理系统需要平衡两者之间的资源分配,以保证既能满足竞技体育的高水平发展需求,也能支持群众体育的普及和参与。社会需求的变化也要求体育管理者不断跟踪民众的需求变化,调整政策和资源配置方向,确保资源分配能够最大化地服务于公众。

4. 体育发展战略　体育发展战略是指导体育事业发展的方向性文件,是资源配置的重要依据。每一项体育发展战略都明确了体育事业的长远目标和短期任务,对资源的配置起到了方向性的指导作用。例如,我国的"奥运争光计划"就促使大量资源向奥运项目和优秀运动员的培养上集中,以期在国际大赛中取得优异成绩。而在全民健身战略的框架下,资源则更多地向群众体育领域倾斜,推动了公共健身设施建设、全民健身活动的普及以及体育培训资源的下沉。国家战略的引领作用不仅仅体现在资金的分配上,还影响到政策的制定和人才的培养。

因此,体育管理系统需要根据国家和地方的体育发展战略,制订相应的资源配置方案,使得资源的分配与体育事业的发展目标紧密契合,从而推动体育事业的整体进步。

第四节　体育管理体制

一、体育管理体制概述

(一) 体育管理体制的定义

体育管理体制是体育管理机构设置、权力划分、运行机制等方面的体系和制度的总称,是指导竞技体育、群众体育、职业体育协调发展的纲领性制度总和。强调其"管理主体(政府、社会、市场)—管理客体(赛事、设施、人才)—管理手段(法规、政策、资源)"的互动关系。

(二) 体育管理体制的核心要素

体育管理体制是体育事业发展的"操作系统",其核心要素构成一个动态网络,涵盖组织架构、政策法规、资源配置、运行机制四大支柱。这些要素相互关联、协同作用,共同支撑体育管理系统的良性运转。

1. 组织架构　体育管理体制的组织架构是体育事业发展的基础框架,它决定了体育管理的层次、职责和权力分配。一个高效、合理的组织架构能够确保体育管理的各项任务得到有效执行,同时也能够促进各级体育组织之间的协同合作。在现代体育管理体制中,组织架构通常包括政府体育管理部门、社会体育组织、体育俱乐部等多个层次和类型。

2. 政策法规　政策法规是体育管理体制的法治保障,它为体育事业的发展提供了明确的指导和规范。通过制定和实施一系列与体育相关的法律法规、政策文件和规章制度,政府能够确保体育事业的健康发展,维护体育市场的公平竞争,保护运动员、教练员等从业人员的合法权益。政策法规的完善和执行情况直接影响到体育管理体制的效率和公信力。

3. 资源配置　资源配置是体育管理体制的经济基础,它决定了体育事业发展的物质保障和资金投入。合理的资源配置能够确保体育设施的建设和维护、体育赛事的举办和推广、体育人才的培养和引进等各项工作得到充分的支持。在资源配置过程中,政府、企业和社会资本等多方力量的参与和合作至关重要,它们共同构成了体育事业发展的多元化资金来源。

4. 运行机制　运行机制是体育管理体制的动态表现,它决定了体育事业发展的效率和活力。一个高效、灵活的运行机制能够确保体育管理的各项工作得到及时、有效的执行,同时也能够适应体育事业发展的不断变化和需求。在运行机制中,决策机制、执行机制、监督机制等各个环节的协同作用至关重要,它们共同构成了体育管理体制的完整链条。

(三) 体育管理体制存在的必要性

体育管理体制的必要性源于体育在现代社会中的多维价值及其复杂性。作为国家体育治理体系的重要组成部分,体育管理体制不仅是体育事业可持续发展的制度保障,更是实现体育社会功能、经济功能和国际战略价值的核心支撑。

1. 资源优化配置　体育领域涉及政府、市场、社会组织、公众等多方利益主体,若无统一的管理体制,可能出现资源重复投入(如场馆建设)、恶性竞争(如赛事版权争夺)或公共资源被垄断(如社区设施商业化过度)等问题。如我国通过《全民健身计划》统筹城乡体育设施建设,避免了经济发达地区与欠发达地区的资源失衡。此外,竞技体育需要高投入和专业化管理,而群众体育需普惠性覆盖。体制的缺失易导致"重竞技、轻群众"的畸形发展。以日本为例，日本通过《体育基本法》明确政府与社会的分工，保障了群众体育与竞技体育均衡发展。

2. 规范行业发展　体育产业涉及赛事运营、运动员权益、知识产权等复杂法律关系，需通过体制明确规则。美国职业篮球联赛通过联盟管理体制规范球员合同、工资帽和反垄断条款，保障职业联赛的公平竞争；体育竞技的公平性需依靠制度化的监督体系；世界反兴奋剂机构（WADA）和各国体育管理部门的协同管理，这些都是体制必要性的体现。

3. 推动国家战略　体育管理体制的合理性是推动国家战略发展的重要引擎。如我国体育管理体制是落实"健康中国2030"战略的核心抓手，通过政策引导（如社区健身设施覆盖率目标）提升国民健康水平。我国《"十四五"体育发展规划》提出，2025年体育产业总规模达5万亿元，依赖管理体制突破场馆运营、赛事IP开发等瓶颈。体育赛事是国家软实力的重要载体，高效的管理体制能提升国际赛事举办能力（如奥运会、世界杯），增强文化影响力。

4. 应对全球化挑战　国际奥委会、国际足联等组织制定的规则需通过国内体制落地。若缺乏适配性管理，可能导致国际赛事参与受阻。中国制订运动员政策需平衡国际规则与本土法律，体现体制的桥梁作用。全球化背景下，体育产业面临外资垄断风险（如欧洲足球俱乐部被国际资本收购），管理体制可通过外资准入限制、本土品牌保护等措施维护主权。

5. 科技创新与可持续发展　体育大数据、AI训练系统、虚拟赛事等新技术需通过体制规范应用场景与数据安全。NBA利用数据分析和转播技术革新，依赖联盟管理体制协调技术标准与商业利益。大型赛事（如奥运会）的碳排放问题需通过体制约束。2018年，国际奥委会的《可持续发展战略》要求主办国制订环保管理方案。

6. 社会公平与包容性发展　残疾人体育、偏远地区青少年体育等需通过体制性政策（如财政补贴、特殊教育计划）实现公平参与。社区体育、民族传统体育项目可通过管理体制成为促进社会和谐的工具。南非通过"体育促进发展"政策，利用足球联赛缓解种族隔阂遗留问题。

体育管理体制存在的必要性不仅体现在其对资源、市场和政策的整合能力上，更在于它能够将体育的经济、健康、文化、外交等多元价值转化为现实效益。在全球化、数字化与可持续发展的新时代背景下，缺乏科学管理体制的体育事业将面临无序化、碎片化甚至异化风险。因此，构建适配国情、动态调整的体育管理体制，是实现体育强国目标、服务国家战略的必然选择。

二、我国体育管理体制的历史沿革

（一）第一阶段：1949—1978年，体育管理体制初步形成

新中国成立至改革开放前，我国体育发展的目标是建立"民族的、科学的、大众的"新体育。在这一阶段，政府直接领导体育事业，形成了体育运动委员会（简称体委）主导的体育管理模式。国家体委作为最高体育管理机构，负责制定政策法规和宏观战略方向，地方体委则负责落实战略方针并开展地方性体育活动。这种模式有利于集中力量发展竞技体育，提高我国在国际赛事上的地位。然而，由于物质资源匮乏和计划经济体制的限制，体育产业得不到市场力量的支持，职业体育也未能萌发。此外，竞技体育的过度发展也忽视了群众体育的发展。

（二）第二阶段：1979—1999年，体育管理体制改革初显活力

改革开放后，政府工作重心转移到经济建设上来，体育也逐渐步入正常管理与行政改革发展的轨道。1979年，全国体育工作会议提出体育工作重点要实现从抓政治运动到抓体育业务工作的转移，为我国体育在新阶段的发展奠定了基础。为了实现竞技体育与群众体育的协调发展，国家体委于1986年出台《关于体育体制改革的决定（草案）》，拉开了体育管理体制改革

的序幕。虽然这次改革解决了一些问题,增强了体育社会团体和行业体育协会的作用,但并未触及根本。1993年,国家体委制定了《关于深化体育改革的意见》,明确提出要建立与社会主义市场经济相适应的体育体制,将政府力量与社会力量相结合。1994年,足球开始了职业化。1998年,国家体委改组为国家体育总局,进一步转变职能、提高效率。然而,改革后仍存在一些问题,如项目管理中心对行政组织的依赖性过强,群众体育发展不足等。

(三)第三阶段:2000—2008年,体育管理体制改革持续推进

进入新世纪后,我国更加意识到竞技体育和群众体育协调发展的重要性。在这一阶段,不仅进一步提高了竞技体育实力,还着力将群众体育与竞技体育结合起来。2000年发布的《2001—2010年体育改革与发展纲要》和2002年发布的《关于进一步加强和改进新时期体育工作的意见》都强调了竞技体育和群众体育的协调发展。同时,我国在亚运会和奥运会上的奖牌成绩也稳步提升,进一步提升了我国在世界体坛的地位。在群众体育方面,2006年的《体育事业"十一五"规划》明确提出了要满足人民群众日益增长的体育文化需求,把提高全民健康素质作为根本目标。2008年北京奥运会更是推动了竞技体育与群众体育协同,激发了全民健身的热情。这一阶段持续推进体育管理体制的改革,在坚持大力发展竞技体育的基础上,对群众体育的发展做出了新的尝试,全民健身浪潮的兴起证明了大力发展群众体育成果显著。

(四)第四阶段:2009年至今,体育管理体制改革不断深化

这个阶段是体育管理体制深化改革的阶段,重点放在加快群众体育和体育产业的发展上。政府逐渐弱化体育事务微观管理领域,在宏观政策方向上对体育发展进行调整,社会力量在体育中的作用得到大力发挥。在群众体育方面,2009年出台的《全民健身条例》和2011年发布的《全民健身计划(2011—2015年)》都强调了竞技体育与群众体育的协调发展,并提供了政策和财政支持。同时,赛事中也增加了群众比赛项目,提高了群众的参赛观赛热情。在运动场地方面,我国体育健身场地设施也有了较大幅度增加。在体育产业方面,2010年出台的《关于加快发展体育产业的指导意见》提出了市场参与体育发展的方向,拓宽了体育产业的融资渠道。之后出台的一系列文件更是一再强调市场参与体育的积极意义,体育产业被定位为拉动内需和经济转型升级的重要力量。然而,我国体育产业仍存在内部结构上的问题,如体育用品和相关产品制造比重过大等。

综上所述,我国体育管理体制的改革是一个不断探索和完善的过程。从政府直接领导到社会力量参与,从竞技体育为主到竞技体育与群众体育协调发展,我国体育事业在不断地适应时代需求和发展趋势。未来,我国还需要继续深化体育管理体制改革,推动体育事业的全面发展。

三、我国体育管理体制的问题分析

在过去,我国的体育管理体制以举国体制为核心,政府直接参与体育事务的管理和运作,形成了政府管理为主导、行政手段管理体育事务、计划手段配置资源的三位一体模式。这种体制在特定历史时期发挥了重要作用,推动了我国竞技体育的飞速发展,为国家赢得了众多荣誉。然而,随着市场经济的不断完善和社会环境的深刻变化,举国体制逐渐暴露出了一系列问题。

(一)群众体育和竞技体育的发展失调

在竞技体育优先发展的战略指导下,政府将大量资源和精力投入大型赛事的筹备和参赛工作中,而忽视了群众体育的发展。这导致群众体育的设施、经费、组织管理等方面存在明显不足,无法满足人民群众日益增长的体育需求。同时,竞技体育和群众体育之间的失衡也加剧了体育体制与经济体制、政治体制、社会体制之间的矛盾,影响了体育事业的全面、协调、可

持续发展。

(二)社会力量难以进入体育领域

在举国体制下,政府过度强化了自身权力,包办了几乎所有体育事务,导致社会力量难以有效参与体育管理和运作。这不仅加重了政府的财政负担,还抑制了社会参与体育的积极性和自主性。同时,由于政府在体育资源分配和政策导向上占据主导地位,社会力量在资源获取和政策支持方面处于弱势地位,市场力量难以有效进入体育领域,严重制约了体育事业和体育产业的发展。

(三)体育管理体制结构不合理

我国体育管理体制在纵向上形成了清晰的管理层级和沟通渠道,但在横向上却存在结构混乱、职责不清等问题。运动项目管理中心和单项协会之间的管理关系复杂且缺乏自主性,导致政府宏观职能被弱化,陷入微观事务无法自拔。这不仅增加了行政成本,降低了管理效率,还影响了体育事业的健康、有序发展。

针对上述问题,我国体育管理体制近年来进行了一系列改革和调整。政府逐渐将工作重心转移到管理上,而将举办体育活动的行为交给社会和市场。这一转变体现了政府与社会、政府与市场之间关系的调整和优化。通过深化体育改革措施,如体育协会实体化、群众体育登上全运会舞台、跨界跨项选材等,政府旨在激发社会的动力和活力,推动全社会共同参与体育事业。

四、我国体育管理体制的发展方向

(一)构建市场化竞赛运营体系

通过引入社会资本和市场化运营机制,可以激发赛事的活力和创新性,同时提升赛事的商业化水平。完善职业俱乐部的法人治理结构,有助于培养多元化的市场主体,增强市场的竞争性和活力。创新赛事IP开发模式,有助于打造具有国际影响力的品牌赛事,提升中国体育的国际影响力。

构建"赛事经济+衍生产业"生态圈,可以充分利用赛事资源,带动相关产业的发展,形成良性的产业链。同时,建立运动员商业价值开发体系和经纪服务制度,有助于提升运动员的商业价值,进一步推动体育产业的发展。推动电子竞技、智慧体育等新兴业态的规范化发展,也是适应时代潮流的重要举措。

制订体育无形资产评估标准体系,有助于规范市场秩序,保护各方的合法权益。建立运动员职业转型保障制度,可以为运动员的长远发展提供有力支持。健全赛事转播权交易市场规则,有助于提升赛事的商业价值,促进体育产业的繁荣发展。

(二)健全全民健身公共服务体系

实施"15分钟健身圈"数字化改造工程,可以大幅提升健身设施的便利性和智能化水平。建立公共体育设施智慧管理云平台,有助于提升设施的运营效率和管理水平。推广多功能复合型体育公园建设模式,可以满足不同人群的健身需求,提升全民健身的参与度。

推行社区体育指导员"网格化"管理制度,可以确保健身指导服务的全面覆盖和高效实施。建立体育社团等级评估与政府购买服务联动机制,有助于激发社团的积极性和创新性。培育社区体育自治组织,推广"体育社区营造"模式,可以增强社区的凝聚力和体育文化氛围。

建立国民体质监测大数据平台,可以为科学健身提供有力的数据支持。推行"运动处方"医疗合作制度,可以确保健身的科学性和安全性。开发全民健身数字服务平台,可以提升健身服务的便捷性和个性化水平。

（三）推进学校体育综合改革

将体育素养纳入学生综合素质评价体系，可以提升学生的体育意识和参与度。建立"健康副校长"制度，可以强化体育教育的地位和作用。推行"运动技能＋健康知识＋品德培养"三维教学目标，可以全面提升学生的体育素养和综合素质。

构建模块化课程体系，可以满足不同学生的需求和学习特点。实施运动技能等级认证制度，可以激发学生的积极性和挑战性。开发沉浸式VR体育教学系统，可以提升体育教学的趣味性和互动性。

建立"体教融合实验区"，可以探索新的体育人才培养模式。推行"双导师制"，可以提升学生的专业技能和综合素质。构建青少年体育赛事分级体系，可以为青少年提供更多的参赛机会和锻炼平台。

（四）建立健全配套保障机制

建立体育大数据监管平台，可以实现对体育产业的全面监管和数据支持，提升管理的科学性和效率。完善体育法治体系，可以保障各方的合法权益，规范市场秩序，推动体育产业的健康发展。推进体育管理"放管服"改革，可以简化审批流程，提高行政效率，激发市场活力。构建多元化体育投入机制，可以拓宽资金来源渠道，增加体育投入，推动体育事业的持续发展。

综上所述，这些改革措施通过市场化驱动、公共服务提升和人才培养创新三个维度的协同推进，将有效促进体育管理体制向现代化、专业化方向转型，形成政府主导、市场运作、社会参与的良性发展格局。这将有助于提升中国体育的国际竞争力，推动体育事业与体育产业的协调发展。

案例分析

案例2.1　德国足球管理体系：体育管理系统的卓越典范

在德国，足球是全民热爱的运动。德国足球运动有着100多年的历史。100年来，德国足球在漫长的发展历程中，斩获了无数令人瞩目的荣誉，彰显出其深厚的足球底蕴与强大实力。在国家队层面上，德国在世界杯赛场上截至2024年获得过4次世界杯冠军。在俱乐部层面上，德甲联赛的俱乐部在欧冠赛场上8次夺冠，其中拜仁慕尼黑在欧洲冠军联赛中6次夺冠，汉堡1次夺冠，多特蒙德1次夺冠。在球员个人荣誉上，德国足球历史上涌现出众多世界级球星，如足球皇帝弗朗茨·贝肯鲍尔、洛塔尔·马特乌斯、米洛斯拉夫·克洛泽、卡尔-海因茨·鲁梅尼格、盖德·穆勒等，对世界足坛产生巨大影响。而德国足球凭借什么100年来一直走在世界前列，不断创造辉煌的呢？一个重要原因就是其拥有着合理且不断完善的足球管理系统。

德国足球体系具有清晰的组织结构与管理模式。德国足球体系的组织结构包括德国足球协会、德国足球联赛协会以及德国足球职业联盟三方组织架构。德国足球协会与德国其余60个专项协会同属于德国奥林匹克联合会，属于非官方机构。而德国足球职业联盟与德国足球联赛协会属于从属关系，德国足球职业联盟是德国足球联赛协会控股的联赛运营公司。德国足球协会、德国足球联赛协会和德国足球职业联盟共同治理的管理模式优势显著。它们职责明确又分工协作，德国足球协会制订总体战略，主管国家队，联赛协会组织各级联赛与商业开发，职业联盟专注职业足球权益与运营规范。同时，三者权力相互制衡，监督机制完善，避免权力滥用与腐败；还能实现资源共享，在赛事举办等方面形成协同效应。此外，它们共同推动青训，兼顾各方利益,促进足球多元化发展,并且各自凭借专业团队提升管理效率,共同制订行业标准,规范足球运营,提升德国足球的国际声誉与竞争力,从多方面保障和推动了德国足球的全面进步与发展。

德国足球体系中具有完善的人才培养体系与青训储备系统。德国足球联赛的青训人才培养体系也被公认为世界上最成功的足球人才培养体系之一。德国足球联赛具有完善的青训架构,德国足球协会统筹全局,制订青训战略与教练培训标准,为青训指引方向。各职业俱乐部作为执行主力,搭建从U9到U23完整的青训梯队,落实青训工作。学校体育教育也积极配合,为青训输送有潜力的苗子。在教练团队方面,德国以严格的培训体系打造高素质教练,还通过持续的专业发展让他们紧跟足球新理念。训练方法上,注重技术战术结合,按球员年龄制订针对性计划,完备的现代化训练设施和科技辅助为训练提供保障。丰富的青训赛事体系给予球员大量实战机会,球探和教练从中选拔人才,还有天才球员培养计划助力潜力新星成长,全方位铸就了德国足球青训的成功。

德国足球管理体系凭借敏锐感知,积极应对内外部环境变化,实现动态调整。面对全球化竞争,它加强国际交流合作,引进优秀人才;面对英超、西甲、意甲、法甲等欧洲其他联赛不断引入VAR、门线技术等新技术的冲击下,紧跟技术革新潮流,将大数据、鹰眼等技术用于训练和赛事运营。在内部,持续优化青训体系,加大投入、拓宽选拔范围,从全球挑选足球天赋少年纳入德国足球青训系统;在俱乐部方面,推动俱乐部管理变革,完善财务和球队管理,最终为德国足球的长久辉煌筑牢根基。

此外,足球文化也深深融入德国社会文化。如电影《伯尔尼的奇迹》、多特蒙德的主场伊杜纳信号公园球场等足球符号,成为德国足球文化的鲜明象征,增强了公民的归属感,让足球精神成为民族精神的一部分。德国媒体也对足球联赛高度关注,德国天空体育台投入大量资源,每周直播多场德甲比赛,还制作了专业的赛后分析节目,邀请名宿和专家点评,这不仅提升了联赛的知名度,也为商业合作打开了更多渠道。众多企业也积极赞助球队和联赛,大众汽车作为拜仁慕尼黑的长期赞助商,不仅为球队提供了巨额资金支持,还借助球队的全球影响力,推广自己的品牌形象,实现了足球与汽车产业的成功融合。

问题与思考:

1. 系统理论对于体育管理具有重要的指导价值,根据体育管理的系统理论,你认为德国足球联赛成功的原因是什么?

2. 德国足球已经形成了一个庞大的体育联赛系统,这给我们带来哪些经验启示?

案例2.2 从久事体育产业集团的布局看管理系统的重要性

上海久事体育产业发展(集团)有限公司(简称久事体育产业集团)是上海久事(集团)有限公司旗下全资子公司,体育产业是久事集团重大战略板块,集聚了众多优质体育资源,是上海乃至整个中国体育产业发展的重要代表。久事体育产业集团在体育产业多领域广泛布局,管理系统在其中发挥着举足轻重的作用。

久事体育产业集团旗下的赛事在其运营下,大部分都取得了优异的商业化成绩。集团旗下拥有F1中国大奖赛、上海环球马术冠军赛、长三角国际田径钻石赛、世界斯诺克上海大师赛、上海ATP1000大师赛、中国坐标·上海城市定向户外挑战赛、蒸蒸日上迎新跑、F1电竞中国冠军赛等10余项国内外重大赛事。体育赛事产业是一个"烧钱"的产业,国内的赛事运营一直是一大难题，能够盈利的赛事寥寥无几，出现了"顶级赛事太烧钱，大众赛事难赚钱"的困境。而久事体育产业集团凭借着多年的深耕、合理的赛事布局结构以及独到的赛事投资眼光，在赛事运营方面总体已经实现盈亏平衡，如上海网球大师赛、WEC 世界耐力锦标赛、上海 F1 大奖赛等赛事已经实现盈利。就上海网球大师赛来说，在久事集团接手以后，已经从当年的上海喜力网球公开赛逐渐成长为了 ATP 最高级别的国际性大赛（ATP1000 大师赛），这项赛事全球仅在九座城市举行，亚洲范围内仅有上海这唯一一站。作为全亚洲顶级的男子网球赛事，其规模和总奖金仅次于四大满贯，世界排名前 20 的选手全部强制参赛。上海大师赛已经连续 3 年被评为 ATP 世界巡回赛 1000 大师赛的"年度最佳赛事"。

　　久事体育产业集团除了在体育赛事方面进行合理布局外，在体育场馆、职业体育、体育资产管理以及体育科技服务领域也都实现了清晰的战略发展模式。在体育场馆方面，建设经营上海东方体育中心、上海旗忠网球中心、上海仙霞网球中心、上海徐家汇体育公园（上海体育场、上海体育馆、上海游泳馆）、上海浦东足球场、上海久事国际马术中心等多个地标性大型体育场馆。围绕打造体育赛事中心、大众体育乐园、体育文化地标的目标，久事体育产业集团目前建设运营多个大型地标性体育场馆，并不断积聚场馆资源。建设端严格把控项目设计、投资进度和施工计划管理等环节；运营端以标准化、智慧化、协同化、个性化、安全性等为引领，兼顾公益体育和市场化产品的服务供给，通过一体化建设和运营管理，实现多场馆的高效管理。在职业体育方面，致力通过形成职业体育发展的顶层设计规划、完善职业体育俱乐部的法人治理结构、健全管理团队建设等手段，形成产权清晰、管理规范、运转高效、成绩突出的职业体育俱乐部发展新模式。在体育资产管理方面，久事体育产业集团为了力促体育资产管理的创新发展，持续实施对新技术、新模式、新业态的投资布局和存量资产管理，围绕场馆、办公楼宇、酒店等经营性资产以及体育产业基金，形成产业发展的协同效应与规模效应。在体育科技服务方面，久事体育产业集团正在积极建设、强化体育科技与服务的功能与业务布局。创新发展具有科技含量的体育装备产品和先进水平的体育智能化信息系统，为集团各生态业务提供智慧化产品及服务，为体育产业的数字化发展蓄力赋能；依托久事体育品牌和资源优势，持续开展体教融合的体育培训与教育业务，不断拓展体育与文化、旅游等产业的融合发展。

资料来源：上海久事体育发展（集团）有限公司官网

问题与思考：

1. 根据久事体育产业集团的庞大布局，分析优秀的体育管理系统的重要性。
2. 根据体育管理体制的相关内容，分析久事体育产业集团的优势和独特性。

思考题

1. 简述系统理论的发展历程。
2. 试述体育管理系统的构成要素及其运行机制。
3. 简述体育管理系统内外部环境的构成要素。
4. 简述中国体育管理体制的问题与发展方向。

第三章

体育管理理论

内容提要

（1）管理思想。
（2）管理理论的演进。
（3）管理理论在体育领域中的应用。
（4）体育管理论的未来发展方向。

学习目的

（1）掌握管理思想、管理理论的概念。
（2）了解管理理论演变的背景以及过程。
（3）了解新时代体育管理理论的发展方向。

第一节　管　理　思　想

　　无论是埃及的金字塔，还是中国的万里长城，完成如此浩大的工程，需要对众多的人力、物力、财力进行组织协调。如果没有管理活动参与其中，很难想象如何完成这些工程，这是劳动人民勤劳智慧的结晶，同时也是历史上伟大的管理实践。

　　管理活动的出现促使人们对这种活动加以研究和探索，经过长时期的积累和总结，人们对管理活动有了初步的认识和见解，从而开始形成一些朴素的、零散的管理思想。管理思想是人们在社会实践中对管理活动进行思考所形成的观点、想法和见解的总称。它是人们对管理实践中种种社会关系及其矛盾活动自觉的和系统的反映。管理思想是在管理实践基础上逐渐形成发展起来的，它经历了从思想萌芽、思想形成到不断系统与深化的发展过程。

一、中国古代管理思想

　　中国古代的管理思想蕴含在中华上下五千年的发展历程中。历代统治者给我们留下了有关管理国家、巩固政权、统帅军队、组织战争、治理经济、发展生产、安定社会等方面极为丰富的经验和理论，其中也包含许多至今仍闪耀着光辉的管理思想。

（一）人本管理思想

　　1. 把人作为管理的中心　古代管理哲学的核心是人本观，"人"是管理活动的出发点和归宿。孟子云："民为贵，社稷次之，君为轻。"意思是说，要把人民放在第一位，国家其次，君在最后。《尚书》曰："民可近，不可下；民为邦本，本固邦宁。"意思是说人民是国家的本体，人民稳定了，国家才能安宁。孔子曰："仁者人也。""仁者爱人。"作为中国传统道德基础的"仁"，其根本含义即"人"。

2. 重视人才的作用　中国古代许多思想家都把人才作为国家存亡的关键。马致远《汉宫秋》第二折："陡恁的千军易得,一将难求。"意思为征集成千的士兵很容易,但找一个好的将领却很难,比喻人才难得,突出人才的重要性。《荀子·君子》曰："尊圣者王,贵贤者霸,敬贤者存,慢贤者亡,古今一也。"说明了要尊重人才、重用人才,才能使事业兴旺发达。

3. 建立选人用人标准　在选人、用人方面,中国古代也有许多精辟见解。司马光在《资治通鉴》中提出"才者,德之资也;德者,才之帅也",强调了"德才兼备,以德为先"的人才观。"金无足赤,人无完人",说明没有人是完美的,对人才不要求全责备。"用人当用其所长"的用人观就是要发挥每个人的优势。"用人不疑,疑人不用",对所用之人要给予充分的信任,不信任之人就不要委以重任,这样才能充分发挥人才的作用。

4. 强调修己安人　《礼记·大学》云："古之欲明明德于天下者,先治其国;欲治其国者,先齐其家;欲齐其家者,先修其身。"这句话说明个人修身的重要性,修养好自身品性才能管理好家庭、治理好国家。子曰："其身正,不令而行;其身不正,虽令不从。"意思是说,当管理者自身端正,不用下命令,被管理者也就会跟着行动起来;相反,如果管理者自身不端正,那么,纵然三令五申,被管理者也不会服从。

5. 推崇人际关系和谐　孟子说："天时不如地利,地利不如人和。"荀子说："上不失天时,下不失地利,中得人和,而百事不废。"这些都说明了消除内部冲突和矛盾、取得内部团结的重要性。要办好企业,重要的是内部职工的合作共事,不出现内耗。因此,"人和"十分重要。

（二）战略管理思想

我国古代的军事典籍中蕴藏着大量的战略管理思想,成为现代企业经营战略管理的重要思想宝藏,尤其是《孙子兵法》着重指出了战略谋划的重要性。孙子曰："兵者,国之大事,死生之地,存亡之道,不可不察也。"商场即为战场。在市场竞争中,企业要具备旺盛的生命力,一定要对企业的发展战略、经营方式、管理手段慎重研究,棋错一着,可能就会全盘皆输。《孙子兵法·计篇》："夫未战而庙算胜者,得算多也;未战而庙算不胜者,得算少也。多算胜少算,而况于无算乎!"战役之前要多谋划,这样才有胜算。企业制订经营战略也是如此,必须多方调研,进行全面长远的考虑。在市场经济不断发展的条件下,企业之间的竞争变幻莫测,管理者只有高瞻远瞩,充分运用战略管理,才能立于不败之地。

（三）系统管理思想

系统管理思想重视事物的整体性,注重事物之间的区别和联系,重视人对客观事物的适应和促进。"不谋万世者,不足谋一时;不谋全局者,不足谋一域。"谋一时聪明、谋一方面做得好并不能从根本上解决问题,要着眼于全局和长远才能完美地解决问题。企业经营管理也是一样,不能"头痛医头、脚痛医脚",要系统分析问题的根源、全面考虑,才能解决问题。系统管理思想在我国古代管理思想中被充分重视和运用,长城、都江堰等著名的工程管理都使用了当时朴素的系统管理思想,注重运筹、决策和对信息资源的管理。

（四）组织管理思想

中国古代就有了有效的政府和组织管理,《周礼》为官僚组织制订了一套完整的制度,它将国家政务划分为六个方面,分别为治、教、礼、政、刑、事,并分设天、地、春、夏、秋、冬六种官员来管辖相对应的政务,各司其职,使国家行政能力大为提高。三省六部制创于隋朝,完善于唐朝,是中国古代封建社会一套组织严密的中央官制。此后一直到清末,六部制基本沿袭未改。

二、西方早期管理思想

18 世纪初期到中期,资本主义生产方式从封建制度中脱胎而出,18 世纪 60 年代开始的工业革命使西方世界不仅在工业技术上,而且在社会关系上发生了巨大的变化。机器大生产和工厂制度的普遍出现,对社会经济的发展产生了重要影响。许多理论家,特别是经济学家在其著作中越来越多地涉及有关管理方面的问题。他们已经区分了管理职能与企业的职能,意识到管理将会发展成一门具有独立完整体系的科学,预见到管理的地位将不断提高,这些思想对后来西方管理理论的创立和发展都产生了明显的影响。其中亚当·斯密、查尔斯·巴贝奇和罗伯特·欧文的观点和见解被称为古典管理理论的奠基石。

(一)亚当·斯密的劳动分工和经济人观点

亚当·斯密(Adam Smith)在 1776 年出版了《国富论》一书,系统阐述了其政治经济学观点,特别是对劳动分工能带来劳动生产率的提高进行了全面分析。他认为,分工的益处主要是:劳动分工可以使工人重复完成单项操作,从而提高工人劳动熟练程度,提高劳动效率;劳动分工可以减少由于变换工作而损失的时间;劳动分工可以使劳动简化,使劳动者的注意力集中在一种特定的对象上,有利于创造新工具和改进设备。此外,斯密认为,经济现象是由具有利己主义的人们的活动产生的。人们在经济行为中,追求的完全是私人利益。

(二)查尔斯·巴贝奇的作业研究和报酬制度

查尔斯·巴贝奇(Charles Babbage)是一位精通数学、机器制造的经济学家,1832 年他发表了《论机器与制造业的经济》一书,他赞同斯密的劳动分工能提高劳动效率的论点,但认为斯密忽视了分工可以减少支付工资这一好处。巴贝奇认为工人同工厂主之间存在利益共同点,并竭力提倡所谓利润分配制度,即工人可以按照其在生产中所做的贡献,分到工厂利润的一部分。巴贝奇也很重视对生产的研究和改进,主张实行有益的建议制度,鼓励工人提出改进生产的建议。他认为,工人的收入应该由三部分组成,即按照工作性质所确定的固定工资,按照生产效率及所做贡献分得的利润,以及为提高劳动效率而提出建议所应给予的奖励。

(三)罗伯特·欧文的人事管理

罗伯特·欧文(Robert Owen)是一位空想社会主义者。他曾在自己经营的一家大纺织厂中进行试验。他提出要缩短工人的劳动时间、提高工资、改善住房条件。他的改革试验证明:重视人的作用、尊重人的地位,可以使工厂获得更大利润。在一定程度上可以说,欧文是人事管理的创始者。

第二节 管理理论的演进

随着社会的发展和技术的进步,人们对管理思想加以提炼和概括,从中找出带有规律性的、属于管理活动普遍原理的东西,这些原理经过抽象和综合就形成了管理理论。这些管理理论被应用到管理活动中,指导管理活动的进行,同时又对这些理论进行实践检验。这就是管理理论的形成过程。管理实践是管理思想的根基,管理思想来自管理实践中的经验;管理理论是管理思想的提炼、概括和升华;管理理论对管理实践有指导意义,同时又要经受管理实践的检验。

一、古典管理理论

早期的管理思想实际上是管理理论的萌芽,管理理论比较系统的建立是在19世纪末20世纪初。这个阶段所形成的管理理论被称为"古典管理理论"。

(一) 泰勒的科学管理理论

科学管理理论在20世纪初得到了广泛的传播和应用,对欧美资本主义国家的制造业产生了积极影响。泰勒(Frederick Taylor)是最先突破传统经验管理格局的先锋人物,被称为"科学管理之父"。1911年,泰勒出版的《科学管理原理》是科学管理理论正式形成的标志。

科学管理的中心问题是提高劳动生产率。泰勒认为,要抛弃根据经验和主观假设来管理的做法,用"科学"的观点去分析工作,制订出有科学依据的工人的"合理的日工作量",让每个人都用正确的方法作业,并用此方法对工人进行指导训练来提高劳动生产率。其内容包括以下几个方面:劳动方法标准化;挑选和培训"第一流的工人";实行刺激性的工资报酬制度;劳资双方进行"精神革命";把计划职能与执行职能分开;实行职能工长制;在组织机构的管理控制上实行例外管理。

(二) 一般管理理论

泰勒的科学管理理论开创了西方古典管理理论的先河。在其传播之时,欧洲也出现了一批古典管理的代表人物及其理论,其中影响最大的是法国管理学家亨利·法约尔(Henri Fayol)的一般管理理论。泰勒研究的重点内容是企业内部具体工作的效率,而法约尔的研究则以企业整体作为研究对象。他认为,管理理论是指"有关管理的、得到普遍承认的理论,是经过检验并得到论证的一套有关原则、标准、方法、程序等内容的完整体系"。有关管理的理论和方法不仅适用于公私企业,也适用于军政机关和社会团体,这正是其一般管理理论的基石。

1916年法约尔出版的《工业管理和一般管理》,提出了适用于各类组织的经营六职能、管理五要素和有效管理14条原则。法约尔根据自己的工作经验,归纳出了有效管理的14条原则:劳动分工原则;权责对等原则;纪律严明原则;统一指挥原则;统一领导原则;个人利益服从整体利益原则;报酬的公平合理原则;集中化管理原则;等级制度原则;秩序性原则;公平性原则;人员稳定原则;首创精神原则;人员团结原则。另外,法约尔还详细研究了企业各级人员必须具备的素质问题,特别强调管理教育的必要性。

法约尔的一般管理理论对管理学的发展产生了巨大的影响,后来成为管理过程学派的理论基础,所以法约尔被称为"管理过程之父"。因此,继泰勒的科学管理理论之后,一般管理理论被誉为管理学史上的第二座丰碑。

(三) 行政组织理论

行政组织理论由德国社会学家马克斯·韦伯(Max Weber)创立。他从社会学研究中提出了所谓的"理想的"行政组织,为20世纪初的欧洲企业从不正规的业主式管理向正规化的职业性管理过渡提供了一种纯理想化的组织模式,对当时新兴资本主义企业制度的完善起到了划时代的作用。所以,后人称韦伯为"组织理论之父"。行政组织理论的核心是理想的行政组织形式,他对组织形式的研究是从人们所服从的权力或权威开始的,其主要理论观点包括以下三个方面:理想的行政组织体系;权力的分类;理想的行政组织的管理制度。

二、行为科学管理理论

以泰勒的"科学管理"和法约尔的"一般管理",以及韦伯的"行政组织理论"为代表的古典管理理论的广泛流传和实际应用,对提高企业的劳动生产率产生了很大作用。但是古典管理理论大多只注重对生产过程和组织控制的研究,较多地强调科学性、精密性、纪律性,而忽视了对人这个关键因素的研究,甚至把工人当作机器的附属物看待,不是人在使用机器,而是机器在使用人。

一些管理学家和心理学家意识到社会化大生产和与之相适应的新的管理理论的发展需要,于是,他们开始从生理学、心理学、社会学等角度研究企业中有关人的问题,诸如人的工作动机、情绪、行为与工作环境之间的关系等,试图找出影响生产率的因素,进而创建了行为科学理论。对行为科学理论的研究可以分为前期和后期,前期研究的结果是创立了人际关系学,后期研究的结果是建立了真正的行为科学理论。

(一) 人际关系学说

对人际关系的研究开始于著名的"霍桑实验"。霍桑实验是 1924—1932 年间美国国家研究委员会与西方电气公司合作,由哈佛大学心理学教授乔治·埃尔顿·梅奥(George Elton Mayo)主持,在西方电气公司所属的霍桑工厂为测定各种有关因素对生产率的影响程度而进行的一系列实验。在总结霍桑实验研究成果的基础上,1933 年梅奥出版了其代表作《工业文明的人类问题》,创立了人际关系学说。书中在对人的看法以及对待人群关系方面提出了与古典管理理论不同的新观点,主要观点如下:①工人是"社会人",而不是单纯追求金钱收入的"经济人";②企业中除了"正式组织"外,还存在着"非正式组织";③生产率的高低主要取决于士气和工作态度的好坏,而士气又取决于人际关系;④企业领导要善于正确处理人际关系,善于听取员工的意见,要在正式组织的经济需求和非正式组织的社会需求之间保持平衡,能够通过提高员工的满意度来提高士气,从而提高生产率。

(二) 行为科学理论

人际关系学说发展到 20 世纪 50 年代初期,便形成了行为科学理论。行为科学理论侧重于对工人在生产中的行为以及这些行为产生的原因进行分析研究。其内容包括人的本性与需要、动机与行为以及生产中的人际关系等。行为科学在第二次世界大战后的发展主要集中在两大领域:一是有关人的需要、动机、行为的激励理论,其中代表性的理论包括亚伯拉罕·马斯洛(Abraham H. Maslow)的"需求层次理论"、弗雷德里克·赫茨伯格(Frederick Herzberg)的"双因素理论"等;二是同管理直接相关的领导理论,代表性的就是道格拉斯·麦格雷戈(Douglas M. McGregor)的"X-Y理论"。

马斯洛、赫茨伯格和麦格雷戈在组织成员的激励和人性等问题上,提出了新的见解。马斯洛把人的多种多样的需求按其重要性和发生的次序分为 5 个等级:生理的需求,即衣、食、住、结婚、治病等;安全的需求,即心理上与物质上的安全保障,工作安全、职业稳定、防止疾病和意外事故等;社交的需求,即朋友间、同事间的交往、友谊和融洽的关系等;尊重的需求,即得到别人尊重与承认,同时也具有自尊心;自我实现的需求,即通过努力而成就某项事业,充分发挥自己的才干与潜能。

赫茨伯格进一步研究了人的激励动机问题,通过研究发现:引起职工不满的因素,主要是金钱、地位、安全、监督系统、工作环境、人与人的关系等。赫茨伯格称这类因素为"保健因素",即缺乏它们会引起职工不满,但有了它们时并不能构成强烈的激励。使职工感到非常满意的因素主要是工作成就感、工作成绩得到认可、在事业上能够得到发展等。赫茨伯格称这类因素为"激励因素",即它们都与工作本身直接联系,能够构成对职工的强大激励,从而引起效率的提高。

赫茨伯格的"双因素理论"与马斯洛的"需求层次论"有一定的联系。马斯洛侧重分析需求与动机,赫茨伯格侧重分析满足这些需求的目标和诱因;保健因素和激励因素分别与马斯洛需求层次的划分有着对等关系。

麦格雷戈则对人性问题进行了论述。他认为传统的组织管理理论对人的看法不正确,他将其概括为 X 理论。麦格雷戈提出与此相反的另一种 Y 理论,其要点:人并不是天生厌恶工作,他对工作的态度取决于这项工作对他是一种满足,还是一种惩罚;外来控制手段不是使人完成组织目标的唯一手段,人为了自己心目中的目标工作,能够自我指导和自我控制;在正常条件下,人愿意承担责任,并且人是有相当的想象力、智力与创造力的,一般人的潜力只发挥了一部分。

1956 年,组织行为学家埃德加·沙因(Edgar H. Schein)又扩展了 X-Y 理论,提出了对人的四种不同假设的理论,即经济人、社会人、自我实现人、复杂人,使得领导者能够针对不同人采取不同领导方式。赫茨伯格、麦格雷戈、沙因的这些理论观点都有着一定的联系和对应关系。

三、现代管理理论代表学派

第二次世界大战后,现代科学技术的发展、生产和组织规模的扩大、生产力的迅速发展以及生产社会化程度的日益提高,引发人们对管理理论的普遍重视。不仅是从事管理和研究管理学的人,一些心理、社会、人类、经济、生物、哲学、数学等方面的科学家也从不同的角度,用不同的方法对管理问题进行了研究,从而出现了各种各样的学派,带来了管理理论的空前繁荣。我们形象地称之为管理理论的"热带丛林"。

这一时期,管理科学的发展重点在于运用数量分析的方法来提高决策的精确性和管理的效率,因此管理科学成了系统工程和运筹学的同义语。这一时期理论的人性假设是"系统人"假设,管理方法是运用系统方法研究管理活动,管理的目标是追求效率与效益的统一。下面重点介绍几种主要的现代管理理论学派。

(一)管理过程学派

管理过程学派又称管理职能学派,它是在法约尔一般管理思想的基础上发展起来的。该学派推崇法约尔的一般管理理论,认为应对管理的职能进行认真分析,从管理的过程和职能入手,对企业的经营经验加以理性的概括和总结,形成管理理论,指导和改进管理实践。该学派的代表人物是美国管理学家孔茨和奥唐奈,代表作是他们合著的《管理学》。管理过程学派认为,管理的本质就是计划、组织、指挥、协调和控制的职能和过程,其内涵既广泛又易于理解,一些新的管理概念和管理技术均可容纳在计划、组织及控制等职能之中,各个企业和组织所面临的内部条件及管理环境尽管不同,但管理的职能却是相同的。

(二)行为科学学派

行为科学学派是在人际关系理论的基础上发展而来的,代表人物是马斯洛和赫茨伯格。行为科学学派主张从单纯强调感情的因素及搞好人与人之间的关系转向探索人类行为的规律,提倡善于用人,进行人力资源的开发,强调个人目标和组织目标的一致性。该学派认为,调动积极性必须从个人因素和组织因素两方面着手,使组织目标包括更多的个人目标,不仅改进工作的外部条件,更重要的是改进工作设计,从工作本身满足人的需要,主张在企业中恢复人的尊严,实行民主参与管理,改变上下级之间的关系,由命令服从变为支持帮助,由监督变为引导,实行职工的自主自治。

（三）社会系统学派

社会系统学派是以组织理论为研究重点，从社会学的角度来研究组织。这一学派的创始人是美国的管理学家切斯特·巴纳德，他的代表作是1938年出版的《经理的职能》。巴纳德把组织看作一个社会协作系统，即一种人的相互关系系统。这个系统的存在取决于3个条件：协作效果，即组织的目标是否顺利达成；协作效率，即在实现目标的过程中，协作成员损失最小而心理满足最高；组织目标和环境相适应。巴纳德还指出，在一个正式组织中要建立这种协作关系，必须满足以下3个条件：共同的目标；组织中每一成员都有协作的意愿；组织内部有一个能够彼此沟通的信息系统。此外，巴纳德对管理者提出了如下责任要求：规定目标；善于使组织成员为实现组织目标做出贡献；建立和维持一个信息联系的系统。

（四）决策理论学派

决策理论学派是在社会系统管理学派的基础上，吸收行为科学学派的观点，运用计算机技术和运筹学的方法发展起来的。决策理论学派的代表人物是美国管理学家、诺贝尔经济学奖获得者赫伯特·西蒙，他于1960年发表的《管理决策新科学》是决策理论学派的"圣经"。西蒙从逻辑实证主义出发，对传统的管理理论中的命令统一原则、特殊化原则、管理幅度原则和集团化原则等展开了严厉的批判，提出了一系列新的、与众不同的观点。西蒙认为，管理就是决策，决策贯穿于整个管理过程。组织是作为决策者的个人所构成的系统，组织活动的本质是决策，对组织活动的管理包含着各种类型的决策。管理的实质是决策，它是由一系列相互联系的工作构成的一个过程。这个过程包括4个阶段：情报活动、设计活动、抉择活动、审查活动。

（五）系统管理学派

系统管理学派是运用系统科学的理论、范畴及一般原理，分析组织管理活动的理论。代表人物有美国的弗里蒙特·卡斯特、詹姆斯·罗森茨韦克等。系统管理学派的主要理论观点是：组织是一个由相互联系的若干要素所组成的人造系统；组织是一个为环境所影响，并反过来影响环境的开放系统。组织不仅本身是一个系统，同时又是社会系统的分系统，它在与环境的相互影响中取得动态平衡。系统管理和系统分析在管理中的应用，提高了管理人员对影响管理理论和实践的各种相关因素的洞察力。该理论在20世纪60年代最为盛行，后来由于它在解决管理的具体问题时略显得不足而不再流行，但仍然不失为一种重要的管理理论。

（六）管理科学学派

管理科学学派又称为数量学派，是泰勒的科学管理理论的继承和发展。管理科学学派正式作为一个管理学派，是在第二次世界大战以后形成的。这一学派的特点是利用有关的数学工具，为企业寻找一个有效的数量解，着重于定量研究。管理科学学派认为，管理就是制订和运用数学模型与程序的系统，用数学符号和公式来表示计划、组织、控制、决策等合乎逻辑的程序，求出最优的解答，以达到企业的目的。该学派还主张依靠计算机管理提高管理的经济效益。

（七）权变理论学派

权变理论是20世纪70年代在经验主义学说的基础上进一步发展起来的管理理论。权变理论认为，管理中不存在普遍适用的"最佳管理理论"，有效的管理是根据组织的内外因素灵活地应用各种管理方法解决管理问题的过程。权变理论是管理理论新的发展和补充，主要表现在与其他一些管理学派相比，它与管理实践的联系更具体，与客观实际更接近。但是，权变理论仅限于考察各种具体的条件和情况，而没有用科学研究的一般方法来进行概括，只强调特殊性,否认普遍性;只强调个性,否认共性。

(八) 经验主义学派

经验主义学派从管理者的实际管理经验方面来研究管理,认为成功的组织者的经验是最值得借鉴的。重点分析管理人员的经验并加以概括,使其系统化、理论化,据此向管理人员提供建议。经验主义学派又称案例学派,其代表人物主要有欧内斯特·戴尔(Ernest Dale),代表作有《伟大的组织者》《管理:理论和实践》;还有彼得·德鲁克(Peter F. Drucker),代表作有《卓有成效的管理者》等。这一学派的中心是强调管理的艺术性。他们认为,古典管理理论和行为科学都不能完全适应企业发展的实际需要,有关企业管理的科学应该从企业管理的实际出发,以大企业的管理经验为主要研究对象,将其加以概括和理论化,不必企图去确定一些原则,只要通过案例研究分析一些经理人员的成功经验和他们解决特殊问题的方法,便可以在相仿的情况下进行有效的管理。

四、现代管理理论新发展

20 世纪末至 21 世纪初,面对信息化、全球化、经济一体化等新形势,企业管理活动出现了深刻的变化与全新的格局,管理思想与管理理论也出现了新的发展趋势。

(一) 战略管理理论

20 世纪 70 年代以后,企业竞争加剧,风险日增。为了谋求长期生存发展,企业开始注重构建竞争优势。1976 年,安索夫的《从战略规则到战略管理》一书出版,标志着现代战略管理理论体系的形成。而后,斯坦纳等人又对该理论进行了发展,而迈克尔·波特(Michael E. Porter)所著的《竞争战略》则把战略管理理论推向了高峰。

该理论以企业组织与环境关系为主要研究对象,重点研究企业如何适应充满危机和动荡的环境不断变化的过程及规律,强调通过对产业演进的说明和各种基本产业环境的战略分析,得出不同的战略决策,并通过战略实施与评价验证战略的科学性和有效性。

(二) 企业再造理论

美国企业从 20 世纪 80 年代起开始了大规模的企业重组革命,日本企业也于 90 年代开始进行所谓第二次管理革命。十几年间,企业管理经历着前所未有的、类似脱胎换骨的变革。1993 年,美国麻省理工学院教授迈克尔·哈默(Michael Hammer)与詹姆斯·钱皮(James A. Champy)在经过多年调研后,提出了企业再造理论。

该理论认为,为了能够适应新的世界竞争环境,企业必须摒弃已成惯例的运营模式和工作方法,以工作流程为中心,重新设计企业的经营、管理及运营方式,制订企业再造方案,并组织实施与持续改善。企业再造包括了企业战略再造、企业文化再造、市场营销再造、企业组织再造、企业生产流程再造和质量控制系统再造等多方面内容。

(三) 文化管理理论

20 世纪 80 年代初,在总结日本企业经营管理经验的基础上,"文化管理"开始出现。1981 年,美国管理学家威廉·大内(William Ouchi)出版《Z 理论——美国企业界怎样迎接日本的挑战》一书,最早提出企业文化的概念。而后,理查德·帕斯卡尔、托马斯·彼得斯和泰伦斯·狄尔等人又对其进行了不同角度的阐述和发展,最终促成了文化管理理论的形成。文化管理就是对企业的控制、计划、领导、协调、组织等方面都渗入文化的因素,以文化贯通企业管理的全过程。在管理过程中强调以人为本的"人本主义",突出组织结构呈现扁平化,强调团队精神和情感管理,强调塑造企业文化。

(四)"学习型组织"理论

20世纪90年代以来,知识经济的到来,使信息与知识成为重要的战略资源,相应诞生了"学习型组织"理论。该理论的形成是以美国管理学家彼得·圣吉(Peter M. Senge)的著作《第五项修炼》的出版为标志的。

该理论认为,传统的组织类型已经越来越不适应现代环境发展的要求。未来真正出色的企业,将是能够设法使组织成员全心投入,并有能力不断学习的组织。该类型组织成员必须具备五项技能,即锻炼系统思考能力、追求自我超越、改善心智模式、建立共同远景目标和开展团队学习。学习型组织是一种更适合人性的组织模式。这种组织有崇高而正确的核心价值和使命,具有强大的生命力和实现共同目标的动力,不断创新、持续蜕变。

五、互联网时代的管理

互联网和电子商务的环境为管理的变革开辟了新的空间,大数据和信息技术对管理工作的各个方面都产生了影响,给管理的计划、组织、领导、控制四个职能带来了巨大变革。

(一)互联网时代的组织管理

在当前的互联网时代,信息数字化技术的发展和运用,给组织运营带来了商业模式和管理上的巨大变革,极大地优化了组织资源的配置和提升了组织的管理效率。与此同时,互联网时代的组织也具备了不同于传统组织的特点。

1. 组织的无边界化 传统上,企业中的人、财、物有明确边界,什么是你的,什么不是你的,非常清楚。如果说传统经济社会中的最小细胞是企业,那么互联网时代的最小细胞已经细化到了个人,每个人充分发挥自己独有的价值,在某一领域中为诸多组织提供专业服务。

2. 组织管理扁平化、无层级化 传统上,为保证战略传承和执行效率,企业要建立层层组织,往往形成高层决策、中层管理、基层执行的金字塔型模式。互联网时代,满足客户的方式本身已经平台化,组织中每个单元、每个个体都以自己的专业能力实现价值,管理越来越契约化、机制化、非专业化,以管理为职业的中高层,自然也越来越缺乏存在的价值。互联网时代的企业,越来越体现出管理无层级的特点。

3. 组织运行模式多样化 传统上"行有行规",每个行业都有特定的共性模式。而互联网时代,只有共性思维没有共性模式,大量具备互联网思维又无原有行业束缚的企业,反而通过跨界获得出人意料的成功。传统金融领域企业必须具有资质,以保证投资人安全。而互联网金融P2P、O2O、众筹等模式的兴起,越来越模糊了金融企业与非金融企业的界线。

(二)互联网时代的营销管理

伴随即时通信技术的崛起,新型消费群体出现了社交化、本地化和移动化的特征,其购买特点也逐渐呈现全天候、多渠道、个性化趋势。各类电商平台、新闻门户、SNS社区、线下实体频道日益成为消费者获取商品信息的渠道来源;社交网络上意见领袖的言论评价,都会对消费者购买产生影响;而消费者购买后的品质服务,更会影响其对产品的忠诚培养和品牌信任。

从企业的视角出发,林林总总营销模式的出现,一方面导致传统营销模式在市场实践中失灵,信息化经营方式从蓝海时代最基本的财务信息化演变成如今超级红海时代的立体营销。原有销售渠道受到严重冲击,企业销售渠道呈现多样化趋势且愈发明显。随着时代巨变,商业重心也发生了剧变。另一方面,数据技术应用持续迭代,营销模式日益升级,消费思想转变愈加复杂难测,重塑以消费者为核心的企业营销体系势在必行。对此,企业必须更新既有的营销管理体系,以符合互联网时代特征的思维制订更适合的营销战略。

现阶段,渠道下沉、O2O 模式以及顾客参与式体验均是这一原则的典型代表。以 O2O 模式为例,它的特征是把渠道简化至"生产商—消费者"模式,或者采取"消费者—定制生产—消费者"模式,不经过中间更多环节,直接把产品的价值传递给消费者。随着购物时间扩展到了全天候,购物空间大大延伸,价值传递过程的渠道更加丰富,销售量增长,产业链优化,消费者个性化需求得到满足。

(三)互联网时代的人力资源管理

企业的经营管理尤其是人力资源管理,也同样面临着互联网时代带来的前所未有的机遇和挑战。在一个新时代,任何人、任何企业都应该顺势而为,而不是逆流而动,否则就抓不住新机遇,或者被时代所淘汰。互联网时代给人力资源管理带来了新的挑战,同时也给人力资源注入了新活力,带来了新思维。

1. 员工与客户共创价值　基于互联网,员工与客户可以随时、随地互动交流,为企业产品和技术的创新和管理的改进与提升提出建议,使价值创造无时不在、无处不在。

2. 数据化人力资源决策　互联网使人力资源管理基于数据、并用数据说话和决策成为可能,使人力资源价值计量管理成为提升人力资源效能管理的有效途径。

3. 员工自主经营与管理　互联网改变了人与组织的关系,改变了人与组织的力量对比。个体借助于组织平台,其价值创造能量和效能被极度放大。同时,组织的话语权在互联网时代是分散的,过去组织的话语权在上级管理部门,是自上而下的单一的话语权链;但在互联网时代谁最接近客户,谁最接近企业价值最终变现的环节,谁就拥有话语权,谁就可能成为组织的核心。

4. 打造人才供应链　互联网时代是一个高速成长的时代,互联网思维是"能人"逻辑,优秀的人才对互联网时代的企业来说至关重要。这就需要企业强调精准选人,全面发展人,要打造人力资源的供应链,构建人才全面发展系统,为组织战略和业务发展需要提供源源不断的人才支持。

5. 跨界思维,无边界管理　互联网时代是一个"有机生态圈"的时代,从金字塔式、命令式的协同方式到自动交互协同,流程化、团队化会变得更重要。人与岗位之间、人与人之间在以组合交互的方式进行劳动方式和合作方式的创新。它可能是围绕客户的一个问题、围绕客户的价值创造来形成不同的团队,打破部门界限和岗位职责界限,管理也相应地转变为流程管理和团队管理。这就需要人力资源管理具有跨界思维。

总之,互联网时代人力资源的变化,核心还在于人的变化。人的需求多元化、个性化,人的流动频率加快,人对组织的黏度降低,人的价值创造能力放大,小人物能够创造大价值。这些变化要求组织重新审视人——这个最重要、最核心的资源,真正从人力资源至上角度重构管理理念和模式。

第三节　体育管理理论的发展与应用

体育管理学作为管理学的一个重要分支,在现代体育发展中扮演着关键角色。随着体育产业的蓬勃兴起以及体育组织的日益复杂,理解和应用管理理论于体育领域变得至关重要。体育领域中的管理理论并非孤立存在,而是在管理学基础理论上,结合体育行业的特性逐步发展和完善的。它不仅关乎体育组织的高效运作,还直接影响着体育赛事的质量、运动员的发展以及体育产业的经济效益。

一、体育管理理论的发展历程

体育管理理论的起源可以追溯到古代体育活动的组织和管理。在古希腊的奥林匹亚竞技会、中国古代的蹴鞠等体育活动中，已经存在简单的组织和管理形式。但真正意义上的体育管理理论形成于现代体育的兴起时期。随着工业革命的推进，城市化进程加快，人们对体育娱乐的需求增加，体育俱乐部、体育赛事等体育组织不断涌现，这促使体育管理理论逐渐萌芽。早期的体育管理主要侧重于赛事的组织和运动员的训练管理，借鉴了一些企业管理的经验。

进入 19 世纪以后，美国体育在市场经济制度中依据市场逻辑发展起来。正如管理科学的形成主要源于企业管理实践一样，体育管理学科的形成主要源于体育产业管理实践，说得更具体一些就是源于职业体育俱乐部管理实践。20 世纪 60 年代后，体育管理的研究引起了越来越多的人的关注，随着研究的不断深入，体育管理学科也随之产生。随着这门学科的形成与发展，人们进一步认识到体育管理除与一般商业经营管理有许多相似之处外，体育管理还具有自身的特殊性和复杂性。

20 世纪中叶以后，随着体育产业的快速发展和体育组织的日益专业化，体育管理理论得到了进一步发展。这一时期，管理学的各种理论开始广泛应用于体育领域，同时体育管理学者也开始针对体育行业的特点，深入研究体育管理的特殊规律。例如，对体育市场营销、体育人力资源管理、体育赛事运营管理等方面的研究逐渐增多，形成了具有体育特色的管理理论体系，涵盖了体育运营的方方面面。

20 世纪 60—70 年代，体育市场营销理论初步形成。随着体育赛事商业化程度的提高，体育组织意识到了市场推广和品牌建设的重要性。学者们开始研究如何将体育赛事、体育明星等作为商品进行包装和销售，以吸引更多的观众和赞助商。例如，美国职业篮球联赛（NBA）在这一时期通过与电视媒体合作，扩大了赛事的转播范围，提升了赛事的知名度和商业价值，这一成功实践为体育市场营销理论的发展提供了重要案例。

到了 20 世纪 80—90 年代，体育人力资源管理成为研究热点。随着体育组织规模的不断扩大，对专业人才的需求日益增长。如何选拔、培养和激励体育人才，成为体育管理者关注的重点。这一时期，许多体育院校开设了体育人力资源管理相关课程，学者们借鉴企业人力资源管理理论，结合体育行业特点，提出了一系列适合体育人才管理的方法和策略，如运动员的职业生涯规划、教练的绩效评估体系等。

进入 21 世纪，随着互联网技术的普及，体育赛事运营管理迎来了新的变革。数字化技术在赛事组织、票务销售、观众互动等方面得到广泛应用。例如，通过在线票务系统，观众可以更便捷地购买赛事门票；赛事组织者可以利用社交媒体平台与观众进行实时互动，提高观众的参与度。同时，大数据分析技术也开始应用于体育赛事分析，帮助教练和运动员制订更科学的训练和比赛策略。

在全球化和信息技术飞速发展的双重推动下，体育管理理论面临着前所未有的机遇和挑战。国际足联、国际奥委会等跨国体育组织不断涌现，它们在全球范围内组织和管理体育赛事，协调各国体育组织之间的关系。这就要求体育管理者具备跨文化沟通和管理的能力，以应对不同国家和地区的文化差异和政策法规。此外，人工智能、区块链等新兴技术也开始渗透到体育管理领域，为体育管理带来了新的思路和方法。例如，人工智能技术可以用于运动员伤病预测和康复训练，区块链技术可以用于体育赛事的票务防伪和运动员身份认证等。

二、社会系统管理理论在体育领域中的应用

巴纳德的社会系统管理学派认为,组织是一个协作系统,须具备明确目标、协作意愿和信息沟通这三个关键要素才能有效运行。下面以皇家马德里足球俱乐部(以下简称皇家马德里)为例,便能清晰地看到这一理论在体育组织中的生动实践。

皇家马德里有着极为明确的目标,在竞技层面,他们始终将赢得欧冠冠军以及国内联赛冠军作为核心目标,这一目标激励着俱乐部的每一位成员。在商业运营上,俱乐部致力于提升全球影响力,拓展商业版图,增加品牌价值。

协作意愿在俱乐部各个层面都有充分体现。球员们为了共同的荣誉,愿意在训练和比赛中全力以赴、相互配合。例如在比赛中,进攻球员和防守球员之间有着紧密的协作,进攻时边锋和中锋会默契配合,创造得分机会;防守时,中场球员会积极回防协助后卫,形成严密的防守体系。教练团队与球员之间也有着强烈的协作意愿,教练精心制订战术,球员认真执行,共同为比赛胜利努力。不仅如此,俱乐部的管理层、后勤人员等也都围绕着球队的目标,各司其职、协同工作,从转会运作、场地维护到球员的生活保障,每一个环节都紧密相扣。

信息沟通在皇家马德里也至关重要。教练与球员之间通过日常训练、战术会议等方式,确保战术意图能够准确传达。在比赛中,教练会根据场上形势,及时通过手势、换人等方式向球员传达调整指令。俱乐部管理层与教练团队保持密切沟通,根据球队成绩和发展需求,制订转会策略和运营计划。例如在转会窗口,管理层会与教练充分交流,了解球队阵容的短板,从而有针对性地寻找合适的球员。同时,俱乐部还通过各种媒体渠道与球迷保持良好的信息互动,及时传达俱乐部的动态和发展规划,增强球迷的归属感和支持度。

正是凭借明确的目标、强烈的协作意愿和高效的信息沟通,皇家马德里在足球领域取得了辉煌的成就,成为全球最具影响力的足球俱乐部之一,充分验证了巴纳德社会系统理论在体育管理中的重要价值。

三、决策理论在体育领域中的应用

西蒙的决策理论强调决策在管理中的核心地位,指出决策过程需历经情报收集、方案设计、方案选择和决策实施与评价等阶段。在体育领域,这一理论贯穿于各类关键决策之中,以NBA球队的运作实例便能很好地体现。

以某NBA球队在选秀大会前的决策过程为例。在情报收集阶段,球队的球探团队会奔赴世界各地,对众多有潜力的年轻球员进行考察。他们收集球员的身体素质数据,如身高、臂展、速度、弹跳等;分析球员在大学联赛或其他赛事中的技术表现,包括得分能力、篮板能力、传球视野、防守技巧等;还会了解球员的性格特点、团队协作能力以及伤病历史等信息。

基于这些收集到的情报,球队进入方案设计阶段。管理层和教练组共同商讨,根据球队现有的阵容短板和未来发展规划,列出多个可选的选秀目标。例如,如果球队内线实力薄弱,就会重点关注那些具有出色内线技术和身体素质的球员;若球队需要提升外线进攻火力,就会将目光投向擅长三分投射和突破的球员。

到了方案选择阶段,球队会综合考虑各种因素。不仅要评估球员的当前能力,还要预测他们的未来发展潜力。同时,球队也会关注选秀顺位和其他球队的选秀意向,权衡利弊后作出选择。假设球队在首轮第10顺位有选秀权,心仪的某位内线球员预计在第8顺位左右被选中,球队就需要判断是冒险等待这位球员,还是选择其他顺位更合适且实力也不错的球员。

在选秀完成后,进入决策实施与评价阶段。球队会为新选中的球员制订培养计划,帮助他们融入球队体系。在后续的比赛和训练中,不断观察球员的表现,评估当初的选秀决策是否正确。如果新球员表现出色,达到或超出预期,说明决策成功;反之,则需要总结经验教训,为后续的决策提供参考。

在 NBA 比赛中,教练临场的战术决策也是西蒙决策理论的体现。在比赛过程中,教练会根据对手的战术布置、球员状态以及场上比分等情况,迅速收集情报,设计多种战术调整方案,如更换防守策略,改变进攻战术,调整球员轮换等,然后选择最适合当下局势的方案并实施,在实施过程中不断评价效果,适时做出进一步调整。

通过这些案例可以看出,西蒙的决策理论在体育管理中发挥着关键作用,科学合理的决策流程是体育组织取得成功的重要保障。

四、系统理论在体育领域中的应用

系统理论强调从整体出发,综合考量系统内各要素的相互关系,以实现整体最优。在体育领域,无论是大型赛事的组织,还是体育场馆的运营,系统理论都有着广泛应用。

以奥运会的组织筹备工作为例,这是一个庞大而复杂的系统工程。奥运会涉及众多要素,包括赛事安排、场馆建设、运动员接待、观众服务、媒体宣传、安全保障等。赛事安排需要考虑不同项目的比赛时间、场地需求以及运动员的赛程间隔,确保赛事紧凑且有序进行。场馆建设不仅要满足比赛的专业要求,还要考虑观众的观赛体验、交通便利性以及赛后的可持续利用。运动员接待方面,从住宿安排、餐饮服务到训练设施提供,都要保障运动员能以最佳状态参赛。观众服务涵盖票务销售、现场引导、交通疏导等,为观众创造良好的观赛环境。媒体宣传负责向全球传播赛事信息,提升奥运会的影响力。安全保障则涉及赛事现场、运动员驻地、公共区域等多方面的安保工作。这些要素相互关联、相互影响,任何一个环节出现问题,都可能影响整个奥运会的顺利举办。只有从系统的整体视角出发,对各个要素进行统筹规划、协调管理,才能确保奥运会这一全球体育盛会的成功举行。

再看综合性体育场馆的运营。一个大型体育场馆,包含场地设施、运营团队、赛事活动、商业开发、维护保障等多个子系统。场地设施是基础,要保证其安全性和专业性。运营团队负责场馆的日常管理、活动策划与组织。赛事活动是场馆的核心业务,吸引观众和赞助商。商业开发通过广告合作、场地租赁等方式实现盈利。维护保障确保场馆设施的正常运行。例如,一场大型演唱会在体育场馆举办,运营团队需要协调场地布置、舞台搭建、安保安排、票务销售等工作,同时还要考虑与商业合作伙伴的合作推广,以及活动结束后的场地清理和设施维护。只有各子系统协同运作,才能实现体育场馆的经济效益和社会效益最大化。

综上所述,系统理论的整体视角在体育管理中至关重要,它帮助管理者全面、系统地看待问题,实现体育组织和项目的高效运作。

第四节　体育管理理论的未来发展方向

随着科技的飞速发展,体育管理理论也将迎来新的发展机遇和变革。信息技术的广泛应用将成为体育管理的重要趋势。大数据分析将在体育管理中发挥重要作用,通过对运动员的训练数据、比赛数据、生理数据等进行深入分析,能够为运动员的训练计划制订、比赛策略调整提供科学依据。通过分析篮球运动员在比赛中的投篮命中率、失误率、防守效率等数据,教练可以发现球员的优势和不足,有针对性地进行训练和战术安排。

以国际足联世界杯为例,赛事的票务系统已全面数字化。球迷只需通过官方网站或手机应用程序,就能便捷地查询比赛场次、座位信息,并完成购票操作。同时,借助大数据分析,赛事组织者能精准了解球迷的地域分布、购票偏好等信息,从而优化票务营销策略,合理安排赛事场次和场馆座位,提高票务销售效率和收益。在赛事直播方面,数字化技术也带来了全新体验。观众通过网络直播不仅能观看比赛,还能借助多机位切换、3D回放、实时数据统计等功能,更全面、深入地了解比赛细节。比如在篮球比赛直播中,观众能实时看到球员的得分、篮板、助攻、命中率等数据,增强了观赛的互动性和趣味性。

人工智能技术也将逐渐融入体育管理领域。智能裁判系统可以利用图像识别、数据分析等技术,对比赛中的判罚进行快速、准确的判断,提高比赛的公正性和观赏性。在足球比赛中,智能裁判系统可以通过对球员的动作、位置等信息的实时监测,准确判断是否存在越位、犯规等情况,减少人为判罚的误差。许多专业体育团队采用智能训练设备和软件,对运动员的训练数据进行实时监测和分析。例如,在田径训练中,通过佩戴运动追踪设备,教练可以精确获取运动员的跑步速度、步频、心率、体能消耗等数据。借助数据分析软件,教练能根据这些数据为运动员制订个性化的训练计划,及时调整训练强度和方法。比如,当发现某位短跑运动员在加速阶段步频不足时,教练可以针对性地设计提升步频的专项训练。此外,数字化管理还能用于运动员的伤病预防和康复。利用可穿戴设备监测运动员的身体指标,一旦发现异常,便能及时预警,采取相应措施,降低伤病风险。在运动员伤病康复过程中,数字化康复系统可以记录康复进度,为康复治疗提供科学依据。

虚拟现实(VR)和增强现实(AR)技术也将为体育管理带来新的体验。在体育赛事的转播中,利用VR和AR技术,观众可以身临其境地感受比赛的氛围,获得更加丰富的观赛体验。在体育训练中,运动员可以利用VR和AR技术,模拟各种比赛场景,提高训练效果。

社会需求的变化也将推动体育管理理论的发展。随着人们健康意识的提高,大众体育需求的日益增长,体育管理将更加注重满足大众的体育需求,推动全民健身事业的发展。在体育设施的建设和布局上,会更加注重便利性和普及性,建设更多的社区体育设施,为大众提供便捷的健身场所。在体育活动的组织和推广上,会更加注重多样性和趣味性,开展各种形式的体育活动,吸引更多的人参与到体育中来。

体育产业的快速发展也将对体育管理提出更高的要求。体育管理需要不断创新和完善管理模式,提高体育产业的运营效率和经济效益。在体育赛事的商业化运营中,需要加强市场营销和品牌建设,提高赛事的知名度和影响力,吸引更多的赞助商和观众。在体育用品的生产和销售中,需要加强质量管理和创新研发,提高产品的竞争力和市场占有率。

体育管理理论还将不断融合其他学科的知识和方法,实现自身的创新和发展。与心理学、社会学、经济学等学科的交叉融合,将为体育管理提供更加全面和深入的理论支持。通过心理学的研究成果,了解运动员和观众的心理需求和行为特点,为体育管理提供更加人性化的服务;通过社会学的研究方法,分析体育与社会的关系,为体育政策的制订提供科学依据;通过经济学的理论和方法,研究体育产业的发展规律和经济效益,为体育产业的发展提供有力的支持。

体育领域中的管理理论是管理学理论与体育实践相结合的产物,它在体育组织管理、赛事管理、产业管理等方面发挥着重要作用。从古典管理理论到现代管理理论,再到不断涌现的新趋势,体育管理理论在不断发展和完善。体育管理者应深入理解和应用这些管理理论,结合体育行业的特点和实际情况,不断创新管理方法,以推动体育事业的健康、可持续发展。同时,随着体育行业的不断发展变化,体育管理理论也需要持续创新和发展,以适应新的挑战和机遇。在未来的研究中,还需要进一步深入探讨体育管理理论与实践的结合,以及如何更好地应对数字化、可持续发展、跨文化等新趋势带来的影响。

案例分析

案例3.1 系统科学助力北京亚运会的成功举办

1990年召开的第十一届亚运会是中华人民共和国成立以来承办的第一次大规模综合性国际运动会。这次筹办亚运会涉及的部门、行业、单位之多,在我国是罕见的。可以说是从中央到地方,全国、全社会共同协办一件事。仅组委会就设立了24个职能部门,包括广播电视、基建工程、电子工程、竞赛、新闻、安保、联络、技术、交通、医务、场地、计财、人事、审计、集资、宣传、旅游、群众工作、兴奋剂检查、大型活动文娱、亚运村,等等,另外还有29个项目委员会。每一个部门对外而言,又涉及好几个对口单位,仅联络部就要与外交部、中宣部、国家体委、国务院港澳办公室、对台办公室以及一些高校等十几个单位发生联系。每一个部门的工作不可能一气呵成,要分若干阶段来进行;而每个阶段的各种工作又纵横交错、相互联系、相互制约。参与的人少则几十几百,多则成千上万,甚至上亿,例如参加火炬接力的人数就达1.7亿多人。真可谓千军万马,千头万绪。

面对这么一个庞大的系统工程,"手工业作坊式"的管理行不通,人海战术的"蜂拥而上"也无济于事,只能采用现代化的组织管理方法,实行宏观控制和程序管理。我们这次采用的计划网络技术,是美国在20世纪50年代研制北极星导弹时发展起来的一项管理技术。说起来很简单,就是把所有的工作都排成队,有的画成圈,称为"事件",有的画个箭头,称为"工作",它们之间的联系用若干条线连接起来,形成网络,画在一张纸上。计划网络图具有整体性、系统性、直观性和动态性,而且可以输入计算机,随时调出查阅。美国用这项技术使北极星导弹的研制提前了2年时间,现在我国的国防科研系统也常用这种办法。

这次筹办亚运会绘制了《第十一届亚运会筹备工作计划网络图》。从1989年5月9日起,到1990年9月22日止,将这500天时间划分为四个大的阶段,又按月份分成若干个小阶段。然后,把前前后后要做的近300项工作,用前面所说的圆圈、箭头等作为标记,编上序号,注明责任部门、完成时间,以及与其他部门、前后左右的关系等,全部体现在这张图上。这张图作为组委会的正式文件下发至各个部门,使其具有权威性。这样,各级领导对全盘工作就心中有数,能够坚决按照统一步调开展工作。无论怎样糊里糊涂,也跳不出这只"如来佛的掌心"——小的疏漏难免,但不会出现大的失误。

作为亚运会这样一个涉及内内外外、方方面面的大型国际活动,工作必须十分严密、科学。所谓科学,就是掌握事物运动的规律,严格按照规律办事。这就好比包饺子,不能等皮擀好了,再去买菜、买肉、和馅;煮面条得等水开了再下锅,不能凉水、面条同时煮。网络图上的每一个圈、点、线,以及它所处的位置,都不是拍拍脑袋随意画上去的,都有依据,这依据就是科学。

资料来源:吴绍祖主编《系统科学与体育》第20-21页。

问题与思考:

北京亚运会是中国体育史上的里程碑。举办规模如此之大、难度和复杂程度如此之高的大型体育赛事，没有系统理论作指导是很难成功的。查找相关资料，分析当年举办亚运会面临的主要难题以及解决方法。

案例 3.2　首钢老工业区通过活化工业遗存，推动自身转型升级

2024年1月24日，住房城乡建设部办公厅印发了第一批8类共28个城市更新典型案例，北京市首钢老工业区（北区）更新项目位列其中。2022年北京冬奥会上，我国奥运健儿创造了一个个冰雪传奇，大家记住了苏翊鸣和谷爱凌这两位天才少年。随着冬奥镜头，大家也记住了明星比赛场地——首钢滑雪大跳台。冬奥盛会见证了首钢蝶变，这是冬奥历史上第一座与工业遗存再利用结合的竞赛场地。通过对工业遗存的活化利用，首钢推动了文化、生态、产业和活力的全面复兴，实现了华丽"转身"。习近平总书记高度评价了首钢老工业区的"绿色转型"。国际奥委会主席巴赫评价道："北京首钢园区工厂改建是奇迹，是一个'让人惊艳'的城市规划和更新的范例。"

项目位于长安街西延线北侧，紧临永定河，背靠石景山。2010年，首钢主厂区全面停产。2015年底，北京冬奥组委落户首钢，首钢北区开始全面更新转型发展。项目坚持"能保则保、能用则用"的原则，加强工业遗存的保留与修缮，跳出房地产开发的老路子，打造首都城市复兴新地标。

1. 注重重大活动带动。紧抓冬奥契机，积极推动"体育＋"产业及相关配套服务业发展。通过举办国际重大赛事和"首店""首发""首秀"活动，全面提升老工业区转型所需要的接待、组织、运营等综合服务能力。

2. 注重以"保"定"建"。坚持"能保则保、能用则用"的原则，分层分级保护利用工业遗存。引入企业承诺制，创新工业建构筑物改造审批模式。

3. 创新政策实施路径。优化片区规划指标统筹实施方式，编制首钢北区综合实施方案；探索规划指标片区整体统筹、地块弹性控制工作路径；探索灵活的供地方式，制订并实施首钢老工业区改造调整和建设发展的意见，按照新的规划用途和产业类别，可采取协议出让、划拨等多种供地方式。

问题与思考：

首钢冬奥会场馆改造是社会理论指导实践的成功案例，其间涉及社会空间理论、协同理论、系统管理理论等。选择一个理论视角，尝试对这一案例进行分析。

思考题

1. 中国古代管理思想的主要内容是什么？
2. 泰勒科学管理理论的主要内容有哪些？为什么说泰勒是科学管理之父？
3. 现代管理理论学派主要有哪些？各学派的主要观点是什么？
4. 结合实际，谈谈现代管理理论在体育领域中的应用。

第四章

体育管理职能

📚 **内容提要**

(1) 体育管理职能的内涵。
(2) 体育管理职能的基本内容。
(3) 体育管理职能的实践。
(4) 体育管理职能的未来发展方向。

📖 **学习目的**

(1) 掌握体育管理职能的概念。
(2) 了解体育管理各个职能的基本内容。
(3) 结合实例,了解体育管理职能的应用及发展方向。

第一节　体育管理职能概述

一、体育管理职能的发展历程

体育管理职能的演进过程与管理学理论及实践的发展紧密交织,其脉络可追溯至 19 世纪末 20 世纪初的古典管理理论阶段。早期体育管理受科学管理思想影响,强调效率与标准化,例如体育组织通过科层制构建层级结构,运动训练引入时间动作分析以优化流程,赛事运营注重规则统一性;随后行为科学理论的兴起推动管理重心转向"人本化",体育领域开始关注运动员心理、团队激励及领导风格,例如教练员从权威式管理转向沟通协作,体育组织引入人力资源管理模式以提升员工参与感,同时球迷与消费者的行为研究成为营销策略的核心。20 世纪后半叶,系统理论与权变理论促使体育管理转向动态整合,职业体育联盟通过系统化运营平衡竞技与商业目标,国际体育组织如国际奥委会在全球化背景下采用权变思维应对政治、文化差异,赛事管理融合多学科知识形成项目管理体系。进入 21 世纪,战略管理、创新管理与技术革命重塑体育管理格局,数字化工具应用于运动员数据分析、虚拟赛事开发及粉丝社群运营,可持续发展理念渗透到体育场馆建设与赛事环保实践中,体育产业跨界融合催生电竞管理、健康产业链等新兴领域。同时,伦理管理与社会责任成为核心议题,反兴奋剂治理、性别平等政策及体育公益项目凸显管理职能的价值导向。总体而言,体育管理职能从单一控制向多元协同演进,从封闭式经验主导转向开放式科学决策,始终在管理理论范式变迁与体育事业复杂化的互动中持续迭代发展。

二、体育管理职能的内涵

所谓体育管理职能,作为体育管理学研究的核心内容,是对管理实践过程的理论概括和逻辑提炼,是指管理自身所固有的、根据社会分工和管理活动专业化过程划分的作用和功能性活动。早期讨论中,法国管理学家亨利·法约尔开创性地提出了管理过程的五大基本职能,包括计划、组织、指挥、协调和控制,为现代管理理论奠定了基础。随着管理理论的不断发展,众多管理学者从不同视角对管理职能进行了深入研究和拓展。美国的卢瑟·古利克提出管理POSDCORB模型,即把管理职能分为了计划、组织、人事、指挥、协调、报告、预算七个职能。美国的麦格雷戈在《人性行为》中强调激发和调动人的积极性,强调"人本管理",把管理职能概括为计划、组织、控制、激励。在现代体育管理理论的演进中,加拿大体育管理学者Chelladurai提出体育管理适配模型,该模型聚焦计划、组织、领导、评估四项职能,突出体育产业的特殊性,强调了领导职能需要的竞技目标与商业利益,还强调了评估职能的数据化。Fonti等专家通过跨学科视角,将体育管理职能广泛用于研究,以测试和发展理论,探索与组织和管理相关的现象。体育管理职能是管理者通过系统化的计划、组织、领导、控制和创新等核心职能,有效配置资源(人力、财力、设施、技术等),协调多方利益,实现竞技目标、商业价值与社会效益的动态平衡过程。在综合分析与比较各学派观点的基础上,结合体育管理的特点和实践需求,得出基本构成要素包括计划、组织、领导、控制及创新五大基本职能。这一职能体系既继承了传统管理理论的精髓,又体现了体育管理领域的特殊要求和发展趋势。

第二节　体育管理职能的基本理论

体育管理职能是通过系统化的方法对体育领域中的人、财、物、信息等资源进行协调与优化,以实现体育组织或活动的目的,它是对管理过程的理论总结与逻辑提升,是体育管理学最基本的研究内容。体育管理职能主要包括计划、组织、领导、控制和创新等五大职能。

一、计划职能

(一) 概述

计划职能是管理者对未来体育活动进行的预先筹划,基于科学预测、系统规划与方案设计,构建一种具有前瞻性的体育活动管理机制,以实现对体育活动的全面统筹与高效管理。作为体育管理活动中的起始环节,计划是各项职能中首要和最基本的职能。一项科学完善的计划管理体系应当明确规定任务的性质与目标体系,并确保计划执行者充分理解、认同并支持既定方案。然而,目标的确立仅仅是管理过程的起点,其实现过程往往面临多重路径选择,因此必须通过系统化的计划编制、执行和检查机制,统筹协调组织的人力、物力与财力资源,优化资源配置效率,建立有效的实施保障体系,实施动态监测与评估反馈,才能最终实现组织的战略目标,提升整体运营效能。计划是指管理者确定目标、预测未来、制订实现这些目标的行动方案的过程。

(二) 计划的类型

在管理中,计划可以说是最重要的职能。计划是管理活动的起始环节,通过设定目标、预测未来、制订行动方案,实现资源的有效配置。不同的计划在组织中的地位、作用范围和作用时间都会有所不同。为了便于了解和正确运用计划,我们把计划按照不同特点和标准划分成若干类型。

1. 按照时间跨度进行划分　可将计划分为长期计划、中期计划和短期计划。

（1）长期计划：它是一种"目标"计划，亦称"规划"。发展体育事业的长期计划，一般是指为期 5 至 10 年及 10 年以上的长远计划，它主要规定体育事业在比较长的时期内的发展方向、发展水平和发展规模。

（2）中期计划：它是一种"发展"计划，一般指为期 1 年以上 5 年以下的计划。它是根据长期计划编制的，是长期计划所规定的战略目标和任务分阶段的具体化，明确具体的任务和措施。

（3）短期计划：它是一种"营运"计划，一般为 1 年或 1 年以下的计划。它是根据长期计划和中期计划编制的。短期计划的内容和指标具体而细致，长期计划和中期计划的实现，最终取决于短期计划的落实。

2. 按计划的综合程度划分　可划分为综合计划与职能计划。

（1）综合计划：亦称总体计划。它是指全面的、概括的、涉及组织内部各个部分的计划。

（2）职能计划：它是指某一方面的、专业性的、涉及组织中某一部门或某一活动的计划。例如：群众体育计划，竞技运动计划，体育竞赛计划，体育干部培养和教育计划，体育科研计划，体育财务计划，体育基建计划，等等。

3. 按计划的管理层次划分　可划分为全国计划、地方计划和部门计划。

（1）全国计划：由国家制订的涉及全国范围的宏观计划。如全国体育计划是由国家体育总局制订的，规定了全国体育事业的发展与向、奋斗目标、发展水平和规模的全面性计划，其部分指标纳入全国国民经济发展计划，用以指导全国体育事业的开展。

（2）地方计划：由地方政府制订的计划。如地方体育计划是由地方（省、地或市、县）体育局制订的，其部分指标纳入地方社会经济发展计划。

（3）部门计划：是由各部门（包括各组织、各单位）所制订的计划，其部分指标纳入各相应部门（组织、单位）的事业计划之中。

（三）制订体育计划的步骤

1. 确定目标　确定目标是制订计划的前提。体育计划目标是多目标的集合体，应把目标划分为不同的等级，并使众多目标形成一个有机的网络。

2. 分析环境　在计划目标确定之后，在各种可供选择的行动方案提出之前，必须对客观环境条件进行认真的分析。只有了解了计划执行的预期环境，即计划实施的假设条件，才能使计划目标符合实情，也才能充分利用一切可能的有利条件，并把各种不利的限制条件转化为无害条件和有利条件。

3. 提出方案　计划工作的第三步是探索和准备可供选择的行动方案。行动前，必须有几个合适的方案拿出来以供选择，而不能搞"单打一"，只准备一个方案。

4. 确定方案　几个可行的备选方案提出来以后，就要仔细分析各个方案的优劣长短。根据已确立的计划目标和可能提供的环境条件，来权衡各种计划因素，评价比较各个备选方案，最后从中选择公认的最优方案，或综合补充修订出最优方案。

5. 编报计划　体育计划的编报，首先是由上一级管理部门在调查研究、听取各方面意见和初步平衡的基础上制订和下达控制数字。控制数字包括文字指示和控制指标两部分。各地区、各部门根据上级机关下达的控制数字和指标，结合本地区、本部门的具体情况组织编制计划草案，然后逐级上报上级决策机关。由最高决策机关最后进行汇总和综合平衡，制订出指导全局的计划草案，报请有关部门审定、批准，再作为正式计划文件下达各部门、各地区和基层单位贯彻实施。

二、组织职能

(一) 概述

组织职能是指在战略目标既定的前提下,通过系统化的管理活动将实现目标所需的各项业务进行科学分类与优化组合,依据管理幅度原则合理划分管理层次和职能部门,同时明确授予各层级管理人员相应的职权,并规范不同部门间的协作关系。组织职能是对不同工作进行分解的过程,这一过程必须能够有效地完成各种预定组织目标,并能明确组织中各种工作与人员的关系。这一职能的核心在于构建科学的体育组织架构,通过明确工作职责,划分管理权限,协调部门关系,实现体育管理各要素的有机整合与高效协同,最终形成一个目标统一、运转协调的有机整体。

组织职能是管理活动中为实现既定目标,通过系统性设计机构、配置资源、建立权责关系,将分散要素整合为高效运行整体的动态过程。其核心是通过分工协作体系将人、财、物、信息等资源转化为组织效能,在体育领域体现为赛事运营、训练管理、商业开发等活动的有序开展。组织职能是体育管理的关键环节,包含组织结构设计与组织实施两大维度。

1. **组织结构设计** 所谓的体育管理组织结构设计是指为实现决策目标而对组织层次、部门和权责进行管理划分。通过建立机构、划分职责、协调关系,形成静态组织框架,合理地解决好管理层次、管理部门和管理权责这三个相互联系的问题。

2. **组织实施** 即动态配置资源(人、财、物、信息),确保目标实现。将组织设计转化为动态执行,通过整合人、财、物、时间、信息等资源,按照目标导向、资源整合、动态控制的规范流程,通过标准化与灵活指挥实现高效落地。

(二) 组织设计的原则

要使体育管理工作取得成效,必须有一个健全、合理的组织结构。为了实现体育组织的目标,把任务、责任、权力等组织内部各要素有机组合成正式系统,以实现协调工作的过程即为组织设计。全面提高管理工作绩效,进行体育组织设计,必须遵循以下的具体原则:

1. **目标导向原则** 任何一个体育组织的存在,都是由它特定的目标决定的,每一个体育组织及其组成部分,都与特定的目标任务有关系。因此,组织设计要以目标、任务为中心,即要以"事"为中心,因事设机构、设职务、配人员,要做到人与事高度配合,避免因人设岗。

2. **权责对等原则** 组织设计应使拟设岗位所必需的职责、权力、责任三者对等一致。为了实现目标,需要给予一定的职务,有职必授权,有职无权无法管理。有职有权尚需"明责",要对事业的成败承担责任。只有真正做到有职、有权、有责,而且三者均衡相称,才能使体育组织中每个在岗人员在其位、谋其政、行其权、尽其责,顺利实现管理目标。

3. **精干高效原则** 无论哪种组织结构形式,都必须在保证完成体育管理目标的前提下,力求减少管理层次,精简管理机构,用最少的人完成组织管理的工作量,达到高效率、高质量的目标。只有机构精简、队伍精干,才能做到人人有事干、事事有人干、负荷饱满、保质保量。精干与高效二者密切关联,精干是高效的基础,高效是精干追求的目标。

4. **统一指挥原则** 体育组织机构的设置应该保证命令和指挥的统一,使组织真正成为上下贯通协调的统一整体。统一指挥原则要求做到:组织中从最上层到最基层的管理"等级链"不能中断;任何下级只能有一个上级,不允许多头领导;不允许越级指挥;职能(参谋)机构不应直接干预直线指挥系统下属的工作;统一指挥与分级管理、集权与分权有机配合。

5. **控制幅度原则** 所谓"幅度",即管理跨度,指一个管理者能直接、有效地指挥的下级和人员的数量。由于每一个人的能力和精力都是有限的,只有把管理跨度控制在合适范围内,才能形成严密有效的管理。影响管理跨度的实际因素十分复杂,主要有管理层次的数量、管理问题的复杂程度、管理与被管理者的素质水平、管理对象的分散程度、工作内容的相似程度、标准化管理的水平、管理者授权的程度以及组织机构与规章制度的健全程度等。

(三) 组织设计的流程

进行体育组织设计,必须遵循以目标任务为中心、职权责对等、高效精干、统一指挥、控制幅度等原则。尽管体育组织设计的背景不尽相同,但在程序上一般都包括工作划分、部门确定、结构设计、职位分析等四个主要环节。

1. 工作划分　实现既定的体育计划目标,是体育组织的总任务。这个总任务是组织中任何孤立的个人所无法完成的,必须把这个总体任务分解成许多具体任务,并使每个成员都承担其中的部分任务。只有经过组织成员的通力合作,才能最终完成总任务。把完成体育组织目标的总体任务划分成各个具体任务的过程,就是工作划分。

2. 部门确定　把体育组织的总任务分成许多具体工作后,接着就要把各个有关的或类似的具体工作归类合并,分配到若干个体育管理组织部门中。除最高管理层次外,其余各层次都要部门化,层次每低一级,部门划分应又进一步。组织中部门的多少,主要取决于组织的规模与业务性质。组织规模大、人员多、业务性质复杂,分工需要精细,部门必然较多;反之,则部门较少。确定体育部门常采用的方法有按管理职能、业务工作内容、工作性质和区域范围进行工作归类。

按管理职能、业务工作内容和工作性质进行工作归类的方法,都是以相同或类似的工作为基础进行组织安排。这几种归类方法能适应现代社会分工的特点,充分发挥分工的优势,有利于对体育部门专业人员进行归口管理,有利于对本部门人员实行严密的监督和具体的指导,并能更好地解决专业人员之间的协调问题。但是,由于每个人都按专业和特长分配到某一部门工作,他们习惯于从部门的目标来考虑问题,片面地强调本部门的利益。

按区域范围进行体育工作归类就是按照地理区域成立专门的体育部门。当某个体育组织有诸多活动分散在一个广阔的区域时,中枢机关不易统一指挥,便可采用这种形式,把同一区域内发生的各种业务活动并入同一部门,然后在这个部门中再按所需要的具体职能活动,进一步建立职能部门。

3. 结构设计　组织设计的主要任务之一,就是要确定组织的结构形式。通过组织结构形式来解决领导层、各个部门及各个岗位的相互关系,避免出现组织上的混乱状态,使组织管理活动更为协调和有序。因此,在工作划分和部门确定之后,就要考虑为实现组织目标进行组织的结构设计。建立一个完善的体育管理组织系统,其结构设计的内容应包括决策系统、执行系统、监督系统、反馈系统以及参谋或咨询系统的设计。

(1) 决策系统:决策系统是组织的核心,负责制订组织的战略目标、政策和重大决策。在体育俱乐部中,决策系统可能由俱乐部主席、总经理和董事会组成,负责制订赛季目标、预算分配和重大赛事安排。

(2) 执行系统:执行系统负责将决策转化为具体的行动,确保组织目标的实现。在体育组织中,执行系统可能包括教练团队(负责训练)、赛事组织团队(负责比赛安排)和市场团队(负责推广和赞助)等。

(3) 监督系统:监督系统负责对决策和执行过程进行监控,确保组织活动符合既定目标和规范。在体育组织中,监督系统可能由独立的纪律委员会或审计部门组成,负责监督财务使用、训练质量和比赛公平性。

（4）反馈系统：反馈系统负责收集组织内外的信息，为决策和改进提供依据。在体育组织中，反馈系统可以通过球迷调查、球员意见收集和赛事数据分析，了解组织运行中的问题并加以改进。

4. 职位分析　职位分析，就是根据体育组织的目标任务，分析各职位的特点与执行工作应具备的条件，进而准确地把握各个不同职位具体要求的过程。职位分析的基本步骤如下：

（1）明确所需分析的职位范围、达到的目标、完成期限、负责与参与的部门和人员，以及具体的工作方法。

（2）搜集职位分析的有关背景材料，如组织图表、联责分工与工作规范等。

（3）选择职位分析的样本，通常是在从事同类工作的人员中挑选少数代表作为分析对象。

（4）采取观察、面谈、问卷等方法，分析各职位所要求的工作能力，承担责任的大小，职权与管理范围，工作所需的创造性和努力程度，履行职责所需要的知识、经验、技术水平等方面。

（5）根据职位分析的结果，将不同职位的要求规范化，制订出书面文件。职位说明书应说明工作的内容、工作的规范、工作的特点以及胜任工作所必需的条件，并以此作为任用人员、指导工作、考核实绩的依据。

三、领导职能

（一）概述

领导职能是指领导者通过指挥、带领、引导和鼓励组织成员为实现目标而努力的过程。领导职能因其与人际互动及团队激励高度关联，而显著区别于计划、组织、控制等管理职能，这一特性决定了领导行为过程具有独特的艺术性特征。体育管理职能旨在通过优化管理进而提升组织的整体效果，确保体育活动顺利完成。

在体育管理实践中，领导职能是一个多维度的系统化过程，其作用不仅体现在个体领导者的行为层面，更重要的是表现为领导群体和领导班子的集体效能，这一职能贯穿于体育管理的全过程，发挥着战略决策、方向引导和行动指挥等核心功能。从本质上看，领导职能既包含带领组织成员朝着既定目标前进的基本内涵，又延伸出构建权威、获得认同、促进发展等深层次要求。具体表现为通过科学决策、有效沟通、激励机制和人才选拔等管理手段，在实现组织整体目标的同时，为组织成员的个体发展创造良好条件，从而形成组织发展与个人成长的良性互动格局。

（二）领导的作用

领导的作用并非单指某一位领导人的作用，而是领导群体、领导班子所发挥的作用，贯穿于整个体育管理流程，承担着决策、引导和指挥等关键功能。体育组织的领导者需树立领导权威，赢得下属的认可与追随，通过决策、沟通、激励、人员选拔等举措，引领下属共同迈向组织目标，同时为组织成员个体的发展营造良好环境与条件。领导的作用主要体现在以下四个方面：

1. 领航导向作用　领导者必须洞察局势，为下属描绘愿景、明确目标及达成目标的路径，借助引导、指挥、指导或示范等手段，推动组织成员最大限度地实现组织目标。领导者并非仅起推动和督促作用，更要作为带头人引领组织前行。

2. 沟通协调作用　在体育管理过程中,信息不对称、产生分歧以及行动偏离目标的情况难以避免。因此,需要领导者协调组织成员之间的关系与行动,促进信息和情感的交流,增强组织的凝聚力,消除不同背景下属对目标理解的差异,使他们齐心协力朝着共同目标努力。

3. 激励驱动作用　行为科学研究表明,内在动机是引发行动并实现目标的根本动力。动机的形成离不开激励,而激励正是领导作用的重要方面。领导通过激励激发组织成员的动力,提升工作效率。鉴于激励与目标并非简单的因果关系,领导者应合理设定激励内容与方式,持续完善奖励制度,并将激励与整个管理系统有机融合,以达到激励、鼓舞下属的效果。

4. 协同整合作用　由于下属的个人目标与组织目标、个体需求与组织需求并非完全一致,领导者需要运用各种手段调动组织中每一位成员的积极性,将二者目标有机结合。领导者越能使组织目标与下属个人目标协调统一,组织就越具成效和效率。

(三) 领导的智慧

领导艺术是体育组织领导者在把握体育规律的基础上,所展现出的高效性、创造性和科学性等综合技能。

1. 决策智慧体现　决策是体育组织领导者最为重要的职责。体育管理中的决策艺术体现在科学决策、民主决策和落实决策三个方面。科学决策是指体育组织领导者在掌握大量信息的基础上,借助现代化的技术和手段,确保政策的科学性与正确性。民主决策是指体育组织领导者充分发挥集体智慧,推动组织成员参与决策,在提高决策民主性的同时保证决策的认可度。落实决策是指体育组织领导者不仅重视决策的制订,更注重决策的落实与执行,防止决策工作有始无终,营造"言必信、行必果"的组织文化。

2. 用人智慧彰显　选人用人是领导最为基本且关键的素质。体育组织领导者用人讲究用人所长、用人不疑和善于授权。"尺有所短,寸有所长",体育组织领导者应认识到组织成员的优势与劣势,将不同成员安排到其最为擅长的领域,而不是仅仅关注个体的缺点。"用人不疑,疑人不用",体育组织领导者应信任下属,为其创造施展聪明才智的空间。领导的精力有限,应将相应职权授予下属,在激发其积极性的同时提高工作效率。

3. 激励智慧运用　激励艺术是激发组织成员保持积极向上组织文化的领导艺术。激励过程应做到适时激励、因人激励和多元激励。激励要选择恰当的时机,事前明确目标,事后及时兑现。激励旨在激发个体动机,不同个体的动机各不相同,应采用不同的激励方式。激励不能一成不变,应采用物质激励、精神激励和综合激励等多元激励方式,确保激励的有效性。

4. 协调智慧发挥　协调是无处不在的领导艺术。体育组织领导者应做到有效沟通、适度竞争、及时调整。沟通是组织内部信息和情感交流的过程,有效沟通能够促进组织目标的明确,提高工作效率。协调并非消除竞争,而是保持一定的组织张力,让组织成员处于适度竞争状态,提升组织运行效率。协调是一个动态过程,领导者应根据组织运行的实际情况,及时进行调整,保证协调的有效性。

四、控制职能

(一) 概述

体育管理控制职能是指为保证系统按预定要求运作而进行的一系列工作。控制职能作为体育管理的关键职能,贯穿于管理活动的各个环节,其作用范围涵盖每项事务、每个个体和每次行动的执行监督与动态调整。这一职能的实现依赖于对体育系统内外信息的持续收集与交换,通过将实际执行情况与既定目标、指标和标准进行系统比对,及时发现执行偏差并分析成因,进而根据环境变化和条件调整采取相应的调控措施,确保组织活动始终沿着预定计划的方向推进,最终实现既定的计划目标。

体育管理活动本质上是一个动态的、持续演进的过程。在这一过程中不可避免地会出现各种与既定计划产生偏差的情况,此时必须依托控制职能的及时介入,通过系统监测快速识别问题、准确分析偏差成因,并采取针对性的调节措施进行纠偏和优化,从而确保整个管理活动始终沿着预定轨道运行,最终实现既定的管理目标。

(二) 控制的方法

根据体育管理对象、内容和要求不同,可以采取不同的控制方法,通常有以下几种:

1. **计划控制** 这是最基本也是最重要的控制方法之一,这种控制一般分三步进行:

(1) 确定总目标及反映总目标的各项指标或标准。

(2) 预测在实现总目标过程中会产生的影响因素。

(3) 根据现有条件及未来可能受到的影响制订出保证目标实现的措施及办法。

2. **目标控制** 即采用目标管理方法进行控制,制订目标体系,规定各体育管理层次的目标并按照目标达成的程度进行控制。为使各管理层次达到规定的目标,必须采取有效措施,促使执行者按照预定目标进行活动,运用正确的方法和手段接近目标和最终实现目标。

3. **预算控制** 体育管理系统的各项活动伴随着资金运动而进行,体育管理系统的活动离不开资金的运动,把体育管理系统的活动纳入预算的范围,并在预算规定的范围内运转,预算就自然地对体育组织的各项活动起到控制作用。在采用预算手段进行控制时要注意以下几点:

(1) 预算不宜太细,要有一定的灵活性,大项收支要严,小项收支要宽。

(2) 预算目标不能代替体育管理系统的组织目标。

(3) 预算的标准要适当,切实可行。

(4) 预算控制可采用可变预算法、零基预算法、项目预算法、计划评审技术(PERT)等方法和手段。

4. **定额控制** 在体育管理系统的运营活动中,对人、财、物的使用应实行严格的定额管理。通过制订人员的定编、劳动定额或工作量、物资耗费定额及经费定额等管理措施,有效地控制人、财、物的占用与消耗,使各项资源更加合理组合,更加有效利用,这对节约开支、提高效益具有非常重要的作用。

(三) 控制的类型

体育管理过程的控制类型多种多样,按照不同的划分标准以及管理需要可以分成很多种,如按照控制主体可分为内部控制和外部控制;按控制方式可分为正式控制和非正式控制;按控制的时间阶段可分为预先控制、现场控制和结果控制。

1. **预先控制** 它是指在作决策、定计划时,为尽量减少实施中的偏差,在实施前便充分做好人员物质等各方面的准备工作。预先控制的目的是使未来的运行结果有可能达到预定的标准,包括对人力、物力、财力的投入实施有效的控制。

2. **现场控制** 现场控制是指在活动执行过程中实时监控与调整。这种直接指挥包括两方面的工作,一方面是指导下级按照正确的方法和程序进行工作;另一方面是监督下级的工作过程以保证工作取得预期的成果。

3. 结果控制 结果控制是对已完成的活动进行分析、反馈与纠偏。反馈是控制论的一个十分重要的概念，是指控制系统输送出去的信息，作用于被控制对象后产生的结果被输送回来，并对信息的再输出发生影响的过程。对体育管理结果的控制，一般也是依据确定的标准与实际工作成效进行比较，找出偏差，采取措施，进行纠正。

从上述三种控制形式可以发现，它们既有区别又有联系。从形式上看，它们都包括确立标准、衡量成效和纠正偏差这三个步骤；但从内容上看，它们控制的对象是相互衔接的三个不同阶段，如果针对不同阶段实施不同控制形式，就可以有效控制体育管理系统活动的全过程。

五、创新职能

(一) 概述

体育创新职能是一项系统的、复杂的工程，其目的是实现组织的预期目标。计划、组织、领导和控制构成了体育管理的基本职能体系，这些职能相互关联、环环相扣，是确保体育组织目标实现的必要保障。然而从管理功能的角度来看，这些职能更多地体现为"维持性"特征，其主要任务是确保管理系统按照既定的方向和规则稳定运行。但仅仅依靠这些维持职能还不足以应对快速变化的环境和日益复杂的挑战，体育组织要实现持续发展还需要在创新、变革等更高层面进行战略布局和功能拓展。创新具有以下作用：

1. 创新是管理本质的真谛 创新是唯一具有突破性特征的职能。在这一复杂的工程中，实现目标的手段可以千变万化，但追求的最佳状态是"以最少的投入获得最大的收益"的原则，创新给了这一原则可以实现的最大可能。

2. 创新激活管理工作 管理的本质内容包括"维持"和"创新"，有效的管理在于"适度维持"与"适度创新"的组合。计划、组织、协调、控制等作为传统的管理职能，其作用是维持管理的过程和系统的存在。对组织而言，管理不能只停留在维持的阶段，必须在竞争激烈的内外部环境中，走出一条不同于他人的兴盛之路。因此，必须创新，只有创新才是真正激活管理的因素。

3. 创新是社会的灵魂 最早提出创新理论的著名经济学家约瑟夫·A·熊彼特曾深刻指出："经济和社会发展的本质在于创新。"管理理论也从最初的古典管理理论走到今天的现代管理理论，其走过的每一步无不是一个扬弃的过程、一个创新的过程。这个过程见证了知识体系的不断丰富完善。在知识经济时代，管理创新则更加成为经济全球化发展、人类和经济可持续发展的要求，是社会进步的灵魂。

(二) 创新职能的基本内容

1. 目标创新 体育组织是在一定环境中运行的社会组织，特定的环境要求体育组织在不同的历史时期提供特定的产品。体育组织在不同的历史时期制订的具体发展目标，则要根据当时的社会需求和消费特点以及变化趋势加以整合，每一次调整都是一种创新。现阶段，体育组织目标创新的焦点在于如何更好地适应我国社会主义市场经济的转型和人民生活水平快速提高带来的新的体育需求。

2. 技术创新 技术创新是一个新的技术思想从提出到首次付诸实施并取得实际效益的非连续性过程。从新的技术思想的产生到成功的实际应用，一个完整的技术创新过程必然要经过技术观念的创新(新的技术思想产生和形成)、新技术内容的形成和完善、成功地实际应用与扩散这三个基本阶段。技术创新都必须通过一定的物质载体以及利用这些载体的方法来实现。因此，体育组织的技术创新主要表现为要素创新、要素组合创新以及产品创新。

3. 制度创新　制度创新是从社会经济角度来分析体育组织成员间的正式关系的调整和变革,来重新确立组织运行方式的原则规定。体育组织的制度创新主要从三个方面进行,即产权制度、经营制度和管理制度。体育组织的制度创新是不断调整和优化所有者、经营者和劳动者三者之间的关系,使各方面的权力和利益得到充分体现,使组织的各类成员的作用得到充分发挥。

4. 组织结构和机构创新　从组织理论的角度来看,体育组织是由不同的成员担任的不同职务和岗位的结合体,这个结合体可以从结构和机构两个不同的层次进行考察。所谓机构是以横向分工作为标准,将类似的或为实现同一目标有密切联系的职务和岗位并到一起,形成不同的管理部门,主要涉及的是劳动分工的问题。而结构主要涉及的是管理的层次问题,也就是我们常说的集权和分权问题。组织机构和结构的创新在于更合理地组织管理人员,努力提高组织的管理劳动效率。

5. 环境创新　环境是体育组织生存的空间,是其经济运行的场所,同时也制约着体育组织的发展。体育组织与环境的关系,不仅是单纯地去适应,而是在适应的同时去改造、去引导,甚至去创造体育组织所需要的环境。例如,通过体育组织的公共关系活动,影响行政部门的政策制定;通过经营方式和产品的改变去诱发、强化体育消费者的购买动机等。

(三) 体育管理创新的一般过程

1. 寻求目标　这一阶段是一种批判性解决问题的活动。在该阶段,人们需要确定一个问题域。因为不同的目标往往反映出人们对问题的不同理解。开始时,通过发散思维尽力想象出所面临的一系列问题,接下来开始聚合性思考,对进一步探索而言,哪些问题是最不妥当的?在转向下一阶段之前,必须确定关键性问题(焦点)以及关键性的问题域(热区)。思考的主要内容为:我有能力去解决它吗?这个问题的重要性如何?解决这个问题的急迫程度如何?

2. 确定事实　这一阶段将增加对问题的总体理解。在这一阶段中,焦点和热区的方法仍可用来促进聚合思维。确定事实,有助于收集恰当的资料且有可能使你以新的视角来看待先前确定的问题,以激发独特的想法。

3. 识别问题　识别问题是非常重要的创新活动。该阶段在上一阶段集中起来的焦点问题上,对体育管理问题进行最富有建设性的界定,其目的是为焦点问题提供一种新的考察视角。一般有边界检验法和目标定向法两种识别问题的方法和技术。

4. 寻求创意　这一阶段是通过结构化来寻求解决问题的潜在路径。在这一过程中,发散思维活动将借助各种创意激发技术来引出更多的想法、主意及观点。此阶段的技术主要有集体研讨法和画脑图法。

5. 创意评估　有的创意比其他的更突出,更适合于要解决的问题,因此这些创意是相当容易被评估的。但有时我们也许会产生几个或多个创意,并且难以确定究竟哪个创意比别的创意更好;或者是当实现创意的资源不足时,仅考虑使很小的一部分创意付诸实施。这时就必须对获得的创意进行分级评估以确定最终的创意。主要的评估方法有城堡法、权重法。

在乌卡(VUCA)时代(描述现代社会高度动态环境的核心概念,由易变性、不确定性、复杂性、模糊性四个特征构成),管理创新已从边缘职能演变为核心生存能力。体育组织需构建"创新双螺旋":一方面通过制度设计保障持续的创新投入;另一方面建立快速试错机制。未来竞争的关键在于能否将创新从偶然事件转化为可重复的系统能力,这需要管理者兼具战略定力与变革的勇气。

第三节　体育管理职能的实践运用

一、计划职能的实践运用

(一) 战略目标设定与资源调配

制订清晰的战略目标,是体育管理计划职能的核心。管理者首先需要对内外部环境进行充分分析,基于现实需求和未来愿景设定长期目标,然后将这些目标分解为短期、可操作的具体任务。资源调配包括人员、预算、技术支持等,需要根据各项任务的重要性和优先级进行合理配置。例如,在策划大型国际赛事时,管理者需要在赛事安全、宣传推广、场地设施等方面提前进行详细规划,并确保资源的充分支持。

(二) 项目管理与时间规划

体育管理计划的制订需要依赖项目管理的工具和方法,尤其是 Gantt 图(甘特图)、工作分解结构(WBS)等方法来确保时间的合理安排。比如,赛事筹备过程中的时间规划非常重要,必须确保各项工作如场馆建设、赞助商谈判、媒体推广等能够按时完成,避免项目延期带来的额外成本和风险。

(三) 预算管理与成本控制

预算是体育管理计划职能的重要组成部分。管理者必须结合实际需求,对所有项目进行详细预算,同时设定预算上限,避免超支。在实施过程中,控制团队的开支,并通过财务管理软件实时监控预算使用情况,确保资金的合理分配和透明。

(四) 风险评估与应对预案

体育管理计划还应包含详细的风险评估与应对策略,尤其是在面对不可预测的突发事件时。例如,赛事可能受到天气因素、政治环境等外部因素的影响,管理者应根据不同类型的风险制订应急预案,确保在出现问题时能够快速反应并减轻损失。

二、组织职能的实践运用

(一) 组织结构设计与优化

体育管理中的组织职能要求建立清晰的组织结构,使每一位员工都能清楚自己的职责。随着组织规模的扩大和工作内容的多元化,组织结构的优化显得尤为重要。例如,体育组织可以根据具体需要,选择矩阵型、团队型或项目型组织结构,以实现更高效的资源配置和信息流通。在大型赛事筹备中,可能需要建立跨部门合作小组来保证每个环节的协同工作。

(二) 岗位职责与流程优化

明确每个岗位的职责与权责边界,有助于提高工作效率,减少重复劳动。在组织职能的实施过程中,管理者需要根据任务的实际需求优化工作流程。例如,在赛事的媒体报道过程中,需要建立信息共享机制,确保媒体团队能够实时获得赛事的最新动态。定期进行岗位职责审查和流程优化,以提高管理的精细化水平。

(三) 人员管理与激励机制

通过人才招聘、培训和晋升机制,确保人员结构的合理性。对于核心岗位,管理者应重视人才的选拔与培养,尤其是管理人员的专业能力与领导力。定期开展员工满意度调查,发现潜在的管理问题,并进行及时调整。在组织职能中,管理者还需要设计有效的激励机制,提升员工的积极性和参与感。比如,可以通过绩效奖励、团队建设活动、职业发展支持等方式增强员工的归属感和忠诚度。

(四)跨部门协作与信息共享

体育管理组织职能的实施还需要建立高效的沟通机制。管理者需要通过定期的会议、在线协作工具等方式,促进跨部门之间的信息流动与协同作战。例如,赛事的执行团队和营销团队需要实时共享赛事进展信息和营销数据,确保赛事活动的推广与组织工作保持同步。

三、领导职能的实践运用

(一)变革型领导与激励

变革型领导要求领导者具备强大的愿景感召力和创新思维。在体育管理中,领导者应通过激励团队、树立愿景和目标,鼓舞员工积极性。变革型领导者不仅仅是指挥者,更是团队的引领者。他们通过持续的激励与创新,推动组织向更高的目标迈进。例如,体育俱乐部的领导者可以通过设定明确的长期目标,如提升国际化影响力,并通过每个阶段的小目标激励团队。

(二)决策与问题解决

领导职能的核心在于决策能力和解决问题能力。在日常工作中,体育管理者要能够在复杂的情况下做出决策,并有效解决问题。例如,赛事期间出现突发情况(如运动员受伤或场馆设备故障),管理者需要迅速做出决策,调整赛事进程或采取应急措施。领导者应具备清晰的判断力,并在决策过程中考虑到团队成员的意见和情感需求,以实现最佳结果。

(三)情感领导与文化建设

情感领导力是体育管理中的重要组成部分,尤其是在体育行业的高度竞争环境下,管理者不仅要关注任务的执行,还要关心团队成员的情感需求。通过与员工建立信任关系、鼓励开放沟通、建立支持性的团队文化,领导者可以激发团队的创造力和凝聚力。此外,体育组织还应注重打造具有凝聚力的组织文化,定期开展团队建设活动,增强团队的认同感和归属感。

(四)跨部门协调与利益平衡

体育管理者在领导职能中还需要协调各方利益,平衡不同部门之间的冲突和资源分配。例如,在一个大型体育赛事中,赛事组织部门、市场营销部门和财务部门的目标可能会有所不同。领导者应通过有效沟通和谈判,确保各部门达成共识,协同推进赛事筹备工作。

四、控制职能的实践运用

(一)制订明确的绩效指标

控制职能的实施需要明确的绩效评估体系,帮助管理者实时监控各项活动的执行情况。通过设定具体、可量化的KPI(关键绩效指标),管理者能够精准地跟踪目标的达成情况。比如,在体育赛事的筹备过程中,管理者可以通过考核每个部门的任务完成度、预算使用情况等关键指标,实时评估各项工作的进展。

(二)实时数据监控与反馈机制

利用现代信息技术和数据分析工具进行实时监控,是控制职能的核心措施之一。通过收集实时数据,管理者可以更快地发现问题,并进行及时调整。例如,在大型体育赛事中,实时监控系统可以帮助管理者跟踪观众流量、场馆设备状况、票务销售等信息,确保所有环节的正常运转。

（三）审计与合规检查

为了确保体育组织的财务和运营符合规定，控制职能还需要进行定期的审计与合规检查。审计不仅限于财务审计，还包括对合同执行、供应商管理、赛事运营等方面的全面检查。这能够帮助组织识别潜在的风险和违规行为，并及时采取整改措施。

（四）风险管理与应急预案

控制职能的另一个重要方面是风险管理。管理者必须识别可能存在的各类风险，并制订相应的应急预案。例如，在疫情等突发公共卫生事件中，体育组织应制订详细的健康安全控制措施，如健康检查、赛事无观众举办等，应对突发风险。

五、创新职能的实践运用

（一）技术创新与应用

创新职能中，技术创新是推动体育管理发展的关键动力。体育组织可以通过引入 VR、AR、智能穿戴设备等新兴技术，提升赛事体验和运动员训练效果。例如，虚拟现实技术可以为观众提供沉浸式赛事观看体验，而通过智能穿戴设备获取运动员的实时数据，有助于改进训练方式和提高竞技水平。

（二）商业模式创新与多元化收入来源

随着互联网和数字平台的发展，体育组织的收入模式正在发生变化。除了传统的门票收入和广告赞助外，体育组织可以通过电子商务、赛事直播平台、虚拟商品等多元化的方式实现盈利。例如，体育品牌通过线上商城、虚拟产品(如虚拟球员卡)销售，创造了新的收入渠道。

（三）粉丝体验与互动创新

粉丝体验是体育管理创新职能的一个重要方面。体育组织可以通过创新的互动形式(如社交媒体直播、球员与粉丝在线互动)提升粉丝参与感。通过数据分析了解粉丝需求，定制个性化内容或服务，使粉丝更加忠诚并增加他们的互动频率。

（四）绿色可持续创新

随着环境保护和可持续发展意识的增强，绿色体育管理成为体育行业创新职能的重要方向。体育组织可以通过优化场馆设计、提高能源效率、推广绿色出行、减少碳排放等措施，推动可持续发展。例如，在赛事组织过程中，采用环保材料和可再生能源，鼓励观众使用公共交通工具出行，减少赛事活动对环境的影响。这不仅能够提升组织的社会责任感，还能吸引更多关心环境保护的消费者和合作伙伴。

（五）社会责任与公益项目创新

除了技术和商业模式的创新，体育组织还可以通过加强社会责任项目来促进品牌的正面形象。例如，许多体育组织通过合作开展青少年体育教育项目、健康生活倡导等社会公益活动，增强品牌的社会影响力和参与感。创新的公益项目不仅能回馈社会，也能提升体育组织的社会资本和品牌价值。

第四节　体育管理职能的未来发展与创新

在体育产业蓬勃发展且竞争日益激烈的当下，体育管理职能在未来的持续创新至关重要，它是推动体育组织适应时代变化、实现可持续发展的关键所在。未来，体育管理职能将在多个维度进行创新变革，以应对不断涌现的新需求和新挑战。

（一）技术驱动的管理变革

随着科技的迅猛发展，体育管理领域将迎来深刻变革。人工智能（AI）和大数据分析技术的应用将更为广泛。通过收集和分析海量的体育数据，如运动员的训练数据、比赛数据、观众行为数据等，管理者能够更精准地评估运动员的表现和预测比赛结果，为训练计划制订、赛事安排提供科学依据。利用 AI 技术开发的智能训练辅助系统，可以根据运动员的个体差异提供个性化的训练方案，提高训练效果。在赛事运营方面，大数据分析有助于精准把握观众需求，优化赛事营销策略，提升赛事的吸引力和商业价值。

VR 和 AR 技术也将为体育管理带来新的机遇。在赛事体验上，观众可以借助 VR 设备身临其境地感受比赛现场氛围，获得更加沉浸式的观赛体验。在运动员训练中，AR 技术可以模拟各种比赛场景，帮助运动员进行针对性训练，提升应对复杂情况的能力。同时，这些技术还可应用于体育场馆的展示和推广，吸引更多潜在观众和赞助商。

（二）可持续发展引领创新方向

未来，体育管理将更加注重可持续发展理念的贯彻落实。在赛事举办方面，绿色环保将成为重要标准。体育组织会积极采用环保材料搭建赛事设施，优化场馆的能源管理系统，提高能源利用效率，减少赛事对环境的负面影响。例如，利用太阳能、风能等清洁能源为体育场馆供电，采用可降解材料制作赛事纪念品和包装。在体育组织的运营中，也会将可持续发展纳入战略规划，推动体育产业与社会、环境的协调发展。

体育管理还将在社会责任履行上持续创新。体育组织将更加关注社区发展，通过举办各类体育活动，促进社区居民的身心健康，增强社区凝聚力。同时，积极推动体育教育普及，为青少年提供更多参与体育活动的机会，培养体育后备人才，助力体育事业的长远发展。

（三）组织管理模式创新

为适应快速变化的市场环境，体育组织的管理模式将不断创新。传统的科层制管理结构将逐渐向扁平化、网络化转变，减少管理层级，提高信息传递效率和决策速度。各部门之间的协作将更加紧密，通过建立跨部门的项目团队，打破部门壁垒，实现资源的优化配置和高效利用。例如，在组织大型体育赛事时，组建由赛事运营、市场营销、后勤保障等多部门人员组成的项目团队，共同负责赛事的筹备和执行，确保赛事的顺利进行。

此外，体育组织还将加强与外部机构的合作与交流，构建多元化的合作网络。与科技企业合作，引入先进的技术和管理经验；与其他体育组织开展合作，共享资源、共同举办赛事，提升自身的影响力和竞争力。通过这种开放式的管理模式，体育组织能够整合各方优势，实现互利共赢。

（四）人才培养与管理创新

体育管理的未来发展离不开高素质的专业人才，因此人才培养和管理创新至关重要。未来的体育管理人才不仅需要具备扎实的体育专业知识和管理技能，还应具备创新思维、跨文化交流能力和数字化素养。体育院校和培训机构将调整课程设置，增加科技、可持续发展、创新管理等相关课程，培养适应时代需求的复合型人才。

在人才管理方面，体育组织将更加注重员工的个性化发展和激励机制创新。通过提供多样化的培训和发展机会，满足员工不同的职业发展需求。同时，建立多元化的激励体系，除了传统的薪酬激励外，还将采用荣誉激励、职业发展激励等方式，充分调动员工的工作积极性和创造力。例如，设立创新奖项，对在工作中提出创新性想法和解决方案的员工给予奖励；为有潜力的员工提供晋升机会和职业发展规划指导。

案例分析

案例 4.1　2023 年杭州亚运会的计划

计划职能是体育管理中的核心环节,它涉及目标的设定、策略的制订、资源的分配以及行动方案的规划等。2023 年 10 月 8 日,杭州第 19 届亚运会闭幕式在杭州奥体中心体育场举行。在杭州亚运会的筹备过程中,计划职能贯穿始终,确保各项工作有序进行。

"心心相融,@未来"作为杭州亚运会的口号也体现了杭州亚运会的目标。杭州亚运会的目标不仅局限于赛事的成功举办,还包括提升城市形象、促进经济发展、增强国际交流等多个方面。这些目标在筹备初期就被明确提出,并作为后续工作的指导方针。2016 年 4 月 9 日,杭州亚组委正式成立,设置"一办十九部"的组织架构,负责亚运会的整体筹办工作,制订了详细的策略规划,包括场馆建设、赛事运营、安全保障、宣传推广等多个方面。这些策略既考虑了赛事的实际需求,又兼顾了城市的长远发展。设 56 个竞赛场馆、31 个训练场馆、1 个亚运村和 5 个亚运分村。这些场馆分布在杭州及宁波、温州、湖州、绍兴、金华 5 个协办城市。场馆建设遵循"绿色、智能、节俭、文明"的办赛理念,广泛应用绿色节能技术和智能科技,如使用"绿电"、智能照明、雨水回用系统等。赛事项目上共设 40 个大项、61 个分项、481 个小项,是历史上规模最大、项目最多、覆盖面最广的一届亚运会。杭州亚运会的成功举办充分展示了计划职能在体育管理中的重要作用。通过明确的目标设定、全面的策略规划、精细的资源分配和具体的行动方案,杭州亚运会组委会确保了各项工作的有序进行,为赛事的成功举办提供了有力保障。

"办好一个会,提升一座城"。将体育赛事融入城市发展规划,在"十四五"系列规划中,杭州定下总目标:建设历史文化名城、生态文明之都。分阶段目标是:2025 年建成数智杭州、宜居天堂;2035 年建成社会主义现代化国际大都市;2050 年建成独特韵味、别样精彩的世界名城。杭州通过举办亚运会,不仅提升了城市的国际影响力和群众获得感,更为城市的发展注入了新的活力和动力。在"十四五"系列规划的引领下,杭州将继续努力前行,实现城市能级的不断跃升和国际化水平的持续提升。

问题与思考:

1. 杭州亚运会在计划职能方面是如何确保目标实现和策略执行的?
2. 杭州亚运会场馆建设和赛事项目规划如何体现"绿色、智能、节俭、文明"的办赛理念?

案例 4.2　欧洲足球超级联赛(ESL)昙花一现

2021 年,12 家欧洲顶级足球俱乐部宣布成立欧洲足球超级联赛(ESL),该计划旨在打破传统的欧洲足球联赛结构,创建一个封闭的足球联赛体系。然而,这一举动引发了全球范围内的广泛争议。欧洲足球管理机构、球迷、赞助商以及大部分俱乐部都对这一决定表示强烈反对。最终,由于社会舆论压力和商业利益的重新考虑,多数俱乐部选择退出该计划。

ESL 的成立过程充满了争议和不确定性,其组织结构设计也显得仓促和不完善。这种缺乏统一性和稳定性的组织结构设计,使得 ESL 在筹备过程中就遭遇了巨大的阻力。ESL 的成立试图打破现有的欧洲足球格局,挑战欧足联的权威。然而,由于其组织结构设计的不完善,ESL 缺乏足够的权威性和公信力,难以获得广泛的支持和认可。ESL 的筹备过程中,人员配置显得不够合理。据报道,ESL 的成立主要由几家豪门俱乐部的高层推动,缺乏专业的管理人员和运营团队。人员配置不合理,各参与方的职责划分也不明确。例如,俱乐部在 ESL 中的角色和职责、ESL 与欧足联之间的关系等都没有得到清晰的界定,各参与方之间的协作不畅、沟通机制不完善并且缺乏有效的管理和监督机制,导致 ESL 在筹备过程中难以应对各种复杂的问题和挑战,最终以失败告终。

ESL 为我们提供了一个生动的案例,展示了组织职能在体育管理中的重要性。

问题与思考:

1. 在推动体育管理创新的同时,如何平衡商业利益和社会责任?
2. 欧洲足球超级联赛计划失败后,体育组织应如何重塑与公众的信任和合作关系?

案例 4.3 里约奥运会中国女排教练的指挥艺术

在 2016 年里约奥运会上,中国女排以顽强的拼搏精神和出色的技战术水平,时隔 12 年再次夺得奥运会冠军。这一壮举不仅振奋了国人的精神,也成为体育管理的经典案例。郎平作为中国女排的主教练,其卓越的领导才能和管理策略在球队的成功中发挥了关键作用。

2013 年 4 月,中国女排正处于低谷期,郎平再次决定出山,接手中国女排主教练职务。郎平上任后,为中国女排设定了清晰的愿景,即在奥运会上取得好成绩,重返世界之巅。这一愿景不仅激发了队员们的斗志,也为球队的训练和比赛指明了方向。她提出了"大国家队"的理念,即扩大国家队的选拔范围,让更多的年轻队员有机会进入国家队接受训练,并根据每个队员的特点和优势,制订了个性化的训练计划,帮助队员们发挥自己的最大潜能。例如,她针对朱婷的扣球技术进行了专门训练,使朱婷迅速成长为球队的核心得分手。在赛场上,郎平展现出了出色的决策能力。她能够根据比赛形势和对手的情况,迅速做出战术调整,为球队赢得比赛创造了有利条件。她在战术上勇于创新,打破了传统的排球战术框架,采用了更加灵活多变的战术体系,在比赛中经常运用快速多变的进攻战术,使对手难以防范。除此之外,她善于管理队员们的情绪,使她们在比赛中保持冷静和专注。她注重与队员们的沟通,经常与队员们交流想法和意见。她还善于协调球队与各方面的关系,与排管中心、赞助商、媒体等保持了良好的沟通和合作关系,为球队的发展创造了良好的外部环境。

里约奥运会上郎平带领的中国女排的成功案例,充分体现了领导职能的作用和影响。

问题与思考:

有效的愿景设定在团队管理中有哪些作用?领导者在团队沟通与外部关系协调中的角色是什么?

案例 4.4 2022 年北京冬奥会的疫情控制

2022 年 2 月 4 日,北京冬奥会开幕式在国家体育场举行。在新冠疫情防控的背景下,北京冬奥会、冬残奥会口号正式发布:"一起向未来"。这一口号不仅体现了北京冬奥会、冬残奥会的核心理念和愿景,更在特殊时期传递了全球团结、共克时艰的美好愿望。在全球正面临着新冠疫情的严峻挑战,各国人民的生活和交往受到了前所未有的影响之时,北京冬奥会的顺利举行为全球各地区人民增添了信心和力量。

北京冬奥会对所有参赛运动员和随队官员执行"应接尽接"的疫苗接种政策,即鼓励并提倡所有运动员接种疫苗。接种疫苗的运动员、少数通过医学豁免的运动员和随队官员可在入境后直接进入闭环管理。北京冬奥会从 2022 年 1 月 23 日至冬残奥会结束,实施了全流程、全封闭、点对点的闭环管理政策。闭环管理涵盖抵离、交通、住宿、餐饮、竞赛、开闭幕式等所有涉冬奥场所。在闭环内,参与者只能在冬奥会场地间活动,参加与本人训练、比赛和工作等有关活动。闭环内使用冬奥会专用交通系统,确保与闭环外公众或各类人员无任何接触,这一政策有效地阻断了病毒传播的途径。大会还采用了先进的科技防疫手段,如气溶胶新冠病毒监测系统。该系统由中国科学家自主研发,能够对空气环境当中可能存在的新冠病毒进行高灵敏度检测。采集器布置在冬奥会多个场馆当中,为冬奥会提供全面气溶胶新冠病毒检测保障。

北京冬奥会参赛运动员总人数为 2 892 人,来自 91 个国家和地区,参加了北京冬奥会 7 个大项、15 个分项、109 个小项的比赛。大会通过严密的安排和控制,为运动员们提供了一个安全、放心的比赛环境。

问题与思考:

1. 面对全球新冠疫情等突发公共卫生事件,如何在体育赛事组织过程中加强应急管理和健康安全控制?

2. 北京冬奥会如何通过技术手段保障赛事在特殊环境下举行的可行性和灵活性?

案例 4.5 英格兰足球超级联赛(英超)的创新

英格兰足球超级联赛(简称英超)是全球最具商业化和影响力的足球联赛之一。随着数字化技术的快速发展,英超开始积极推动其数字化转型,尤其是在赛事观看体验、粉丝互动以及品牌营销等方面进行创新。

英超在赛事直播方面引入了先进的数字平台,观众可以通过"英超官方 APP"定制自己的观赛体验。该应用不仅提供了赛事直播,还结合了大数据和人工智能技术,根据观众的偏好推送相关比赛的精彩片段、球员数据和比赛分析。通过数字平台,观众可以随时查看实时赛事数据,并通过个性化推荐功能,享受更加沉浸的观看体验。英超还引入了增强现实(AR)和虚拟现实(VR)技术,提升了球迷的观赛体验。例如,通过与科技公司合作,英超为球迷提供虚拟比赛环境,让他们可以身临其境地感受比赛。球迷可以通过 VR 设备"进入"球场,观看比赛中的关键时刻、球员动作和战术布置,这种创新大大增强了赛事的吸引力。

英超的数字化创新还包括加强与粉丝的社交互动。通过与全球社交媒体平台(如 TikTok 等)的合作,英超在比赛日为全球粉丝提供了更广泛的互动空间。比如,英超通过社交平台上的直播、赛事回放和互动投票等功能,增强了粉丝的参与感和黏性。此外,英超还通过社交媒体平台推出了专门的"粉丝挑战赛"与"球迷互动活动",让球迷在比赛外也能参与到活动中。

英超通过数字化技术和创新手段,不仅提升了观众的体验,还在赛事运营、球员训练、粉丝互动等方面取得了显著成效。特别是通过数据分析和虚拟现实等技术,英超联赛不仅增强了赛事的娱乐性,还促进了技术的应用和球迷文化的建设。英超的数字化转型也为其他体育组织提供了宝贵的经验。

问题与思考:

1. 英超联赛如何通过数字化技术提升观众的观赛体验?

2. 英超联赛的数字化转型对其他体育组织有何借鉴意义?

思考题

1. 简述体育管理职能的概念。
2. 体育管理职能中的领导职能和控制职能如何实施？
3. 结合体育管理实例，分析体育管理职能的具体体现。

第五章

体育管理方法

📚 内容提要

(1) 体育管理方法的概念、特征及分类。
(2) 常用体育管理方法的特点及作用。
(3) 体育管理方法实践运用的原则。

📖 学习目的

(1) 掌握体育管理方法的概念和种类。
(2) 了解各类体育管理方法的特点和作用。
(3) 了解体育管理方法的实践运用原则。

第一节 体育管理方法概述

一、管理方法论的概念和作用

(一) 管理方法论的概念

管理方法论是指在管理学领域,研究和探讨管理问题时所使用的各种理论和方法的总和。它不仅包括不同学派和理论流派在管理问题上的方法性思维,还包括对这些方法的反思和理论上的总结。管理方法论的核心目标是帮助管理者通过科学的、系统化的方式进行决策、规划和执行,从而提高组织的管理水平和运营效率。

与"方法"这一概念不同,方法论强调的是对方法的全面理解和指导性原理。具体来说,方法是用来实现特定目标的具体操作步骤和手段,而方法论则是对这些方法进行理论化、系统化的研究,它强调如何选择、运用以及综合不同的方法,达到最佳的管理效果。因此,管理方法论不仅是学科理论的总结,更是对实践中各种方法使用的深刻洞察与反思。

(二) 管理方法论的作用

管理方法论在管理科学中占据着重要地位,因为它为管理实践提供了理论基础和指导原则。通过合理的管理方法论,管理者能够系统性地理解和运用各种管理方法,不仅提升组织效率,还能帮助组织在复杂多变的环境中实现战略目标。管理方法论为实践提供了更为精确的分析工具和决策依据,使得管理者能够更高效地配置资源、优化流程和提升绩效。

具体而言,管理方法论的核心作用可以归结为以下几点:首先,它提供了一种思考和解决管理问题的框架,使管理者能够从多个维度、多个角度分析和应对复杂的管理挑战;其次,管理方法论帮助管理者从理论的高度理解和运用管理实践中的各种手段,避免片面和低效的操作;

最后,管理方法论对管理效益的提升具有底层作用,它为实现组织的长期战略和目标提供了有力的支撑。

(三)管理方法论的理论基础

管理理论的发展历程展示了各学派对管理问题的不同解答。科学管理、组织理论、系统理论、决策理论等流派的涌现,体现了管理学方法论的丰富性和多样性。管理学的研究方法在历史的演化过程中不断丰富和发展,每一学派和理论都基于其时代的需求和背景,提出了不同的管理解决方案。

例如,泰罗的科学管理理论重视效率和生产力的提升,通过科学的分工和标准化操作提高工作效率。而法约尔的管理过程论则强调管理过程中的计划、组织、指挥、协调和控制等职能,为后来的管理实践提供了理论框架。再如,韦伯的科层制理论则重点研究了组织中的权力结构和职能分配,为现代企业管理的组织结构设计提供了深刻的理论支持。

这些管理理论为管理方法论提供了坚实的理论支持,并且为后来的管理学家提供了丰富的思想资源。在体育管理领域,理论的演变与实践的结合同样紧密,体育管理方法论也在不断借鉴和吸收其他学科的成果,使得体育管理更加科学、规范和高效。

二、体育管理方法的基本概念

体育管理方法是体育管理实践中应用的各种手段、方式和措施,是将体育管理理论和原理具体化、实际化的表现形式。它是管理学理论与体育实际需求的结合,是实现体育管理目标的有效途径。体育管理方法的研究有助于体育管理者理解和掌握不同管理方法的内涵、性质、特点和应用领域,从而在实践中选择最合适的方法,进一步优化管理效果。

体育管理方法包括体育组织管理中的决策方法、计划方法、控制方法、评价方法等,涵盖了从战略层面到操作层面的多个方面。通过对这些方法的理解和运用,体育管理者能够在实际管理活动中更好地发挥其作用,实现体育活动的有序进行和发展。

三、体育管理方法的特征

随着体育科学技术的发展,体育管理方法也逐渐进入了现代化、科技化的阶段。现代体育管理方法具有以下几个基本特征。

(一)人性化

现代体育管理不仅仅依赖科学、规范化手段来提高管理效率,而且更加注重人性化管理方式的应用。体育管理人性化要求管理者在实施管理时,要充分考虑到运动员、教练员以及其他参与者的需求与情感,调动他们的积极性和创造力。通过理解和尊重每个个体的价值和需求,体育管理能够更好地促进团队的和谐发展,并提高管理效果。

(二)现代化

体育管理现代化是指从传统的、粗放型的管理模式向现代高效、科学的管理模式转变。这一过程要求体育管理借助先进的体育科学技术,提升管理手段和工具的现代化水平,从而达到提升管理效率、优化资源配置和提高服务质量的目的。体育管理现代化不仅是体育事业发展的需求,也是全球化背景下各国体育竞争力提升的关键。

(三)系统化

现代体育管理方法强调系统化的思维方式,广泛采用系统理论和系统分析方法来优化管理过程。通过将体育管理作为一个系统来分析,管理者能够更全面地识别和解决管理中的各类问题,避免单一问题处理的片面性。系统化的管理方法使得体育管理工作更加高效、协调和全面,能够从整体上推动体育事业的发展。

(四)规范化

体育管理的规范化是现代管理方法的一大特征。体育管理规范化要求在管理过程中遵循一定的标准和流程,通过制订科学的管理制度、方法和规则,确保管理工作的一致性和高效性。规范化不仅体现在管理流程和标准的制订上,还体现在管理行为的规范性和可追溯性方面,确保每个环节都能够高效、有序地进行。

(五)数据化

随着信息技术的快速发展,数据化管理成为体育管理的重要趋势。通过大数据分析、人工智能等技术手段,现代体育管理能够实现精准决策和实时监控。数据化管理不仅能够帮助管理者实时获取管理信息,还能通过数据分析优化决策过程,提升体育管理的科学性和精准度。数据化管理的引入,使体育管理的各项工作更加科学、客观和高效。

四、体育管理方法的分类

体育管理方法的研究和运用是体育管理工作中至关重要的一环。为了帮助人们更好地理解和运用这些管理方法,首先需要对它们进行科学的分类。体育管理方法的分类可以从不同的角度出发,例如从管理职能、管理层次以及管理手段三个方面进行分类。

首先,按管理职能来分类,体育管理方法可以分为决策方法、组织方法、领导方法和控制方法。这四类方法从不同的角度对应着管理活动中最基本的职能,通过合理运用这些方法,管理者可以更加高效地完成各项管理任务。

其次,按管理层次进行分类,可以将体育管理方法划分为宏观管理方法、中观管理方法和微观管理方法。不同层次的管理方法各有侧重点,宏观管理方法通常涉及较大的范围和全局性的问题;而微观管理方法则更注重具体和局部的细节。

最后,按照管理手段进行分类,体育管理方法可以分为法律管理方法、行政管理方法、经济管理方法和教育管理方法。每一类方法都在管理活动中发挥着独特的作用,决定着管理策略的具体实施。

第二节　常用体育管理方法

一、法律管理方法

法律管理方法是体育管理中的基础性管理手段之一,主要通过法律、法令、条例等来调节体育活动中各方的关系,确保体育事业按照法律规定的框架和规则健康发展。法律管理方法不仅包括制定和完善法律,还涉及如何执行法律,如何通过司法和仲裁保障法律的实施和执行。

(一)法律管理方法的特点

1. 规范性　法律是国家权力机关依照法定程序制定的规范性文件,其内容明确规定了什么是合法行为,什么是不合法行为。体育管理中,法律规范了所有体育活动中参与者的权利和义务,确保管理活动有章可循、有法可依,避免了无序管理的出现。

2. 强制性　法律一经制定和公布,便具有强制性。一旦某些行为违反了法律规定,司法机关或其他国家机关将进行必要的处罚或制裁,以维护法律的尊严。体育管理中的法律管理方法通过对违法违规行为的强制性干预,保障体育活动不受非法行为影响。

3. 预防性　法律不仅仅是在事后进行制裁,它同样具有预防作用。通过事先的法律规定,能够有效引导体育活动中的所有参与者遵守正确的行为规范,预防不良事件的发生。法律的存在本身就是对违规行为的一种威慑,使得相关人员在行为之前便有了明确的约束。

(二) 法律管理方法的作用

1. 建立与保障正常的管理秩序　法律管理方法为体育管理活动提供了清晰的行为准则。通过法律手段,管理者能够调节管理中各方的行为和关系,确保各项体育活动在有序、规范的环境下进行。例如,通过制定反兴奋剂法,能够规范运动员的行为,避免药物作弊。

2. 调节管理因素之间的关系　体育管理中涉及许多不同主体,包括运动员、教练员、体育机构等。法律通过明确各方的责任和义务,调节这些管理因素之间的关系,确保各方在同一个规则框架下协调工作,避免因利益冲突导致管理混乱。

3. 推动管理活动的制度化和规范化　法律管理方法将管理过程中的有效方法和实践经验以制度化形式固定下来,从而促进了体育管理的规范化。法律的正式性和权威性保证了管理活动不被随意更改,增加了体育管理的科学性和系统性。

二、行政管理方法

行政管理方法是体育管理中最为常见且基础的管理方法之一,依赖于行政组织的权威,运用命令、指示、决策等行政手段来推动管理任务的实施。行政管理方法通过管理系统的上下级指令,确保决策的落实和任务的执行。

(一) 行政管理方法的特点

1. 权威性　行政管理方法依托于管理者和行政系统的权威性进行管理。在体育管理中,管理者的权威直接影响其行政命令的执行效果。只有管理者具备足够的权威,才能确保下属或相关单位无条件地执行命令。权威性决定了行政管理方法的执行力和影响力。

2. 强制性　行政管理方法通过发布命令、制定规章制度等手段对下属单位进行管理。与法律管理方法不同,行政管理方法强调的是命令的执行,而这种执行的强制性不仅体现在行动上,更包括思想上的统一。行政命令一旦下达,相关人员必须严格按照要求实施,通常不容许拒绝。

3. 垂直性　行政管理方法的管理结构通常是“自上而下”的纵向指挥系统。在体育管理实践中,行政指令通常由上级机构发出,并通过下级机关执行。这种管理模式保证了指令的集中性和高效性,使得决策和执行能够迅速而有序地进行。

4. 具体性　行政命令通常具有明确的任务目标和具体的执行方式。每个行政命令都针对特定的对象、特定的时间和特定的要求。因此,行政管理方法能够针对实际问题提供具体的解决方案,确保管理措施在实践中落实到位。

(二) 行政管理方法的作用

1. 促进组织内部的协调与统一　行政管理方法能够有效地推动组织内各层级之间的沟通和协作,使得管理任务能够精准地落实。通过权威命令,行政管理方法能够确保组织内部在面对复杂的管理任务时有统一的目标和方向。例如,在大型体育赛事的组织中,行政指令能迅速调动各部门资源,确保赛事的顺利开展。

2. 解决管理中的冲突与问题　在复杂的管理活动中,各种矛盾和问题不可避免。行政管理方法可以通过及时发出指令,调解或解决这些问题。通过决策和命令,管理者能够在冲突发生时及时作出回应,避免问题扩大。例如,遇到比赛中的争议判罚,行政管理者可以通过发布相关决策,统一各方意见。

3. 提高管理效能　行政管理方法具有高效的执行力,通过严格的命令执行机制,能够迅速推动管理任务的完成。特别是在紧急情况下,行政管理方法能够快速做出反应,确保任务在规定时间内完成。例如,在全国性体育赛事的筹备过程中,行政管理方法帮助决策层快速调配资源,确保一切准备工作顺利进行。

三、经济管理方法

经济管理方法是指通过经济手段和经济规律,调节不同经济主体之间的利益关系,从而实现管理目标的方法。在体育管理中,经济管理方法主要通过价格、税收、奖励、罚款等手段来调节资源分配、激励行为和确保目标的实现。

(一) 经济管理方法的特点

1. 利益性　经济管理方法的核心是利益激励。通过调整经济利益,管理者可以激发被管理者的积极性和动力。经济管理方法通过设置奖励机制或提供经济回报,鼓励个体或集体追求更高的目标。

2. 间接性　经济管理方法不直接干预被管理者的行为,而是通过调节经济利益,间接影响其行为。这种间接性使得经济手段更加灵活,能够根据市场变化调整管理策略。在体育市场中,通过合理设置票价、广告收入税率等,管理者能够间接影响消费者和运动员的行为。

3. 灵活性　经济管理方法提供了多样化的手段和途径,能够根据不同情况灵活运用。例如,在体育赛事中,组织者可以通过调节门票价格、赞助商激励、奖金分配等方式调控参与者和观众的行为,确保赛事的顺利进行。

4. 平等性　经济管理方法通常遵循平等、公正的原则,确保所有参与者在相同条件下获得相应的回报。这种平等性有助于减少管理中的不公正现象,提高整个系统的公平性。

(二) 经济管理方法的作用

1. 提高经济效益　通过经济手段,体育管理者能够有效调动各方参与者的积极性,提高管理效益。比如,通过奖金和奖励制度,能够激励运动员不断超越自我,提升竞技水平。

2. 强化管理职能　经济手段能够帮助管理者通过利益的分配来确保任务的完成,并通过对经济行为的调节,强化管理职能。通过合理的经济手段,如绩效奖金、奖惩机制等,管理者可以确保各方在达成目标的过程中保持高效的工作状态。

3. 促进公平和合理分配　经济管理方法能够通过合理的资源分配,确保各方利益的公平性,避免出现资源分配不公的情况。例如,在体育场馆的租赁过程中,通过合理的定价策略,能够确保各类运动员和团队在资源利用上的公平竞争。

四、教育管理方法

教育管理方法通过宣传教育等手段,使人们理解并接受管理目标,从而推动管理任务的实现。教育管理方法侧重于思想上的引导,强调通过教育改变人们的认知和行为模式,达到管理目标。

(一) 教育管理方法的特点

1. 先行性　教育管理方法在管理决策之前就开始起作用,它通过提前的思想教育,帮助管理对象理解并接受管理目标和政策,促进他们自觉行动。教育管理方法通过提前的引导,能够让人们在执行管理任务之前做好思想准备。

2. 滞后性 在一些情况下,教育管理方法也有滞后性,特别是在问题已经发生之后,通过反思和教育,帮助人们改正不当行为。正确的思想教育,能够促使人们对管理目标进行深刻反思,并在未来的管理活动中改进。

3. 疏导性 教育管理方法的核心在于引导与疏导,它不以强制为主,而是通过启发和引导帮助管理对象自觉行动。在体育管理中,管理者通过思想教育,帮助运动员树立正确的职业道德和竞技态度,避免错误行为的发生。

4. 灵活性 教育管理方法具有较强的灵活性,能够根据不同的管理对象、不同的管理环境调整教育内容和形式。教育管理方法因人而异,能够根据具体情况采取不同的教育方式,确保教育效果最大化。

(二)教育管理方法的作用

1. 激发正确动机 教育管理方法通过塑造正确的思想观念,激发管理对象内心深处的积极动力。在体育管理中,教育能够帮助运动员和其他管理对象理解他们的行为与管理目标之间的关联,并使他们认识到参与目标实现的个人责任。例如,通过教育,运动员能够树立对竞技精神的认同,理解成功不仅仅依赖于外部激励,还来自内心的驱动与对目标的承诺。教育方法的作用在于将管理目标与个体的内在需求和价值观相结合,使得管理对象自觉为实现这些目标而努力。

2. 促进思想统一 教育管理方法通过统一思想,使管理对象在认知和行为上形成共识。尤其在体育团队中,团队成员可能会有不同的背景和个性,但教育能够帮助他们在理念上达成一致,明确集体目标,增强团队凝聚力。例如,教练通过教育帮助运动员理解团队合作的重要性,进而强化大家对共同目标的追求。这种思想上的统一不仅提升了团队协作效率,还能够减少团队内部的分歧和矛盾,增强整个团队的向心力和执行力。

3. 改善管理效果 教育管理方法有助于改变管理对象的行为和态度,从而直接提高管理效果。在体育管理中,通过教育,管理对象能够认识到自己在任务执行中的角色和责任,进一步提升工作效率和团队协同效应。例如,通过教育运动员可以改进训练态度,增强自律性,提升整体训练效果。教育不仅仅局限于技能传授,更包括了行为习惯、价值观的塑造和心理调适,帮助管理对象在情感和行为上与管理目标保持一致,从而使得管理效果更为显著和持续。

第三节 体育管理方法实践运用的原则

体育管理是一个涉及多层次、多领域的系统性工作,要求管理者运用科学的理论和方法,以提高管理效能。在体育管理实践中,科学方法的应用不仅能够提升管理工作的系统性和合理性,还能促进体育事业的健康发展。因此,管理者应当从整体的角度来理解体育管理方法,探索其内在联系,并在实际操作中优化方法的选择和组合,以达到管理目标。

一、注重体育管理方法的统一性与完整性

体育管理方法的统一性与完整性体现在各类管理手段之间的相互作用和协调配合。在

实际应用中,各类管理方法并非孤立存在,而是相互依赖、相互补充,形成一个有机的管理体系。

例如,在体育组织的运行过程中,行政管理方法、法律管理方法、经济管理方法和教育管理方法等都发挥着不同的作用。行政管理方法通常用于制定政策、实施决策和组织协调,而法律管理方法则提供规范和约束,确保管理工作的合法性。经济管理方法通过经济杠杆调节管理行为,提高资源配置效率,而教育管理方法则可以增强体育参与者的认同感和凝聚力。

如果在管理实践中忽视这些方法的统一性,片面依赖某一种管理手段,可能会导致管理效果的下降。例如,在计划经济体制下,体育管理过度依赖行政管理方法,导致体育组织的自主性和灵活性不足,难以适应市场变化。而在市场经济环境下,若完全依靠经济手段进行管理,忽视法律约束和思想教育,可能会导致体育事业的短期化、功利化发展。因此,管理者应树立系统思维,综合运用各类管理方法,以确保体育管理体系的协调与稳定。

二、体育管理方法的互补与组合运用

由于体育管理涉及多个层面,每种管理方法在不同情境下具有不同的适用性,因此必须强调方法之间的互补性和组合使用。任何单一管理方法都存在局限性,只有在相互配合的情况下,才能充分发挥其管理效能。

在体育管理实践中,不同方法的互补性体现得尤为明显。例如,行政管理方法可以保证管理工作的权威性和组织性,但如果缺乏法律的约束和经济手段的激励,可能会导致管理的僵化和效率低下。法律管理方法能够维护公平竞争和规范行业行为,但如果没有相应的宣传教育,其执行力可能受到影响。经济管理方法能够调动体育组织和运动员的积极性,但如果过度依赖经济刺激,可能会导致功利主义倾向。因此,在实际管理中,需要根据具体情况合理组合不同管理方法,以形成高效的管理体系。

例如,在职业体育俱乐部的管理中,行政管理方法主要体现在管理架构的设立、规则的制订和组织协调,而经济管理方法则通过奖金、合同和市场营销策略来激励运动员和员工的积极性。同时,法律管理方法保障俱乐部的合法运作,防止合同纠纷和财务风险,而教育管理方法则用于培养团队文化和品牌形象,提升俱乐部的社会影响力。

此外,在体育赛事的组织管理中,也需要综合运用各种管理方法。例如,在大型赛事的筹备过程中,行政管理方法用于协调各部门的工作,法律管理方法用于制订比赛规则和规范市场行为,经济管理方法用于资金筹措和市场开发,教育管理方法用于赛事推广和观众组织。只有通过合理的组合和互补,才能保证赛事的顺利举办并取得良好的社会效益和经济效益。

三、追求体育管理方法的整体效应

体育管理的目标不仅是提高管理效率,更重要的是实现整体效应,即通过管理手段的科学组合,达到资源的最优配置和管理效益的最大化。系统管理理论认为,一个系统的整体效能不等于各部分效能的简单相加,而是通过各部分的协调作用形成的。因此,在体育管理实践中,必须注重管理方法的协同效应,避免单一方法的局限性。

整体效应的实现,首先需要明确不同管理方法的特性和作用。例如,行政管理方法具有权威性和强制性,能够保证组织的统一性和管理的执行力;经济管理方法能够有效激励个体,提高管理效率;法律管理方法则能够维护公平公正,防止违规行为的发生;教育管理方法能够增强组织认同,提高团队凝聚力。

其次,管理者需要在具体实践中灵活调整方法的组合。例如,在推动体育改革时,如果仅依靠经济手段,可能会导致市场化过度,损害体育公益性;如果单纯依赖行政手段,又可能导致效率低下。因此,管理者需要在不同的管理情境下,根据体育组织的特点和发展阶段,合理选择和组合管理方法,以确保管理工作的协调和高效。

例如,在中国职业足球联赛的管理中,过去过度依赖行政管理方法,导致市场机制未能充分发挥作用。近年来,通过引入经济手段,如球员薪资改革、市场营销策略等,提高了联赛的竞争力和吸引力。同时,通过加强法律监管,规范俱乐部运营,确保公平竞争。这种多元化管理方法的综合运用,提高了联赛的整体管理水平,促进了中国职业足球的发展。

四、创造性运用体育管理方法

管理方法的有效运用不仅依赖于方法本身的特性,还取决于管理者的创造性和灵活性。体育管理的环境是动态变化的,管理者需要根据具体情况调整管理方法,以适应新形势的要求。

创造性管理体现在多个方面:一是对管理方法的创新应用。例如,传统体育管理主要依赖行政手段,而现代体育管理更加强调市场化运作,管理者需要创新管理手段,引入市场机制,提高管理效率。二是对管理方法的灵活调整。例如,在体育赛事的组织中,管理者需要根据赛事规模、参赛人员、观众需求等因素,灵活调整管理策略,以确保赛事的顺利进行。三是对管理方法的综合运用。例如,在体育产业的发展过程中,管理者需要综合运用经济、法律、行政等多种手段,以实现体育产业的可持续发展。

此外,管理者的创造性还体现在对新技术的运用上。例如,近年来,数字化技术在体育管理中的应用日益广泛,体育管理者可以利用大数据分析、人工智能、区块链等新技术,提高管理效率和决策能力。通过科技手段优化管理方法,不仅能够提高体育组织的竞争力,还能推动体育产业的创新发展。

案例分析

案例 5.1　北京市朝阳区社区体育中心管理优化实践

北京市朝阳区社区体育中心在面对设施老化、管理效率低下等挑战时,采取了综合性的体育管理学方法,成功实现了管理优化和居民参与的深度融合。

在法律管理方法上,体育中心严格遵守《中华人民共和国体育法》《全民健身条例》等相关法律法规,制订了详细的规章制度,明确了设施的开放时间、使用规则以及违规行为的处罚措施。通过法律手段,体育中心维护了设施的公共属性和居民的合法权益,确保了设施的合法合规运营。

行政管理方法的应用体现在体育中心的组织架构和管理流程上。他们成立了由居民代表、社区管理者和体育专家组成的社区体育设施管理委员会,通过行政手段实现了多方参与的决策机制。管理委员会定期召开会议,讨论设施改造、活动安排等问题,确保了决策的民主性和科学性。同时,体育中心还加强了与朝阳区政府的沟通和协作,争取到了更多的政策支持和资源投入,如设施改造资金、活动经费等。

经济管理方法方面,体育中心通过优化资源配置和引入市场机制,提高了设施的利用率和经济效益。他们根据居民的需求和意见,对设施进行了改造和升级,如增设了健身器材,改善了照明设施等,提高了设施的吸引力和竞争力。同时,体育中心还通过合理的收费策略和多元化的活动组织,如举办社区运动会、健身课程等,实现了经济效益的提升。

在教育管理方法上,体育中心注重居民参与和体育文化的培养。他们通过组织各类体育活动和培训课程,如青少年足球培训、老年人健身操课程等,激发了居民对体育的兴趣和热情。同时,体育中心还加强了与学校的合作,将体育教育纳入学校的课程体系,提高了青少年的体育素养和身体素质。

通过综合运用法律、行政、经济和教育管理方法,北京市朝阳区社区体育中心成功实现了管理优化和居民参与的深度融合,为其他社区体育中心提供了有益的借鉴和参考。

问题与思考:

结合你所在社区或街道实际,谈谈如何才能实现社区体育活动的有效管理。

案例 5.2 上海国际马拉松的品牌化策略

上海国际马拉松作为中国最具影响力的马拉松赛事之一,其品牌化策略的制订和实施过程中综合运用了法律、行政、经济和教育管理方法。

在法律管理方法上,上海国际马拉松严格遵守《中华人民共和国体育法》《大型群众性活动安全管理条例》等相关法律法规,制订了详细的赛事规则和安全保障措施。通过法律手段,赛事组委会维护了赛事的公平性和安全性,确保了赛事的合法合规运营。

行政管理方法的应用体现在赛事的组织和管理上。上海国际马拉松成立了专业的赛事组委会,下设多个职能部门,如竞赛部、市场部、安保部等,通过行政手段实现了赛事的统筹规划和高效运作。同时,组委会还加强了与上海市政府的沟通和协作,争取到了更多的政策支持和资源投入,如赛道规划、交通管制、医疗救助等。

经济管理方法方面,上海国际马拉松通过市场化运作和品牌传播,实现了经济效益的提升。他们通过合理的赞助合作和门票销售,为赛事提供了稳定的资金来源。同时,赛事还通过品牌传播和媒体宣传,提高了赛事的知名度和影响力,吸引了更多的赞助商和观众。例如,赛事与国内外知名企业合作,推出了定制化的赞助方案,既满足了企业的宣传需求,也为赛事提供了资金支持。

在教育管理方法上,上海国际马拉松注重体育文化的传播和体育精神的弘扬。他们通过组织各类体育活动和文化交流活动,如马拉松训练营、体育讲座等,激发了公众对体育的兴趣和热情。同时,赛事还通过媒体宣传和社会责任活动,传递了健康、积极、向上的体育精神,提升了城市的整体形象和文化氛围。例如,赛事组委会与上海市教委合作,推出了"校园跑团计划",鼓励青少年参与马拉松运动,培养他们的体育精神和团队协作能力。

通过综合运用法律、行政、经济和教育管理方法,上海国际马拉松成功实现了品牌化策略的制订和实施,不仅提升了赛事本身的知名度和影响力,也极大地推动了城市形象的塑造和文化氛围的提升。

问题与思考:

1. 近些年,各地马拉松热度不减,思考一下,如何才能保障一届马拉松赛事的圆满完成?

2. 大型城市马拉松赛事已经成为城市体育的重要名片,谈谈你所在城市应如何做好这张名片。

思考题

1. 如何在实践中灵活运用不同的体育管理学方法来优化体育赛事的组织与管理？
2. 常用体育管理方法有哪些？简述其特点及作用。
3. 体育管理方法的创新与发展趋势如何影响体育产业的战略规划？
4. 在管理实践中，体育管理方法的应用原则是什么？

实 践 篇

第六章

全　民　健　身

内容提要

(1) 全民健身战略的提出背景与历史演变。

(2) 全民健身与全民健康的关系。

(3) 我国全民健身的发展现状与面临的挑战。

(4) 全民健身公共服务体系的内容。

📖 **学习目的**

(1) 理解全民健身战略的由来及发展脉络。

(2) 掌握全民健身与全民健康之间的关系。

(3) 了解我国全民健身的实践成效与服务体系。

体育已经成为推广文明生活方式的重要途径,增强青少年身体素质的重要方法,推动经济和社会发展的重要力量,以及沟通和联系世界的重要桥梁。

第一节　全民健身国家战略

在全球化和信息化迅速发展的当下,国家间的竞争不仅体现在经济和科技领域,健康水平也成为衡量一个国家综合实力的重要指标之一。全民健身作为提升国民健康素质、增强国家竞争力的重要举措,受到各国政府的高度重视。在这一背景下,我国逐步认识到全民健身不仅关乎个人的身体健康,更是推动社会进步和经济发展的关键因素。因此,制订和实施全民健身国家战略,成为实现"健康中国"目标的重要步骤。

一、实施全民健身国家战略的背景

随着我国经济的快速发展和人民生活水平的显著提高,健康问题日益成为社会关注的核心议题。健康不仅仅是指个体的身体状况,还涵盖心理健康和社会健康,成为全面提升国民生活质量的重要目标。在这样的背景下,全民健身作为提升国民体质、促进社会和谐的重要手段,逐渐被纳入国家发展的战略规划。

首先,经济的快速增长带来了城市化进程的加快和生活方式的显著改变。城市居民的工作压力增大,生活节奏加快,导致许多慢性疾病如肥胖、糖尿病、高血压病等的发病率上升。这些健康问题不仅影响了个体的生活质量,也对国家的医疗体系和经济发展构成了挑战。为应对这些问题,国家认识到通过系统性的体育锻炼提升国民体质,是预防和减少疾病发生的重要途径。

其次,健康的体魄不仅能够提高劳动生产率,还能增强社会的凝聚力和活力。强健的体魄使得劳动者能够更好地适应工作需求,减少因健康问题导致的劳动力缺失。同时,通过集体健身活动,增进人际交流和社会互动,促进社区和谐,增强社会的整体幸福感和向心力。

进入 21 世纪,全球健康理念的普及和体育产业的蓬勃发展,为我国全民健身战略的制订提供了良好的外部环境。国际上,许多发达国家已经将全民健身纳入国家战略,通过系统的政策支持和资源投入,显著提升了国民的健康水平和社会活力。例如,芬兰通过"北卡累利阿项目"有效降低了慢性病死亡率;美国则通过"总统青少年健身计划"等项目促进了青少年的体质健康。这些成功经验为我国制订和实施全民健身战略提供了宝贵的参考。

面对全球健康趋势和国内健康需求的双重驱动,我国政府认识到,推动全民健身不仅是提升国民体质的重要途径,更是构建健康中国、实现可持续发展的关键举措。全民健身战略的实施,有助于提升国民整体健康水平,减少医疗资源的压力,促进经济的高质量发展,同时也是实现社会和谐与稳定的重要保障。

二、全民健身国家战略的演进历程

(一) 初步构建阶段(20 世纪 80 年代末至 90 年代中期)

我国全民健身战略的起步可以追溯到 20 世纪 80 年代末和 90 年代初。这一时期,全民健身的理念逐步形成,国家开始尝试通过政策推动全民健身的发展。1995 年,国务院发布了《全民健身计划纲要》,这是我国首次系统性地提出全民健身的目标和实施路径。纲要明确提出,到 2010 年,基本建立具有中国特色的全民健身体系,通过普及体育锻炼,增强国民体质,提高健康水平。

这一阶段的重点工作是构建全民健身的政策框架和基础设施建设。学校体育教育得到了更多重视,体育课程改革和课外体育活动的推广帮助学生树立了健身意识。同时,政府积极推动公共体育设施的建设,为群众参与体育锻炼创造了条件。此外,政府鼓励企业、社区和社会组织参与全民健身,逐渐形成了多元化的支持体系。这些政策和措施奠定了全民健身从政策构想到实际行动的基础,使全民健身成为我国体育事业的重要组成部分。

(二) 深化发展阶段(21 世纪初至 2014 年)

进入 21 世纪,随着经济的持续增长和人民生活水平的不断提升,社会对健康的关注度进一步增强,全民健身战略进入深化发展阶段。2008 年北京奥运会的成功举办是这一时期的重要标志。北京奥运会不仅彰显了我国的国际地位,还极大地激发了全民健身的热情。奥运会后,国家加大了对体育基础设施的投入,推动全民健身活动深入开展,进一步增强了社会参与度。为了纪念北京奥运会成功举办,以及更好地推动全民健身活动发展,国务院批准从 2009 年起,每年 8 月 8 日为"全民健身日"。

这一时期,全民健身政策体系得到了全面完善。各级政府出台了一系列政策文件,从基础设施建设、活动组织到体育教育推广,全面支持全民健身的实施。例如,地方政府设立了专项基金,用于支持社区体育活动和健身设施建设;学校加强了体育教育,鼓励学生参与各类体育活动,提升了全民健身的覆盖面和影响力。同时,区域协调发展成为政策重点。政府根据城乡和地区的实际情况,制订了差异化的发展策略,既注重农村地区体育设施的投入,也提升了城市地区体育场馆的服务水平和活动多样性。这种因地制宜的发展方式确保了全民健身战略的全面推进。2014 年,国务院印发的《关于加快发展体育产业 促进体育消费的若干意见》首次将全民健身上升为国家战略。

(三) 全面推进阶段(2015 年至今)

2015 年,党的十八届五中全会首次提出健康中国战略。随着信息技术的快速发展和社会需求的多样化,全民健身战略进入了全面推进阶段。2016年,《"健康中国2030"规划纲要》的发布将全民健身确立为健康中国建设的重要组成部分,全民健身的战略定位更加清晰,政策支持力度进一步加大。这一时期,智慧健身、社区健身、校园健身等新兴模式不断涌现,为全民健身注入了新的活力。例如,智能健身设备的普及使得健身更加科学化和个性化;社区体育设施的完善与活动多样化提升了群众的参与热情。

现代推进阶段特别强调全民健身与其他领域的融合发展。健身活动逐渐融入健康医疗、养老服务和文化娱乐等领域。例如,老年人在日常护理中增加了健身活动,从而改善了生活质量;在健康医疗领域,健身作为疾病预防和康复的重要手段得到了广泛应用。此外,科学管理和评价体系的建立提升了全民健身政策的实施效果。政府通过大数据分析健身活动的参与情况,为政策优化提供依据;同时,标准化体系的建立确保了健身活动的质量和效果。现代推进阶段,全民健身不仅成为健康生活的重要组成部分,也为社会的可持续发展注入了动力。

三、全民健身政策内容与战略目标

全民健身国家战略的制订和实施,涵盖了多个方面,旨在通过系统的政策和措施,全面推动全民健身事业的发展。政策内容与目标相辅相成,共同构建了一个全面、多元、可持续的全民健身体系。

(一)综合性政策措施的制订与实施

全民健身战略的核心在于制订和实施综合性的政策措施,涵盖基础设施建设、体育教育推广、健身活动组织、体育产业发展和政策保障等多个方面。这些政策内容相互配合,共同推动全民健身战略的全面实施。

1. 基础设施建设是全民健身战略的基石 政府通过加大对体育场馆、健身步道、公园健身区等公共健身设施的投入,提升健身资源的覆盖面和可及性。现代化的健身设施不仅为居民提供了良好的健身环境,还为各类体育活动的开展提供了必要的支持。例如,城市中的健身步道和自行车道,不仅方便了居民日常的健身活动,还促进了绿色出行,改善了城市的环境质量。政府还推动"健身+"模式,结合社区需求,建设多功能的综合健身场所,满足不同人群的健身需求。

2. 体育教育推广是全民健身战略的重要组成部分 通过系统的体育教育,培养全民健身的意识和习惯,是提升国民健康水平的关键。学校体育课程的改革和体育活动的组织,帮助学生树立健康的生活理念,养成定期锻炼的习惯。通过与教育机构的合作,推广科学的健身方法和健康的生活方式,使全民健身成为国民生活的一部分。例如,学校可以通过开设健身课程、组织体育竞赛等方式,激发学生的健身兴趣,培养他们的健身习惯。同时,社区可以定期举办健身讲座和实践活动,提升居民的健身知识和技能。通过体育教育的推广,居民不仅在身体素质上得到了提升,还在心理健康和社会交往方面受益良多,整体生活质量显著提高。

3. 健身活动组织是全民健身战略的重要支撑 通过定期举办各类健身活动,如马拉松、健身操、全民体育赛事等,政府能够有效激发群众的参与热情,满足不同人群的健身需求,增强全民健身的吸引力和参与度。例如,社区可以组织健步走、广场舞等活动,吸引不同年龄段的居民参与,提升社区的活力和凝聚力。同时,举办大型体育赛事和活动,不仅促进了全民健身,还提升了国家的体育形象和国际影响力。这些丰富多样的健身活动,不仅有助于提升居民的身体健康,还促进了社会的和谐与稳定。

4. 体育产业发展是全民健身战略的重要支撑 通过促进体育产业与教育、医疗等产业的融合,推动体育经济的多元化发展。体育产业不仅能够创造更多的就业机会,促进经济增长,还能提升体育服务的质量和水平。例如,健身房、体育用品制造和销售、体育培训机构等产业的发展,为全民健身提供了多样化的服务和支持。同时,发展体育旅游、体育传媒、体育教育等新兴产业,不仅丰富了体育产业的内涵,还为国家创造了更多的经济价值和就业机会。体育产业的发展,推动了相关产业的联动,提升了国家的国际竞争力,为全民健身战略的实施提供了坚实的经济基础。

5. 政策保障是确保全民健身战略顺利实施的关键　政府通过制定和完善相关法律法规,提供政策支持和资金保障,确保全民健身项目的持续推进和有效实施。通过政策引导和资金支持,保障全民健身项目的长期稳定运行。例如,政府可以通过税收优惠、补贴政策等方式,鼓励企业和社会组织参与到全民健身的建设和管理中,形成多元化的参与格局。此外,建立健全的监督和评估机制,确保政策的执行效果和资源的合理使用,提升全民健身战略的实施效果。政策保障不仅包括资金支持,还涵盖政策引导、法规制定、监督管理等多个方面,确保全民健身战略在各个环节得到有效落实。

(二) 全面提升国民健康水平的战略目标

全民健身国家战略的主要目标涵盖了健康、社会、经济和文化等多个方面,旨在通过系统的政策和措施,全面提升国民的健康水平和生活质量。这些战略目标相互关联,共同推动全民健身事业的持续发展。

1. 提升国民体质是全民健身战略的首要目标　通过普及体育锻炼,提高国民的身体素质,减少疾病发生率,提升整体健康水平。强健的体魄不仅能够提高个体的生活质量,还能降低医疗成本,提升社会整体的健康水平。具体来说,政府通过建设健身设施、推广健身活动,鼓励居民定期参与体育锻炼,从而增强国民的体质,预防和减少慢性疾病的发生。例如,通过推广跑步、游泳、瑜伽等多样化的健身活动,满足不同人群的健身需求,提升国民的整体体质水平。

2. 促进健康生活方式是全民健身战略的重要目标之一　通过倡导科学的健身理念和健康的生活方式,培养良好的生活习惯,提升生活质量。健康生活方式不仅包括定期锻炼,还涵盖科学的饮食、良好的作息和积极的心理状态。通过健康教育和健身指导,帮助居民树立健康的生活观念,养成积极的健身习惯。例如,推广科学的饮食和锻炼方法,减少不良生活习惯的影响,提升居民的整体健康素养。同时,通过开展健康讲座、健身培训等活动,丰富居民的健康知识,提升其健康技能,促进健康生活方式的普及和落实。

3. 推动体育产业发展是全民健身战略的另一个重要目标　通过体育与经济、教育等领域的深度融合,推动体育产业的繁荣发展,为国家经济增长提供新动力。体育产业的发展,不仅能够带动相关产业的联动,还能提升国家的国际竞争力。促进体育与健康医疗、养老服务等领域的融合,推动体育产业的多元化发展,提升体育产业的整体竞争力和可持续发展能力。

4. 实现可持续发展是全民健身战略的长远目标　通过系统的健身服务和资源配置,确保全民健身战略的长期可持续发展,形成健康中国的坚实基础。可持续发展的战略目标,要求政府和社会各界共同努力,持续推进全民健身的各项工作,确保其长期有效性和稳定性。例如,建立健全的健身资源管理体系,确保健身设施的长期维护和更新,提升全民健身的持续性和稳定性。同时,通过推广环保型健身设施和绿色健身活动,促进体育与环境保护的协调发展,实现全民健身与可持续发展的双赢局面。

5. 提升全民健康水平是全民健身战略的综合性目标　通过全面推进全民健身战略,提升国民的整体健康水平,促进健康中国的建设。健康水平的提升不仅体现在个体的身体健康上,还包括心理健康和社会健康。例如,通过开展心理健康辅导和健身活动,帮助居民缓解压力,提升心理素质;通过组织社区互助健身活动,促进社会支持网络的构建,提升社会健康水平。政府通过与医疗机构合作,开展康复健身项目,帮助患有慢性病的患者通过科学的健身方法改善健康状况。同时,开展全民健康评估,监测居民的健康状况,制订个性化的健身方案,确保健身活动的科学性和有效性。这些综合性措施,全面提升了国民的健康水平,促进了健康中国的建设。

第二节　全民健身与全民健康的关系

全民健身与全民健康之间存在着紧密而深远的关系,二者相辅相成,共同推动国家健康事业的发展。全民健身不仅提升了个体的身体素质,还在心理健康和社会健康方面发挥着重要作用。通过系统性的体育锻炼,居民不仅能够增强体质,预防和控制慢性疾病,还能改善心理状态,增强社会凝聚力,推动经济和社会的高质量发展。

一、全民健身促进健康行为的形成

(一) 规律锻炼

全民健身战略通过普及体育锻炼,帮助居民养成规律锻炼的习惯。规律的体育锻炼不仅能够持续提升身体素质,还能在心理上形成积极的生活态度。通过政府和社会的共同努力,推广科学的锻炼方法和合理的锻炼计划,居民能够在日常生活中自觉地参与到体育活动中,形成长期坚持的健康行为习惯。这种规律锻炼的习惯,不仅提升了个体的健康水平,还促进了全民健康的持续发展。例如,制订和推广适合不同年龄段和健康状况的锻炼计划,鼓励居民在日常生活中定期进行体育活动,从而建立起健康的生活模式。

(二) 健康饮食

体育锻炼与健康饮食密切相关。为了支持身体的运动需求,居民需要摄取合理的营养,保持健康的饮食习惯。全民健身战略通过健康教育和饮食指导,帮助居民了解科学的饮食原则,减少高脂、高糖、高盐食品的摄入量,促进营养均衡。例如,政府可以通过开展健康饮食讲座、推广营养餐饮计划等方式,提升居民的饮食健康意识,帮助他们制订科学的饮食计划,确保身体获得充足的营养支持,从而提升整体健康水平。健康饮食不仅为体育锻炼提供必要的能量和营养,还能通过改善代谢功能,增强锻炼效果,进一步促进身体健康。

(三) 良好作息

体育锻炼有助于调整生物钟,促进形成规律的作息时间,提升睡眠质量。通过参与体育活动,居民能够更好地管理时间,合理安排工作和休息,避免熬夜和过度疲劳。良好的作息习惯不仅有助于身体的恢复和健康,还能提升心理状态,减少因疲劳和压力导致的情绪问题。全民健身战略通过推广早晨锻炼、晚间放松运动等方式,帮助居民建立良好的作息规律,提升整体生活质量。例如,早晨的晨跑不仅能够唤醒身体,还能通过阳光的照射调节生物钟,调整白天的精神状态;晚间的瑜伽和拉伸则有助于放松身心,改善睡眠质量。

(四) 积极心态

体育锻炼能够培养积极的心态,增强个体的心理韧性和应对压力的能力。通过参与体育活动,居民能够在运动中释放压力,提升自信心和自尊感,形成积极向上的生活态度。体育锻炼还能够培养团队合作精神和竞争意识,促进个体的自我提升和社会适应能力。例如,团队运动不仅能够增强集体意识,还能在合作与竞争中提升个体的心理素质,帮助他们更好地应对生活和工作中的挑战。通过设定和达成运动目标,居民能够体验到成就感和满足感,进一步激发积极向上的生活动力。

二、全民健身促进全民健康

(一) 促进身体健康

全民健身战略通过多样化的体育活动,全面提升了国民的身体素质。定期参与体育锻炼能够显著增强心肺功能,提高肌肉力量和柔韧性,降低肥胖、糖尿病、高血压病等慢性疾病的发病率。例如,有氧运动如跑步、游泳和骑行,不仅能够增强心脏功能,改善血液循环,还能有效降低心血管疾病的风险。

力量训练和柔韧性练习同样在预防骨质疏松和关节疾病方面发挥着重要作用。通过增加肌肉质量和骨密度,力量训练能够有效预防骨质疏松,减少骨折的风险。而柔韧性练习则有助于保持关节的灵活性,预防关节炎等疾病,提升整体身体机能。长期坚持体育锻炼的人群,其免疫力普遍较高,患病率相对较低,这不仅提升了个体的生活质量,也减少了社会的医疗负担。

此外,体育锻炼对儿童和青少年的生长发育具有重要作用。参与体育活动有助于促进骨骼和肌肉的健康发展,增强体质,预防儿童肥胖和相关代谢性疾病的发生。学校体育课程的改革和丰富的课外体育活动,帮助青少年养成良好的运动习惯,为其未来的健康生活奠定坚实基础。通过早期的体育教育和积极的健身活动,青少年不仅能够建立健康的体魄,还能培养坚韧不拔的意志品质和团队合作精神。

(二) 增强心理健康

体育锻炼不仅对身体健康有益,对心理健康同样具有重要影响。参与健身活动可以有效缓解压力,释放负面情绪,提升心理韧性和幸福感。在运动过程中,人体会释放内啡肽,这种被称为"快乐激素"的物质能够显著提升情绪,减轻焦虑和抑郁症状。研究表明,定期进行体育锻炼的人群中,抑郁症的发病率明显低于不锻炼的人群。

此外,集体健身活动,如团体操、篮球赛等,促进了社交互动,增强了人际关系,有助于构建支持性的社会网络。这种社交支持不仅能在心理上给予个体力量,还能在实际生活中提供帮助,提升整体心理健康水平。通过与他人共同参与体育活动,个体能够建立积极的人际关系,增强自信心和自尊感,进而提升整体生活满意度。参与团队运动的过程不仅锻炼了身体,还培养了团队合作精神和领导能力,促进了个体的全面发展。

(三) 改善社会健康

全民健身通过组织和参与集体健身活动,促进了社区成员之间的交流与合作,增强了社会的凝聚力和向心力。社区健身俱乐部、广场舞、健步走等活动为居民提供了互动的平台,促进了邻里关系的和谐发展。这种社区内的互动不仅促进了个体的幸福感,还加强了社区的整体和谐与稳定,构建了互助友爱的社会氛围。

社区健身活动的普及,带动了居民之间的合作与交流,增强了社区的凝聚力。例如,定期举办的社区健身比赛和活动,不仅激发了居民的运动热情,还促进了不同年龄层和不同背景居民之间的交流与理解,增强了社区的整体凝聚力。这种社会互动有助于减少社会隔阂,促进社会和谐,提升社会整体的幸福感和稳定性。通过参与社区健身活动,居民不仅能够保持身体健康,还能在互动中建立起深厚的情感联系,增强社区的整体活力。

三、全民健身在健康中国战略中的作用

（一）提升国民健康素质

全民健身战略的核心目标之一是通过普及体育锻炼，提升国民的身体素质，促进健康中国的建设。通过系统性的体育教育和丰富的健身活动，帮助居民养成良好的运动习惯，提升整体健康水平。例如，政府通过建设健身设施、推广健身活动，鼓励居民定期参与体育锻炼，从而增强国民的体质，预防和减少慢性疾病的发生。这不仅提高了个体的生活质量，还为国家经济的可持续发展提供了健康的人力资源保障。

健身设施的建设是提升国民健康素质的重要基础。政府通过加大对体育场馆、健身步道、公园健身区等公共健身设施的投入，提升健身资源的覆盖面和可及性。现代化的健身设施不仅为居民提供了良好的健身环境，还为各类体育活动的开展提供了必要的支持。例如，城市中的健身步道和自行车道，不仅方便了居民日常的健身活动，还促进了绿色出行，改善了城市的环境质量。通过建设多功能的综合健身场所，满足不同人群的健身需求，政府能够有效提升国民的整体健康水平。

（二）减少医疗负担

通过全民健身战略的实施，可以有效预防和控制慢性疾病的发病率，降低医疗费用，减轻医疗体系的压力。慢性疾病如心血管疾病、糖尿病、高血压等不仅影响患者的生活质量，还给国家医疗系统带来了巨大的经济负担。通过普及体育锻炼，提升国民的身体素质，能够显著降低这些疾病的发病率，减少医疗资源的消耗。

此外，体育锻炼在疾病康复中的作用也不可忽视。对于患有慢性病的患者，通过科学的体育锻炼，可以改善其身体功能，提升生活质量，减少疾病复发的风险。这不仅有助于患者的康复，也减少了长期医疗护理的需求，进一步减轻了医疗系统的负担。通过制订和推广科学的康复锻炼计划，政府和医疗机构能够有效协同，提升疾病康复的效果，促进健康资源的高效利用。

（三）促进经济高质量发展

健康的劳动者能够提高劳动生产率，推动经济的高质量发展。全民健身国家战略通过提升国民的健康水平，增强劳动者的体力和精力，减少因健康问题导致的劳动力缺失，从而提高整体劳动生产率。健康的劳动者不仅能够更好地适应工作需求，还能在工作中表现出更高的效率和创造力，推动经济的持续健康发展。

此外，体育产业的发展也为经济增长提供了新动力。健身房、体育用品制造和销售、体育培训机构等产业的发展，为全民健身提供了多样化的服务和支持，同时也创造了大量的就业机会，促进了经济的多元化发展。体育旅游、体育传媒、体育教育等新兴产业的兴起，不仅丰富了体育产业的内涵，还为国家创造了更多的经济价值和就业机会。体育产业的发展，推动了相关产业的联动，提升了国家的国际竞争力，为全民健身战略的实施提供了坚实的经济基础。

（四）构建和谐社会

全民健身通过促进社会互动和增强社区凝聚力，构建了和谐稳定的社会环境。集体健身活动不仅促进了个体的身体健康和心理健康，还加强了社区成员之间的相互理解与合作，增强了社会的凝聚力和向心力。这种和谐的社会环境，不仅提升了居民的生活质量，还促进了社会的稳定与发展。

通过全民健身战略的实施，社区内部的关系更加紧密，社会支持网络更加完善，居民之间的信任和合作意识进一步增强。这种积极的社会氛围，有助于减少社会矛盾，提升社会的整体

幸福感和满意度,促进社会的和谐与稳定。通过参与社区健身活动,居民不仅能够保持身体健康,还能在互动中建立起深厚的情感联系,增强社区的整体活力。

第三节　我国全民健身的现状

随着国家对健康中国战略的深入推进,全民健身运动在我国得到了前所未有的发展。政府通过一系列政策措施和资金投入,不断完善健身基础设施,丰富健身活动的形式,提升居民的健身意识和参与度。与此同时,社会各界也积极响应,形成了政府主导、社会响应、居民积极参与的良好氛围。当前,我国全民健身运动在城市和农村、不同年龄层次以及不同性别之间呈现出多样化的发展态势,但仍面临一些亟待解决的问题。

一、全民健身参与度分析

近年来,我国全民健身运动取得了显著进展,居民参与度持续上升,充分显示出全民健身战略的积极成效。2022 年 6 月,国家体育总局发布的《2020 年全民健身活动状况调查公报》显示,我国 7 岁及以上居民经常参加体育锻炼的人数比例为 37.2%。这一数据反映了全民健身政策的有力推进,也表明体育锻炼正逐渐成为越来越多居民生活中的重要组成部分。

在不同年龄段的参与情况中,青少年群体的参与率最高。7~18 岁的儿童青少年经常参加体育锻炼的比例达 55.9%。中青年群体(19~59 岁)的比例为 30.3%,而老年群体(60 岁及以上)的比例则为 26.1%。尽管老年人的参与率相对较低,但随着健身设施的逐步完善以及健康意识的增强,老年群体的健身参与呈现稳步提升趋势。这些数据反映了全民健身的覆盖范围在不断扩大,不同年龄层次的人群都在积极融入健身活动之中。

女性健身参与比例的逐步提升也是近年来的一大亮点。性别差异正在缩小,全民健身活动的多样性和包容性不断增强,使得不同性别、不同年龄层的人群都能够找到适合自己的健身方式。公共体育设施、社区健身场所和智慧健身设备的普及,也进一步丰富了居民参与体育锻炼的选择,并提升了便捷性。

随着社会经济的发展和生活水平的提高,居民对健身的需求正呈现出多样化和个性化的趋势。传统的跑步、游泳、篮球等体育项目依然深受欢迎,同时瑜伽、普拉提、搏击操、健身舞等新兴健身形式也逐渐兴起,满足了不同人群的健身需求。这种多样化的发展不仅丰富了居民的健身选择,也显著提升了全民健身活动的趣味性和参与度。政府和社会组织积极推广这些新兴健身形式,通过举办体验活动、推广课程等方式,吸引更多居民尝试并长期坚持。

尽管全民健身的整体参与度有所提升,但城乡之间、区域之间的参与率仍存在一定差异。城市居民由于工作压力大、生活节奏快,更倾向于选择高效、便捷的健身方式,例如健身房和跑步机。而农村居民则更多选择户外活动,如农田步道、广场舞等。因此,要进一步提升全民健身的普及度和参与度,需要针对不同地区和人群制订相应的健身推广策略,确保全民健身运动在全国范围内实现均衡发展。这不仅要求政府在政策支持和资源配置上加大力度,还需要社会各界共同努力,创造更具吸引力和包容性的健身环境。

二、健身基础设施建设

健身基础设施的完善是推动全民健身的重要保障。近年来,国家和地方政府加大了对体育设施建设的投入力度，为居民提供了更加丰富的健身场所和便捷的锻炼条件。根据国家体育总局发布的数据显示，截至 2023 年，全国体育场地数量达到 459.27 万个，体育场地面积首次突破 40 亿平方米，达到 40.71 亿平方米。这一成就表明，体育设施的建设和覆盖范围显著扩大，极大地推动了全民健身战略的实施。

在城市地区，健身基础设施的发展尤为迅速。以北京为例，近年来大力推进健身步道和自行车道的建设，覆盖了主要居民区和公共绿地，为市民提供了便捷的健身场所。同时，政府推动"健身＋"模式，根据社区需求建设多功能综合健身场所。这些场所不仅配备了先进的健身器材，还为居民提供科学系统的健身指导。例如，许多大型健身中心引入智能健身设备，为不同年龄段和不同健身目标的居民提供个性化的服务，显著提高了设施的使用效率和居民的参与积极性。

在农村地区，健身基础设施建设也在稳步推进。国家大力实施体育惠民政策，加大对农村体育设施的投入。例如，许多地区在村镇中建设了多功能健身广场和乡村步道，为农村居民提供了便捷的健身条件。近年来，农村地区的体育场地数量和面积持续增长，为缩小城乡健身资源差距奠定了坚实基础。这些举措不仅提升了农村居民的身体素质，也促进了农村社区的和谐发展，增强了居民之间的互动与合作。

智慧健身设施的引入是近年来健身基础设施建设的一大亮点。通过智能健身设备和数字化管理系统的普及，健身设施的科技含量和服务水平显著提升。例如，智能跑步机能够实时监测用户的运动数据，并通过手机 APP 提供个性化的训练计划。这些技术不仅帮助居民科学地开展健身活动，还为政府制订健身政策提供了精确的数据支持。目前，全国范围内已有多个城市在公共健身设施中推广智慧健身设备，使居民健身更加便捷、科学。

三、政策支持与资金投入

国家和地方政府对全民健身战略的支持力度不断加大，相关政策体系日趋完善。国务院在《"健康中国 2030"规划纲要》中明确提出，要加强全民健身基础设施建设，完善健身服务体系，推动体育产业与教育、医疗等领域的深度融合。各级政府纷纷出台具体实施细则和支持政策，确保全民健身战略的有效落实。这些政策不仅为全民健身提供了制度保障，还通过政策引导和资金支持，推动全民健身运动的全面发展。

在资金投入方面，政府持续增加对全民健身项目的财政支持。据《全民健身计划纲要（2021—2025 年）》介绍，各级财政每年安排专项资金，用于体育设施建设、健身活动组织、体育教育推广和健身指导服务等方面。此外，地方政府还设立专项健身基金，支持社区体育活动和基层健身设施的建设，形成了多元化的资金支持体系。这些资金投入为全民健身运动的开展提供了坚实的经济基础，确保了各类健身项目的顺利推进和持续发展。

政府通过税收优惠、补贴政策等方式，鼓励企业和社会组织参与到全民健身的建设和管理中。例如，健身房和体育培训机构能够享受相关税收减免政策，降低运营成本，提升服务质量。通过政策引导和资金支持，激发了社会各界参与全民健身的积极性，形成了政府主导、社会参与、居民积极响应的全民健身格局。这种多元化的参与模式，不仅丰富了全民健身的内涵，还提升了健身活动的组织和管理水平，推动了全民健身运动的全面发展。

此外，政府还注重建立健全监督和评估机制，确保政策的执行效果和资源的合理使用。通过引入先进的管理理念和技术手段，提升全民健身项目的管理效率和服务质量。例如，利用大数据分析健身活动的参与情况和效果评估，帮助政府和相关机构制订更为科学和有效的政策措施。同时,建立全民健身的标准化体系,确保各类健身活动的质量和效果,提升全民健身的整体水平。这些政策保障措施,不仅包括资金支持,还涵盖政策引导、法规制定、监督管理等多个方面,确保全民健身战略在各个环节得到有效落实。

四、区域发展差异与协调推进

我国地域辽阔,各地区在经济发展水平、文化背景和健身资源分布上存在较大差异,导致全民健身运动在不同地区的发展水平和参与度差异显著。东部沿海地区由于经济发达、居民收入较高,健身设施完善,居民参与健身的积极性和频率普遍较高。而中西部地区和农村地区因经济发展相对滞后,健身设施建设和健身活动组织较为薄弱,居民健身参与度仍有待提高。

为缩小区域发展差异,国家和地方政府近年来加大了对中西部和农村地区健身基础设施的投入力度。通过建设和改造体育场馆、健身步道和公共健身设施,提升了健身资源的覆盖面和可及性。例如,多地新建了乡村健身广场、农田步道等设施,为农村居民提供了更便捷的健身条件。这些措施显著改善了中西部和农村地区的健身环境,为缩小城乡之间的健身资源差距奠定了基础。

针对不同地区实际情况,政府制订了差异化的全民健身发展策略。在中西部地区,重点推广利用自然资源的户外运动,如登山、徒步等,提升居民的健身兴趣和参与度。在农村地区,结合农业生产特点,设计科学合理的健身方案,如农忙时的简易健身运动和闲暇时的健身操。这些因地制宜的策略,帮助提升了不同地区居民的健身积极性,促进全民健身运动的全面覆盖。

此外,政府还注重提升基层健身指导服务水平。通过举办基层健身指导员培训班,提高了健身指导员的专业素质,确保健身活动的科学性和有效性。多地还引入了专业健身教练团队,定期到农村和中西部地区开展健身指导和培训活动,帮助提升当地健身服务水平。

为了进一步促进城乡、区域之间的协调发展,政府推动建立区域性健身资源共享平台,促进健身设施和教练资源的流动与互补。通过鼓励城市健身机构和教练团队到中西部和农村地区支援,提升了当地居民的健身水平和参与积极性。这些措施有效推动了全民健身运动在全国范围内的均衡发展,实现了区域间的协调互补。

五、面临的挑战与未来发展方向

尽管我国全民健身取得了显著的成就,但在推进过程中仍面临诸多挑战,需要通过优化措施加以解决。这些挑战主要体现在健身资源分布不均、居民健身意识不足、活动组织质量不高、科技应用有限及领域融合不足等方面。解决这些问题对于推动全民健身的全面发展具有重要意义。

（一）健身资源的分布不均是当前全民健身发展的主要瓶颈之一

城市地区的健身设施较为完善,但中西部和农村地区的健身资源相对薄弱,部分地区甚至存在设施不足或完全缺乏的问题。同时,部分现有设施使用率不高,维护管理不到位,导致资源浪费现象突出。例如,一些智能健身设备因技术问题频发而闲置,严重影响了健身活动的持续性与有效性。未来,需加大对中西部和农村地区的投入力度,完善基层健身设施建设,推动多功能健身场所、健身步道等项目的落地。此外,加强现有设施的维护与管理,通过引入智慧健身设备提高设施的利用率,是解决这一问题的重要途径。

（二）居民健身意识和参与积极性仍需进一步提升

尽管近年来全民健身参与率有所上升,但部分人群对体育锻炼的重要性认识不足,尤其是中老年人和低收入群体的健身参与率相对较低。一些中老年人因缺乏专业指导或对健身活动不熟悉而缺乏参与动力,低收入群体则因经济条件限制而难以负担健身费用。针对这一问题,应加强健康教育和健身宣传,利用媒体、社区活动和学校教育等多种形式普及健身知识,提升居民对健身的认知和重视程度。特别是针对中老年人群,应设计适合其身体状况的运动项目,如低强度的健身操或广场舞,帮助他们安全、有效地参与健身活动。对于低收入群体,可以通过健身补贴或免费开放公共健身设施,降低健身门槛,确保全民健身的包容性和普惠性。

(三) 健身活动的多样性和专业性有待提升

目前,部分地区的健身活动组织较为粗放,缺乏科学管理和专业指导,导致锻炼效果不佳甚至引发运动伤害。例如,一些居民在参与健身活动时由于动作不规范而受伤,这不仅降低了参与意愿,还削弱了健身活动的吸引力。为此,应加强健身指导员的培训和认证,提升基层健身教练的专业素质,确保健身活动的科学性和安全性。同时,推广科学健身方法和规范化的锻炼技巧,帮助居民掌握正确的健身方式。丰富健身活动形式,开发适合不同人群需求的项目,如瑜伽、普拉提、骑行等,也有助于吸引更多人参与健身活动。

(四) 科技赋能不足限制了全民健身运动的创新与发展

虽然部分地区开始引入智能健身设备和 APP,但覆盖范围有限,居民的使用习惯尚未完全形成。通过推广智慧健身设备,结合移动互联网、大数据和人工智能等技术,可以实现个性化健身指导和实时监测,提升居民的参与积极性和健身效果。同时,利用大数据技术分析居民健身需求,为政策制定提供科学依据。鼓励科技企业与健身机构合作,研发更多便捷、高效的智能健身设备,将科技真正融入全民健身实践。

(五) 健身活动与其他领域的融合尚显不足,未能充分释放健身的社会价值

健身活动与健康医疗、养老服务和文化娱乐的结合仍处于初步阶段,其潜力尚未完全发挥。未来,可将健身纳入健康医疗体系,通过推广"运动处方"实现疾病预防和康复。推动健身与养老服务的结合,开发适合老年人的健身项目,提升其生活质量。通过将健身与文化娱乐结合,打造具有吸引力的健身文化活动,也能进一步增强居民的参与热情。与此同时,建立科学的评价体系和激励机制,如设立"最佳健身城市"或"健康生活模范"荣誉称号,利用榜样力量带动更多人参与健身;推行健身积分制,通过积分兑换奖励,鼓励居民长期坚持锻炼,从而形成全民健身的良性循环。

第四节　全民健身公共服务体系

全民健身公共服务体系是实现全民健身战略目标的重要支撑,旨在通过系统化、规范化的服务,为广大居民提供全面、便捷、高质量的健身服务。该体系涵盖了从基础设施建设到健身指导、信息服务、文化活动等多个方面,旨在满足不同人群的健身需求,提升国民健康水平,促进社会和谐与经济发展。

一、全民健身公共服务体系的内容

(一) 基础设施服务

基础设施是全民健身公共服务体系的物质基础,直接影响居民参与健身活动的便利性和积极性。近年来,国家和地方政府通过加大投入,显著提升了体育场馆、健身步道、公园健身区和社区健身设施的建设水平。例如,全国新建和改造的多功能体育馆不仅配备了先进的运动器材,还设有多样化的运动场地,以满足不同类型的健身需求。此外,健身步道和自行车道的建设,不仅为居民提供了安全、舒适的运动环境,还促进了绿色出行和环保理念的普及。在城市中,公园健身区配备了各类健身器械,如单杠、双杠、跑步机等,方便居民随时随地进行健身活动。社区健身设施的完善,使得居民在家门口就能享受到高质量的健身服务,极大地提升了全民健身的参与度。

此外,基础设施建设不仅限于设备和场地的建设,还包括智能化管理系统的引入。智慧健身设施通过物联网技术,实现对健身设备的实时监控和数据分析,提升了设施的使用效率和管理水平。例如,智能跑步机可以根据用户的运动数据自动调整训练强度,并通过 APP 同步数据,帮助用户科学规划健身计划。这种智能化的基础设施不仅提升了居民的健身体验,还为政府和相关部门提供了数据支持,助力全民健身政策的制订和优化。

(二) 健身指导服务

健身指导服务是帮助居民科学、有效地进行体育锻炼的重要环节。公共健身指导包括专业教练的培训与配备、健身课程的开设以及个性化健身方案的制订等。通过社区健身中心、健身俱乐部和线上健身平台,居民可以获得系统的健身指导,提升健身效果,减少运动伤害。例如,社区健身中心定期邀请专业教练开展瑜伽、普拉提、搏击操等课程,针对不同年龄段和健康状况的居民,提供定制化的健身计划。此外,线上健身平台的发展,使得居民可以通过互联网获取专业的健身指导和训练计划,随时随地进行科学健身。

为了确保健身指导服务的专业性和科学性,政府和相关机构还注重对健身指导员的培训和认证。通过定期举办健身教练培训班、制订健身指导员认证标准,提升健身指导员的专业素质和服务水平。这不仅保障了健身指导的质量,还增强了居民对健身指导服务的信任和依赖,促进了健身活动的有效开展。

(三) 信息服务

信息服务是全民健身公共服务体系的重要组成部分,涵盖了健身信息的传播、健身数据的收集与分析以及智慧健身平台的建设。通过健身 APP、官方网站和社交媒体平台,居民可以及时获取各类健身活动的信息,了解最新的健身资讯和健康知识。例如,健身 APP 不仅提供健身课程和训练计划,还能记录用户的运动数据,如跑步距离、消耗热量等,帮助用户实时了解自己的健身状况。同时,智慧健身平台通过大数据分析,提供个性化的健身建议和健康管理服务,帮助居民科学地进行体育锻炼,提升健身效果。

此外,信息服务还包括健身政策的宣传和健身活动的推广。通过官方网站和社交媒体,政府和相关机构可以及时发布健身政策、活动通知和健康提示,增强居民对健身活动的参与度和认知度。例如,举办线上健身讲座、发布健身知识的文章和视频,普及科学健身方法和健康生活方式,提升居民的健身意识和参与热情。

(四) 文化服务

文化服务是丰富全民健身活动内容,提升居民健身参与度的重要手段。通过举办各类体育赛事、健身文化节、健身表演和健康生活方式推广活动,政府和社会组织能够营造积极向上的健身氛围,激发居民的健身热情。例如,全国各地定期举办的马拉松、健步走、城市健身操比赛等大型赛事,不仅为运动爱好者提供了展示自我的平台,还通过赛事的宣传和报道,提升了全民健身运动的社会影响力和知名度。

此外,健身文化节通过展示各类健身项目和健身成果,推广健康生活方式,增强居民对健身活动的认同感和参与意愿。健身表演活动,如广场舞比赛、健身操表演等,不仅丰富了居民的精神文化生活,还通过互动和观赏,增强了社区的凝聚力和向心力。通过多样化的文化活动,健身文化得以深入人心,成为居民日常生活的一部分,进一步推动了全民健身运动的普及和深入开展。

二、政府与社会各界的角色

构建完善的全民健身公共服务体系,离不开政府的主导作用和社会各界的积极参与。政府在公共服务体系建设中扮演着核心角色,而社会组织和企业则在资源提供和服务创新方面发挥着重要作用。

(一) 政府的主导作用

政府在全民健身公共服务体系中承担着规划、协调、监管和支持的多重职责。首先,政府通过制定相关政策法规,规划健身基础设施建设,确保健身资源的合理布局和高效利用。例如,《"健康中国 2030"规划纲要》明确提出加强全民健身基础设施建设,完善健身服务体系。政府还通过出台具体的实施细则和标准,指导各地健身设施的建设和管理,确保健身项目的科学性和规范性。

其次,政府负责提供资金支持和资源配置,确保各类健身项目的顺利推进和持续发展。通过增加体育预算、设立专项健身基金等方式,政府为健身设施建设、健身活动组织、健身指导服务等提供了坚实的经济保障。例如,政府通过拨款建设新的体育场馆和健身步道,提升健身基础设施的覆盖面和质量;通过资金支持,组织各类健身活动和赛事,促进全民健身运动的普及和参与;通过资助健身教育项目,提升居民的健身知识和技能,促进科学健身方法的普及和应用。

此外,政府还负责监督和评估健身项目的实施效果,确保公共资源的高效利用和服务质量的提升。例如,定期对健身设施进行评估,对健身项目的参与度和效果进行监测,及时调整和优化健身政策和措施。政府通过建立健身活动的标准化体系,确保各类健身活动的质量和效果,提升全民健身的整体水平。

(二) 社会组织和企业的积极参与

除了政府的主导作用,社会组织和企业在全民健身公共服务体系中也发挥着不可或缺的作用。健身俱乐部、体育协会、非政府组织和企业赞助商等通过提供专业服务、组织健身活动和赛事、推广健身文化等方式,丰富了公共健身服务的内容和形式。

健身俱乐部和体育协会通过举办各类健身培训班和比赛,提升了居民的健身技能和参与热情。例如,健身俱乐部定期邀请专业教练开展瑜伽、普拉提、搏击操等课程,满足不同人群的健身需求;体育协会通过组织马拉松、健步走等赛事,激发居民的运动热情,增强社区的凝聚力。同时,非政府组织通过开展志愿者服务,提供免费或低成本的健身指导,帮助经济困难群体参与到健身活动中来,促进健身服务的普及和公平。

企业的参与不仅体现在资金赞助上,还包括健身产品和服务的创新。通过科技手段和市场机制,企业推动健身服务的多样化和智能化发展,提升居民的健身体验和效果。例如,科技公司开发的智能健身设备和健身 APP,提供个性化的健身指导和数据分析,帮助居民科学规划健身计划;体育品牌通过赞助大型赛事和健身活动,提升品牌影响力的同时,也为全民健身事业的发展贡献了力量。企业的创新和投入,不仅丰富了健身服务的内容和形式,还通过市场机制,提升了健身服务的质量和效率,满足了不同人群的健身需求。

三、服务覆盖与公平性

(一) 城乡覆盖

我国城乡之间在经济发展水平、文化背景和健身资源分布上存在较大差异,健身参与率也呈现出不均衡的特点。相比城市地区,中西部和农村地区在健身基础设施、专业指导和活动组织方面较为薄弱。因此,在推动全民健身公共服务体系建设时,政府需要特别关注中西部和农村地区的资源投入,缩小城乡之间的健身参与差距,实现健身资源的均衡分布。

首先,健身基础设施建设是缩小城乡健身差距的重要基础。政府可以通过加大对农村健身基础设施的建设力度,为农村居民提供更便利的健身条件。例如,在农村地区建设多功能健身广场和农田步道,配备简单的健身器械,满足居民日常锻炼需求。同时,通过结合当地实际,开发适合农村居民的健身活动,例如广场舞、徒步和农闲健身操等,吸引更多人参与体育锻炼。在此基础上,政府可以组织农村健身培训班和健康知识讲座,提升居民的健身意识和参与积极性,逐步培养科学健身的生活方式。

此外,城乡健身服务的均衡发展需要在政策和资源分配上给予中西部和农村地区更多支持。通过制订专项扶持政策,确保这些地区在健身基础设施建设和健身指导服务方面获得优先资源投入。例如,政府可以通过低息贷款和财政补贴,支持地方加大对基层健身服务的投入力度。同时,引入社会资本和公益组织参与农村健身服务建设,推动服务内容的多元化和可持续发展。通过与非政府组织合作,政府还可以开展健身志愿者服务,提供专业的健身指导和健康管理,显著提升农村地区健身服务的质量和效果。

(二) 群体覆盖

全民健身公共服务体系应覆盖不同年龄、性别、职业和收入群体,满足各类人群的健身需求。针对青少年、中老年人、残疾人等特殊群体,提供定制化的健身项目和服务。

青少年是国家的未来,健身对其身心健康发展至关重要。政府和学校通过开设校园健身课程,加强体育课教学,组织青少年体育比赛和健身活动,积极培养青少年的健身习惯和健康意识。近年来,不少学校结合体育课和课外活动,全面推进青少年体能素质的提升。例如,在许多中小学,学生不仅在体育课上接受体能训练,还可以通过课后体育俱乐部和运动社团的参与,增强运动兴趣和健康意识。

中老年人群的健身需求具有特殊性,政府通过设立老年健身中心,开设低强度健身课程和提供健康咨询服务,满足中老年人的健身需求。例如,社区老年健身中心开设了太极拳、健身操等适合中老年人的健身项目,帮助他们保持身体健康,预防慢性疾病。

残疾人作为社会弱势群体,健身服务的覆盖和质量对其生活质量和社会融入程度具有重要影响。为满足残疾人群体的健身需求,政府通过建设无障碍健身设施、提供专业健身指导和开发适合残疾人的健身项目,积极保障残疾人能够安全、有效地参与健身活动。例如,许多城市在健身场馆中增设了无障碍通道和专用器械,同时配备经过培训的专业健身指导员,为残疾人制订个性化的健身方案。这些措施不仅帮助残疾人提升身体素质,还增强了他们的自信心和社会参与感,促进了社会和谐。

此外,不同职业和收入群体的健身需求也各不相同。政府通过灵活的健身时间安排和多样化的健身项目,满足不同职业和收入群体的健身需求。例如,为白领群体提供早晚健身课程和午休健身活动,方便他们在繁忙的工作后参与健身;为低收入群体提供免费或低成本的健身服务,确保他们能够平等地享受到健身资源。

四、服务质量的优化与创新

(一) 专业化服务

提供专业化的健身指导和服务,是提升服务质量的重要途径。通过引进和培养高素质的健身教练,提供科学、系统的健身指导,确保居民能够在专业指导下进行安全、有效的锻炼。例如,社区健身中心定期邀请持证健身教练开展各类健身课程,如瑜伽、普拉提、搏击操等,满足不同人群的健身需求。同时,专业化的健身指导不仅包括运动技术的培训,还涵盖了健康饮食、体能恢复等全方位的健康管理服务。通过科学的健身指导,居民能够更好地掌握健身方法,避免运动伤害,提升健身效果。

此外,专业化服务还包括对健身设施和器材的专业管理和维护。通过定期培训健身指导员,提升他们对健身设备的使用和维护能力,确保健身设施的安全性和功能性。专业化的服务体系,不仅提升了健身活动的科学性和有效性,还增强了居民对健身服务的信任和满意度。

(二) 设施维护与管理

健身基础设施的维护与管理也是提升服务质量的重要环节。通过定期检查和维护健身设备,确保设施的安全性和功能性。同时,采用先进的管理系统,提升设施的使用效率和服务水平。例如,智慧健身系统通过实时监控和数据分析,优化健身设施的管理和运营,提升居民的使用体验。定期对健身设备进行维护和升级,确保设备的正常运行,避免因设备故障影响居民的健身计划。

此外,健身场所的清洁和卫生管理也是保障服务质量的重要方面。定期进行清洁消毒,提供干净、舒适的健身环境,是提升居民满意度的关键因素。通过建立健身场所的清洁管理制度,规范清洁流程和标准,确保健身场所的卫生状况符合健康和安全要求。

(三) 用户反馈与持续改进

建立完善的用户反馈机制,及时了解居民的健身需求和意见,是提升服务质量的重要手段。通过问卷调查、意见箱和线上反馈平台,健身服务机构可以广泛收集居民的意见和建议,并以此为依据优化服务内容和形式,确保健身服务的质量持续提升。例如,社区健身中心可以定期开展用户满意度调查,了解居民对健身设施、课程设置和服务质量的评价,并根据反馈结果调整设施配置和课程安排。此外,通过举办健身论坛和座谈会,邀请居民参与健身服务的设计和改进,不仅可以增强居民的参与感和归属感,还能帮助健身服务更贴近实际需求。

持续的用户反馈与改进,不仅有助于健身服务质量的提升,还能增强居民对健身活动的信任和支持,推动全民健身的长期发展。例如,通过用户反馈发现某些群体对特定类型课程的需求较高,社区健身中心可以增设相关课程,满足居民需求,提升居民的参与积极性和满意度。

五、资金保障与资源配置

(一) 政府财政支持

政府通过增加体育预算、设立专项基金等多种方式,保障全民健身公共服务的资金需求。这些资金被广泛用于体育设施建设、健身活动组织、体育教育推广和健身指导服务等方面。例如,政府拨款用于建设新的体育场馆和健身步道,不断提升健身基础设施的覆盖面和服务质量;通过资金支持,组织全民健身赛事和活动,激发公众参与热情,推动健身运动的广泛普及;同时资助健身教育项目,提高居民的健身知识和技能,推广科学健身理念,促进健康生活方式的形成。

此外,政府还通过政策性贷款和财政补贴的形式,支持地方政府和社会组织开展健身项目。针对中小城市和农村地区,政府提供低息贷款和建设补贴,鼓励地方加大对健身基础设施的投入力度;对社会组织举办的大型健身赛事和活动,提供专项资金支持,推动健身项目的有效实施与持续发展。这些政策保障措施,为全民健身运动提供了长期稳定的经济支持,助力全民健身服务体系的完善和健身活动的深入推进。

(二)社会资本的引入

除了政府的财政支持,社会资本的引入也是资金保障的重要途径。通过鼓励企业和社会组织参与到全民健身的建设和管理中,丰富了资金来源和资源配置方式。例如,健身房和体育培训机构通过企业赞助和社会捐赠,获得资金支持,提升服务质量和设施水平;社会组织通过举办募捐活动和健身赛事,筹集资金支持健身项目的开展。

企业的参与不仅体现在资金赞助上,还包括健身产品和服务的创新。通过科技手段和市场机制,企业推动健身服务的多样化和智能化发展,提升居民的健身体验和效果。例如,科技公司开发的智能健身设备和健身 APP,提供个性化的健身指导和数据分析,帮助居民科学规划健身计划;体育品牌通过赞助大型赛事和健身活动,提升品牌影响力的同时,也为全民健身事业的发展贡献了力量。企业的创新和投入,不仅丰富了健身服务的内容和形式,还通过市场机制,提升了健身服务的质量和效率,满足了不同人群的健身需求。

(三)资源优化配置

合理的资源配置是提升全民健身公共服务体系效率的关键。通过科学规划和统筹管理,可以优化健身资源的分布和利用,确保健身设施和服务的高效运转。在实践中,利用大数据技术分析居民健身需求,能够合理规划健身设施的位置和类型,从而提升资源的利用效率和居民的满意度。此外,通过建立区域性健身资源共享平台,实现不同地区之间健身设施和教练资源的互补互通,进一步提高了整体健身资源的使用效能。

政府在资源配置中发挥着重要的引导作用。通过政策支持和资金投入,推动健身资源向需求高、基础设施薄弱的地区倾斜,保障健身服务的公平性和普惠性。同时,通过优化资源分配,确保各类健身项目和服务的精准实施,满足不同人群的多样化需求。科学合理的资源配置不仅提升了全民健身服务的覆盖面和质量,还促进了公共服务体系的高效运行和可持续发展。

案例分析

案例 6.1 广州市"10 分钟健身圈"的探索与实践

广州市作为我国经济发达城市之一,积极响应全民健身国家战略,致力于提升市民的健康水平和生活质量。为此,广州市提出并实施了"10 分钟健身圈"建设计划,旨在确保居民在步行 10 分钟内即可找到适合的健身场所和设施。

根据《广州市全民健身实施计划(2021—2025 年)》,广州正在全市范围内推进全民健身设施建设补短板五年行动计划。目标是到 2025 年,实现城市"10 分钟健身圈"和农村"10 里健身圈"的全覆盖。

在实践中,广州市通过多种措施推进这一目标的实现。首先,市政府加大了对社区体育设施的投入力度,在居民集中区域建设小型体育公园、健身步道等,并推动学校和企事业单位的体育设施在非工作时间向公众开放。例如,越秀公园内设立了智慧健身长廊,配备智能健身设备,供市民免费使用。

此外,广州市还注重全民健身活动的多元化推广。市政府定期举办丰富多彩的健身活动和赛事,如广场舞比赛、健步走活动等,吸引不同年龄层次和兴趣群体的参与,提升市民的健身热情和社区凝聚力。

通过"10 分钟健身圈"的建设,广州市成功将全民健身融入居民的日常生活中,显著提升了居民的健康水平和生活质量。这一实践为其他城市提供了可借鉴的经验,成为落实全民健身国家战略的重要示范案例。

问题与思考:

1. 广州市"10 分钟健身圈"建设在资源优化配置和提升健身服务可及性方面有哪些优点?这种模式对其他城市有何借鉴意义?

2. 广州市全民健身活动的多元化推广对提升居民参与度和社区凝聚力发挥了怎样的作用?尝试提出其他可行的推广方式及其优势。

案例 6.2　北京市线上线下融合的全民健身服务实践

北京市作为我国的首都和经济文化中心,在全民健身服务体系建设上具有重要的示范意义。近年来,北京市通过"北京健身汇"微信小程序,积极构建线上线下融合的全民健身服务体系,显著提升了健身服务的便捷性和可及性,为市民提供了科学、丰富的健身体验。

"北京健身汇"平台整合了多功能服务模块,如资讯发布、赛事活动报名、科学健身指导和线上比赛,为市民提供全面的健身解决方案。例如,"赛事活动报名"模块让市民能够随时了解全民健身赛事信息并在线报名参与;"运动打卡"模块鼓励居民坚持运动,通过互动活动提升健身兴趣;"科学指导大讲堂"模块提供科学健身课程,普及运动知识,帮助居民掌握正确的健身方法。这些功能为居民提供了多层次的健身服务,增强了全民健身的参与性和趣味性。

在线上服务的基础上,北京市还通过"北京健身汇"平台加强了线下资源的整合与优化。例如,"北京市民快乐冰雪季"模块结合线下冰雪运动场馆资源,推广冰雪运动文化,拉近冬奥精神与市民日常生活的距离。此外,平台利用 AI 技术,通过"量身体育行动"模块,为居民提供运动能力评估和个性化建议,帮助市民制订科学的健身计划,实现科学健身与日常生活的深度融合。

同时,北京市充分利用"北京健身汇"平台的大数据功能,通过分析居民健身需求,精准布局健身设施,优化公共健身资源配置。例如,结合市民的运动习惯,合理规划健身场地的数量和分布,提升了设施的可及性和使用效率。这种线上线下融合的服务模式不仅拓展了全民健身的服务覆盖面,还提升了居民参与健身的积极性和满意度。

北京市的实践表明,线上线下融合的全民健身服务体系能够有效提升服务效率和科学性。通过整合资源、优化服务模式,北京市推动了全民健身服务的高质量发展,为其他地区提供了宝贵经验。

问题与思考:

1. 北京市线上线下融合的全民健身公共服务体系如何通过智能化技术实现健身资源的均衡分布和高效管理?分析这些技术创新在提升服务质量和促进全民健身参与方面的关键作用。

2. 结合"北京健身汇"平台中的智慧健身技术(如 AI 评估和个性化建议),分析其在提升居民健身效果方面的优势与潜在不足,并提出优化建议。

思考题

1. 简述我国全民健身国家战略的历史发展阶段。
2. 分析全民健身与全民健康之间的关系。
3. 分析当前我国全民健身发展中存在的主要问题。

第七章

青少年体育

内容提要

(1) 青少年体育健康促进。
(2) 青少年体育发展现状。
(3) 新时代推进青少年体育发展的举措。

学习目的

(1) 掌握青少年体育健康促进的价值及路径。
(2) 了解国内外青少年体育健康促进政策演变历程及我国青少年体育发展情况。
(3) 树立推进青少年体育发展的社会责任感与使命感。

第一节　青少年健康促进与青少年体育

青少年健康促进是关乎国家未来和民族素质提升的重要任务。青少年健康促进是一个多维度的系统工程,而体育在其中扮演着不可或缺的重要角色。体育是青少年健康促进的重要途径和有力保障。

一、相关概念

(一) 健康促进

健康促进是在健康教育的基础上发展起来的一种理念。健康促进重点强调了协调人类与环境之间的战略,规定个人与社会对健康各负其责,其宗旨是调动个人和集体的积极性,有效利用有限的资源最大程度上达到健康提升的效果,比健康教育具有更广泛的内涵。健康促进始于卫生领域,20 世纪 30 年代温斯洛首次提出了"健康促进"的概念,将其理解为开展健康教育和制订健康政策。1979 年,美国联邦办公室认为,健康促进是包括健康教育在内的促进行为和环境改变的组织、政策、经济、干预的统一体。目前学界比较公认的是 1986 年在渥太华召开的第一届国际健康促进大会时发表的《渥太华宪章》对健康促进的定义,即健康促进是促使人们维护和改善他们自身健康的过程。

(二) 体育健康促进

体育健康促进是健康促进的下位概念。体育健康促进经常在探讨通过体育锻炼获得健康收益时使用。早期在体育活动未被当作是健康促进手段的时候,体力活动和身体活动这两个词语被运用得较多,以体育活动为主,体力活动与身体活动起到补充活动量的作用。体育健康促进是利用体育手段来优化人们的行为和生活方式的过程。对于没有健康问题的人群,体育健康促进不仅仅局限在增强体质上,还要利用体育行为干预来降低疾病的发病率,延长健康生存年龄,提高生活质量;对于患有慢性病的人群来讲,体育健康促进可以改善病人的生理状态和心理状态,减少和控制并发症的发生,增强其生活能力。综上所述,体育健康促进是指以体育干预作为改善不同人群健康状态、改善人们生活方式的手段,通过健康教育使人们形成有益健康的体育意识,通过改善体育环境提高人们生命质量的过程。

二、我国青少年体育健康促进的价值

习近平总书记在党的二十大报告中旗帜鲜明地对“青少年体育工作”做出重要论述,明确提出“加强青少年体育工作”的重要指示,并强调到 2035 年,我国发展的总体目标是建成教育强国、科技强国、人才强国、文化强国、体育强国、健康中国,国家文化软实力显著增强。体育健康促进作为开展青少年体育工作的重要内容,强调通过体育运动的手段达到健康的目的,强调体育健康促进中的基础性和实践性作用。青少年体育健康促进作为青少年体育工作的重要组成部分,是一项在社会生态环境中融合课内课外、校内校外,集全方位、全时段体育活动于一体的全面性、系统性、综合性战略工程,是推进我国青少年健康全面发展的重要手段,在推进中国式现代化教育强国、体育强国、健康中国等战略发展中的支撑作用愈加凸显,其具体意义表现在如下几个方面:

(一)奠定终身健康基础

青少年时期是身体各系统和器官快速发育的阶段,健康的生活方式有助于身体正常发育,预防成年后慢性疾病的发生。例如,规律的体育锻炼可以增强心肺功能、提高肌肉力量和耐力,为成年后维持良好的身体状态奠定基础。

(二)提升心理健康水平

青少年面临着学业压力、人际关系等诸多挑战,心理健康问题日益凸显。健康促进活动可以帮助他们学会应对压力,调节情绪,增强心理韧性。例如,参与体育活动能够促进内啡肽的分泌,改善情绪状态,减轻焦虑和抑郁。

(三)增强社会适应能力

通过参与各种健康促进活动,青少年可以学会与他人合作、沟通,增强社会责任感和团队意识,更好地适应社会生活。例如,社区体育活动和志愿服务能够培养青少年的社会交往能力和团队协作精神。

三、我国青少年体育健康促进政策的演进历程

(一)探索中成长:体育促进青少年体质健康政策的发轫(1949—1978 年)

体育促进青少年健康的共识在新中国成立初期就已达成,形成了系列正式制度和非正式制度。

1. 形成了三元目标结构体系,从不同角度明确了体育服务青少年健康成长、准备劳动和国防事业的政策目标,既与新中国成立初期复杂的国内外环境有关,又是学习苏联体育发展经验的取向。

2. 政策的供给正处于探索时期,体现出经验借鉴、试错勇进的政策制定规律。制定了中国《准备劳动与卫国体育制度暂行条例和项目标准》,结合国情特点和教育事业发展要求制定了新中国第一部学校体育法规《学校体育工作暂行规定》。

3. 体育促进青少年健康的政策规范性不高,既包括了领导人讲话、题词、工作报告等非正式的制度,又包括了暂行规定、条例、通知、指示等正式制度,体现出体育促进青少年健康政策

正处于探索阶段,还存在不稳定、不规范、不清晰的问题。

4. 从无到有初步构建了本土化体育促进青少年健康政策的政策框架,青少年体育工作常态化开展,青少年健康水平得到了提升。

(二) 规范中进步:体育促进青少年体质健康政策的规范(1979—2006 年)

1979 年,《中、小学体育工作暂行规定》和《高等学校体育工作暂行规定》两个规定正式印发,标志着体育促进青少年健康的政策步入规范化发展的新时期。

1. 体育促进健康的目标更为清晰,1990 年颁布的《学校体育工作条例》中明确规定了"增强学生体质,促进学生身心健康成长"的要求,《学生体质健康标准》明确了健康促进的标准和项目。

2. 对体育多元价值和综合功能的认识更为全面,体育促进青少年健康的政策向法治化和科学化迈进,构建了体育课程、课外活动、场地器材、体育师资、锻炼标准、评价方法、组织领导、结果应用等有机结合的体育促进青少年健康工作系统。

3. 体育促进青少年健康的政策向法治化升级,大部分政策以中央或者地方部门规章形式印发,同时出现了该领域中的第一部行政法规《学生体育工作条例》,并且体育促进青少年健康的有关法律开始出现,如 1995 年颁布的《中华人民共和国体育法》。

4. 体育促进青少年健康的政策体系日趋规范化和科学化,有效保障了青少年体育工作的开展,建立了后续制度供给的重要实践基础。但体育促进健康的政策执行效果还有待提升,自 1985 年进行全国学生体质健康水平监测以来,青少年身体形态水平在不断提升,但是身体机能和部分素质持续下降。

(三) 改革与调整:体育促进青少年体质健康政策的优化(2007—2019 年)

2007 年,中共中央、国务院印发《关于加强青少年体育增强青少年体质的意见》,是体育促进青少年健康的最高层次的政策,标志着青少年体育政策全面改革与调整,进入了顶层设计和改革优化阶段。

1. 健康第一的指导思想得到全面落实,体育促进青少年健康的目标明确为增强学生体质,促进学生全面发展。

2. 体育促进青少年健康的政策层级不断提升,向标准化管理方向发展,《国家学生体质健康标准》《高等学校体育工作基本标准》等相继颁布,体育促进青少年健康的标准逐渐明确。

3. 以体育促进青少年健康的政策工作体系日益完善,顶层设计优化、工作措施周密,并开始强调政策的督导落实,如《教育部办公厅关于开展国家学生体质健康标准测试和落实学校体育三个办法有关工作安排》《中小学校体育工作督导评估办法》。

4. 体育促进青少年健康的条件保障向标准化发展,体育教学、课外体育活动等得到切实保障,学生体质健康水平开始企稳上升,但是大学生体质健康水平仍未出现拐点,近视率和肥胖检出率居高不下。

(四) 发展与复兴:体育促进青少年体质健康政策的提升(2020 年—至今)

2020 年,中共中央办公厅、国务院办公厅共同印发《关于全面加强和改进新时代学校体育工作的意见》,体育成为五育并举育人体系的重要构成内容,体育促进青少年健康的目标定位到"服务学生全面发展、增强学生综合素养"上。2020 年国家体育总局、教育部出台《关于深化体教融合促进青少年健康发展的意见》,2021 年国家陆续发布《关于进一步加强中小学生体质健康管理工作的通知》《儿童青少年近视防控光明行动工作方案(2021—2025 年)》等文件。体育促进青少年健康的政策逐渐向全域化、精准化过渡,体育干预青少年健康成长成为重要的手段。进入新的发展阶段,体育促进青少年健康的政策面临时代、环境、主体等多元变化的深刻影响,多样化、现代化、高质量的政策体系建设仍然面临艰巨考验。

四、国外青少年体育健康促进政策的演进历程

20世纪30年代,温斯洛首次提出了"健康促进"的概念,将健康促进理解为开展健康教育和制订健康政策。20世纪40年代末,克劳斯在对欧美不同国家学生进行抬腿、仰卧起坐、俯卧撑和手触脚尖跳等内容测试中发现,8%的欧洲国家学生至少有一项内容未通过,而美国学生未通过率达56%。由此,青少年的健康问题引发社会的普遍关注。随即,以美国为代表的欧美国家陆续出台了一系列青少年体育健康促进政策。到2000年,联合国儿童基金会发起了"青少年体育发展计划",同期世界卫生组织提出"全民运动计划",并开展全球性的学校体育调查,青少年体质健康问题在世界范围内受到广泛关注。此外,2010年国际奥林匹克委员会首次举办了青少年运动会,由联合国发起的"青少年体育发展调查报告"与世界卫生组织发布的"全球行动计划促进青少年体育健康"活动也陆续开展,推动了各国对青少年体育健康促进问题的高度重视。总体来说,国外青少年体育健康促进政策大致可分为由被动医疗转向主动健康的萌芽期、由碎片管理转向协同治理的探索期以及由全面普及转向优质普惠的深化期。

(一)从被动医疗转向主动健康,初步概念化

囿于制度体系、文化背景的差异性,各国关于青少年体育健康促进政策研究的起步时间各不相同,但可以明确的是,在政策萌芽与研究初始阶段,各国都较为重视明晰青少年体育健康促进政策的具体概念和规划青少年体育健康的促进方向。美国、加拿大等国家的青少年体育健康促进政策的推行相对较早。1956年,美国总统指出提高青少年体育健康水平是增强国防力量的重要途径,强调体育对青少年健康促进的重要性,提出建立"青少年体能健康委员会"。20世纪50年代,美国发布蓝皮书,规定青少年健康周期,强调推动学校体育发展,从公共卫生视角明确"身体素质与运动"的概念,将"体育运动与健康"置于国家优先发展领域的首位。到20世纪80年代,青少年超重肥胖、慢性疾病等健康问题所导致的高昂医疗成本和沉重社会负担,引起了美国相关部门的关注。因此,2000年美国政府首次提出"主动健康指标"的概念,将青少年体育健康促进上升为国家公共卫生的重点问题,并开展了"推动青少年参加体育活动以促进健康"的相关战略行动。与此同时,美国、加拿大与日本等国共同推动了联合国教科文组织发布《国际体育教育、体育活动与体育运动宪章》,强调体育在教育、健康等领域的重要性,注重培养青少年体育意识和体育习惯。

该阶段,加拿大有关青少年体育健康政策的发布量较少,主要通过立法强调体育在健康促进中的独特价值并提出"推动青少年体育全面发展"的战略行动,确保青少年公平参与体育健康教育和体育运动。而在面对青少年健康问题带来的医疗和经济负担时,日本建立了现代医疗保障体系,以关注青少年基础健康。1978年,日本厚生劳动省出台的《第1次国民健康促进对策》强调提升国民健康意识与医疗水平,提出"健康一生"的概念,标志着体育功效由预防疾病转为增进健康,但涉及具体体育运动处方的内容不够完善。随着人口老龄化问题的凸显和亚健康问题的加剧,1988年《第2次国民健康促进对策》提出以提高健康意识、加强健康教育等手段应对健康挑战,该版本补充完善了体育运动处方,并将体育作为增进国民健康的首要选择。2000年,在"健康一生"的基础上出台了《第3次国民健康促进对策》,融入了延长健康寿命的新理念。同年,全球学校体育调查结果引起了各国对青少年体质健康问题的反思,加快了青少年体育健康促进政策体系的建构进程。

可见,各国早期较为注重青少年体育健康促进的概念化发展,并根据不同阶段的现实问题与青少年健康需求提出应对策略,强调培养青少年主动健康意识,进一步明确了体育在青少年健康促进中的积极价值。

(二)从碎片管理转向协同治理,逐步规范化

进入 21 世纪后,各国更加重视青少年体育健康政策体系的搭建,强调以多元协同方式,为应对青少年体育健康促进政策碎片化问题开拓新路径。美国青少年肥胖率的持续上升推动了第一份关于青少年的"身体活动指南"的制订,该指南为决策者设计健康计划、体育教师落实健康目标提供了理论参考。2010 年,根据"身体活动指南"的要求更新了《健康公民》战略计划,提出了"全生命周期"的关键概念,将"青少年健康"置于首要位置,为政府、学校和社会提供了具体的行动方案,体现出国家对青少年体质健康的高度重视。美国在解决青少年体育公平问题时,通过"全国青少年体育方案"和"青少年体育促进法案"强调学校和社会应营造公平的体育环境,为低收入家庭的青少年提供免费或低价的体育公共服务。该阶段美国青少年体育健康促进政策在内容上强调多元协同共育,政策实施由国家卫生统计中心、教育部、卫生与公共服务部联合开展。

在政策体系构建阶段,加拿大青少年体育健康政策则以"全力促进各类人群体育公平"为主线,以"提升国际体育地位、构建现代化体育体系"为主要任务,强调体育政策目标的落实需依靠多元化的协同治理,同时要求学校体育的高质量发展,注重培养青少年体育道德,优化青少年体育环境,并制订实施了"体育教师专业教培计划"。2003 年,《身体锻炼和竞技运动法案》规定,政府应清除体育活动的障碍,保障青少年、妇女等特殊人群的体育公平,为青少年体育健康促进政策的持续完善提供良好保障。2007 年,加拿大政府通过立法形式鼓励社会各界为减轻青少年参与体育活动的经济负担提供支持,并制订"参与运动计划"以增强青少年的体育意识。同年,加拿大卫生部与运动生理协会合作制订"青少年身体活动指南",强调优先解决青少年体育参与问题,进一步丰富青少年体育健康促进政策的内容。

日本强调以法律形式确保体育健康促进政策的顺利实施,要求政府制订"健康促进计划"并监测青少年体质健康水平。2006 年,日本从政策层面明确了"身体活动"与"运动"的区别,力求更加精准地指导体育健康促进。此外,日本还提出了"学校体育促进计划",要求开设多样化的学校体育课程,提高体育教学质量;加大了学校体育设施建设的投资力度,强化监督管理机制,并系统性规划青少年体育俱乐部的发展,鼓励国家、学校层面举办青少年专业体育赛事;制订了"体育教师专业发展培训"计划,全面提高体育教师专业素养和教育知识能力。

政府、学校、俱乐部等多元部门在意识到体育在青少年健康促进中的重要性后,均提出了针对性的具体操作实施计划,各国青少年体育健康促进政策体系逐步规范化。这一阶段相关政策明确了体育在促进青少年健康中的积极价值,但对政策目标的制订还不够具体。例如,相关指南中对于体育活动目标仅做出"每周参与 5~6 次体育运动"的简短规定。

(三)从全面普及转向优质普惠,稳步坚实化

随着政策体系的日益完善,各国的青少年体育健康促进政策趋于稳步发展状态,呈现出"从有到优"的发展局面,为青少年体育的高质量发展做铺垫。为解决学校体育所面临的问题,美国于 2013 年发布"综合学校体育活动计划",就如何提供优质的体育教育内容进行详细规划,并于 2014 年研发"全校、全社区、全儿童"的新型模式,为促进青少年全面发展夯实基础。同期发布的"学校课间活动策略指南"以及"学校课堂体育活动策略",针对学校体育领域涉及的各个方面均提出了精准化的行动策略,推动学校体育向优发展。2018 年更新的"身体活动

指南"中补充了"膳食指南",注重从循证科学的视角为青少年体育健康提供全方位的促进策略。在发现达到身体活动指南要求的青少年数量偏少时,2019年在"国家青年体育战略"中总结了青少年体育障碍因素并提出了解决策略。同年,全球爆发新冠疫情。为了应对新的公共卫生挑战,2020年,美国对《健康公民》进行了第五次更新,此版本相较以前精简了青少年体育健康的目标,并建立了数字化网络平台。2023年,以"确保美国青少年体育平等权"为主要任务,发布了《青少年体育行动计划》,致力于推动第五版《健康公民》中青少年体育健康目标的稳步实现。

而纵览同时期加拿大青少年体育健康的促进政策,为解决70%青少年久坐不动与高肥胖率等问题,加拿大颁布了"遏制儿童肥胖的行动框架",将降低青少年肥胖作为国家的优先发展战略。2012年修订了《加拿大体育政策》,为相关机构落实青少年体育健康促进提供了更加灵活、清晰的行动目标。在发现未达到身体活动指南标准的青少年比例高达93%时,及时颁布了《活跃加拿大20/20》,强调精简青少年体育健康目标,缩短其体质健康水平差距。随后以"体育素养"为关键词,2015年发布《加拿大体育和娱乐框架》,强调持续以青少年为体育健康促进的重点人群,培养青少年的体育素养。2019年,加拿大颁布了《长期发展体育和身体活动》,以"终身体育"为主要目标,注重提供高质量的体育健康服务,并再次强调培养青少年体育素养。2021年,加拿大发布首个《青少年24小时运动行为指南》,以整合青少年一日活动行为方式,为其提供更具科学性的体育活动指导。

在稳固青少年体育健康政策体系时,日本以"培养青少年终身体育""解决青少年体育发展不平衡"为主要任务。随着体育意识的逐步提升,2012年日本发布第一期"体育基本计划",提出开设与身心健康发展方向相契合的体育活动内容。在此基础上,日本厚生劳动省发布《放学后儿童综合计划》与《促进国民健康综合发展基本方针》,强调改善国民健康与建设青少年体育健康公平的社会环境。同年,为解决由于学校体育损伤所导致的青少年体育参与率继续下滑的问题,日本构建了体育损伤管理体系并发布对应管理策略。在体育促进健康认知逐渐深入的背景下,日本政府持续推进全面体育。2017年更新第二期"体育基本计划",强调高质量发展学校体育,确保青少年体育安全与公平。2022年对计划进行了第三次更新,再次强调青少年体育的健康公平。在解决学校体育问题时,以"丰富体育健康内容""养成体育健康习惯"为主要目标,发布了《学校体育和青少年运动指南》,并研制了"家庭体育健康学习"文件,致力于培养青少年养成良好的体育习惯。针对青少年达到身体活动指南标准的比例偏低等问题,日本发布了《健康身体活动指南》,新增"久坐行为"这一关键词,该指南重点解决久坐不动的青少年健康问题。

这一阶段,世界各国更加重视青少年体育健康政策制定与执行的精准化,强调青少年体育健康政策需满足全体青少年体育发展的需要,政策内容质量显著提升。

第二节　我国青少年体育发展现状

一、我国青少年体育发展的新进展

(一)青少年体育顶层设计日趋完善

党和政府将体育提升到前所未有的高度,将体育事业与实现"两个一百年"奋斗目标相融合,上升为国家战略。2016年,国务院办公厅联合其他部门共同制定了《关于强化学校体育促进学生身心健康全面发展的意见》;2017年,国家体育总局联合教育部、中央文明办、国家发展改革委、民政部、财政部、共青团中央共同印发了《青少年体育活动促进计划》;体育总局办公厅以"十三五"规划为基础制定了《青少年体育"十三五"规划》,明确了我国青少年体育的发展目标和任务,并印发了《2017年青少年体育工作要点》;2019年,国务院办公厅印发《体育强国建设纲要》,将青少年体育作为体育强国建设的重要内容;2020年,国家体育总局和教育部联合印发《关于深化体教融合 促进青少年健康发展的意见》,明确提出青少年体质健康与文化教育要协调发展;2021年,国家体育总局颁布《"十四五"体育发展规划》,提出加强体教融合,促进青少年体育健康发展;同年,国家体育总局印发《全民健身计划(2021—2025年)》,要求加强青少年体育基础设施建设,提高青少年体育锻炼水平;2022年,新修订的《中华人民共和国体育法》明确国家优先发展青少年和学校体育。上述法规与政策将青少年体育确立为体育强国、教育强国和健康中国的基础性工程,对我国青少年体育的发展提供了明确指导和有力保障。

(二)青少年学校体育得到进一步加强

截至2022年7月,我国中小学体育与健康教育课程开课率已接近100%,学生每天校内体育锻炼时间超过1小时,国家学生体质健康标准测试达标优良率达到33%。青少年参与体育锻炼的动机趋于务实,排在前三位的分别是"为了让自己更健康""为了乐趣""为了得到一个好身材"。

学校体育改革全面深化。学生体质健康监测制度和初中升学体育考试制度不断完善,"小眼镜""小胖墩""小豆芽""小焦虑"等"四小"问题得到一定缓解。在率先实施中考体育100分的云南省,儿童青少年总体近视率低于全国平均水平,并出现不少"零近视"小学。教育部基础教育质量监测中心公布的数据显示,2024年云南省每天安排大课间活动的学校比例为93.2%,较2021年提高18.6个百分点。2021年底,北京市教委发布《北京市义务教育体育与健康考核评价方案》,要求在四、六、八年级开展体质健康考核,成绩计入中考体育总分,落实"以测促练"。2024年秋季学期起,北京、福建等地试点将课间10分钟延长至15分钟,并增设丰富的课间活动,青少年近视率下降了1个百分点;江苏、湖南、海南、河北、广东等地随后跟进。2025年,北京出台"体育八条",要求中小学体育课"量质齐升"。安徽合肥中小学"阳光体育运动"涵盖24个项目,足球实现班、校、区、市四级联赛贯通机制。重庆各中小学推出"体育家庭作业",强化家校协同,培养运动习惯。体育中考就像"指挥棒",正在撬动教育理念的转变,家校社协同的体育生态正在形成。

科技赋能体育教学,智慧体育取得新进展。传统体育教学模式存在数据反馈滞后、兴趣与应试难以平衡、因材施教实施困难等问题,而智慧体育正成为破解难题的关键路径。例如,视觉科技通过"物联网摄像头+人工智能运动视觉算法",为场地装上摄像头"眼睛"、语音交互"嘴巴"和人工智能"大脑",为学生打造实时交互、充满趣味的运动环境。近年来,不少企业聚焦创新驱动,积极开展青少年多功能、智能化体育场地器材的研发和建造工作,广泛应用可穿戴设备、大数据采集、AR、人工智能等技术,对现有器材、场馆进行改造升级,充分挖掘潜能,增加运动乐趣,提升青少年参与体育的热情。

在学校体育工作中,校园足球成为德智体美劳全方位育人的优秀教育载体。2024年6月,教育部办公厅公布2023年全国青少年校园足球特色学校名单,全国青少年校园足球特色学校达到5 727所。2024年8月全国青少年校园足球夏令营开营,活动持续转型升级:在训练与竞赛的基础上,融入爱国主义教育、名家讲座、球星探营等文化活动,培育健康向上的足球文化,引导小球员树立正确的价值观。

(三)青少年体育公共服务体系初步建成

近年来,我国青少年体育公共服务体系建设工作成果显著。公共体育场馆设施已基本实现向青少年全面开放,遍布各地的青少年户外体育活动营地为学生夏(冬)令营提供了良好依托。截至 2022 年 10 月,全国体育课后延时服务覆盖率达 90%,形成"按趣选学、家校协同"的运行机制。部分学校整合校内外资源,实现体育社团 100% 参与率,推广"体育课+课后服务"一体化模式,支持社会力量进校园开展公益性体育服务。为贯彻落实《关于进一步减轻义务教育阶段学生作业负担和校外培训负担的意见》及《关于促进和规范社会体育俱乐部发展的意见》,深化体教融合,国家体育总局印发《课外体育培训行为规范》,健全课外体育培训监管体系,规范青少年体育市场秩序;同时发布《2024 年体育标准立项指南》,明确青少年体育俱乐部、运动方法等领域的标准研制。青少年体育政策体系日趋完善,青少年体育人才队伍建设加快推进,各级各类青少年体育人才数量与质量实现双提升。青少年体育正向着政府主导、部门协同、全社会共同参与的良好局面快速发展。

(四)竞技体育后备人才培养体系进一步完善

我国青少年体育发展聚焦在青少年健康促进和竞技体育后备人才培养两大关键领域。尤其是竞技体育后备人才培养方面,现已形成"政策引导、体教融合、多元协同"的发展格局。在政策层面,国家体育总局先后出台《关于加强竞技体育后备人才培养工作的指导意见》《奥运项目竞技体育后备人才培养中长期规划(2014—2024)》和《体育强国建设人才规划(2023—2035年)》,要求各省开展不少于 25 个奥运项目,并推行"人才培养购买服务""人才输送以奖代偿"等创新机制。2020 年,国家体育总局、教育部联合印发《关于深化体教融合 促进青少年健康发展的意见》,明确提出完善青少年体育赛事体系,加强体育传统特色学校和高校高水平运动队建设,深化体校改革,鼓励体校与中小学校加强合作,为青少年运动员提供更好教育资源,创造更好的教育条件,不断提高其文化教育水平。2024 年,国家体育总局投入 14.96 亿元,用于构建"体教融合+后备人才培养"体系。目前,我国后备人才培养模式呈现多元化,已形成"体校—省队—国家队"的传统模式、"小学—中学—大学—职业队"的体教融合模式和俱乐部直通及"单飞"等模式。在地方实践上,无锡市计划到 2027 年创建 200 所全国青少年校园足球特色学校,构建覆盖小学至高中的"市队校办"梯队,常年在训精英球员达到 300 人;南宁市 2025 年暑期启动竞技体育后备人才集训营,覆盖 35 个项目,791 名运动员参与,通过跨校选拔强化田径、足球等项目苗子培养。

二、我国青少年体育发展面临的机遇

(一)青少年体育成为国家发展战略

青少年是祖国的未来和希望。习近平总书记对青少年体育工作多次提出明确要求,指出少年强则中国强,体育强则中国强,推动我国体育事业不断发展是中华民族伟大复兴事业的重要组成部分;少年强、青年强是多方面的,既包括思想品德、学习成绩、创新能力、动手能力,也包括身体健康、体魄强壮、体育精神;我国有 3 亿多青少年儿童,让孩子们健康成长关系到祖国和民族的未来,也是每个家庭最大的愿望和期盼。然而,和发达国家相比,当前我国青少年体质健康水平明显落后,具体表现为视力不良检出率居高不下且呈低龄化倾向,肥胖检出率持续上升,大学生身体素质继续呈下降趋势等。

党和国家一直以来非常重视、关心青少年体育工作。国家"十三五"规划纲要明确提出,实施青少年体育活动促进计划,培育青少年体育爱好和运动技能,推广普及足球、篮球、排球、冰雪等运动,完善青少年体质健康监测体系。《"健康中国2030"规划纲要》将青少年作为提高全民身体素质的重点人群,就促进青少年体育活动提出了具体的目标和要求。《全民健身计划(2016—2020年)》将青少年作为实施全民健身计划的重点人群,提出大力普及青少年体育活动,提高青少年身体素质。《中长期青年发展规划(2016—2025年)》将青年体质健康提升工程作为重点项目,鼓励青年进行体育锻炼、提高身体素质,使坚持体育锻炼成为青年的生活方式和时尚。在党中央、国务院的高度重视下,我国青少年体育事业正迎来重大的发展机遇。

(二) 青少年体育成为体育强国建设的重要基础

党的十九大报告发出了加快推进体育强国建设的伟大号召,强调了"三位一体"的发展战略,而推进"三位一体"发展的关键在于抓好青少年体育工作。

青少年体育为群众体育发展提供了社会基础。让全民健身普及就是要让全体人民参与进来,青少年掌握了体育技能就可以成为体育健身的人口并培养其形成终身体育的习惯。全民健身要做到全覆盖,必须从青少年抓起。

青少年体育为竞技体育跨越发展提供人才基础。青少年体育后备人才是竞技体育发展的根基,其质量直接关系到我国竞技体育的整体水平。如果让青少年每人掌握3项以上的体育技能,我们就可以面向3亿多少年儿童进行选材,这将带给我国竞技体育无法比拟的优势。

青少年体育为体育产业发展提供消费基础。需求拉动增长,要促进体育产业的发展就要有一批体育忠实消费者,青少年观看赛事、购买装备、参加活动的消费是体育消费的重要组成部分。如果青少年形成体育消费习惯,可为体育产业持续发展积累力量。如果青少年体育这个基础不打牢,那么体育产业将是无源之水、无本之木。可以说,"三位一体"推进体育强国建设的根部在于青少年体育。

三、我国青少年体育发展存在的问题

相对于发达国家青少年体育发展日渐成熟,我国青少年体育工作面临更为特殊的挑战。我国青少年人群数量大,体育资源供给绝对和相对不足并存;地区发展不均衡,东西部、城乡之间差异巨大;社会变迁迅速,历时性矛盾与共时性矛盾同等突出;因文化历史传统、人口政策、教育政策等形成的青少年体育发展外部环境制约因素较多。宏观层面的问题对青少年体育工作开展产生了较为严重的影响。目前,青少年体育公共服务保障能力有限,总量投入不足,服务水平和均等化程度低,师资力量和组织管理人员难以满足需求,成为困扰青少年体育发展的突出问题。

(一) 青少年社会体育组织面临治理碎片化、资源错配、政策虚化等结构性难题

我国青少年社会体育组织数量快速增加。相关资料显示,全国已创建示范性国家青少年体育俱乐部5000多所,社会各类青少年体育俱乐部达60万家;建成国家级青少年户外体育活动营地300处;每年组织U系列、"体校杯"足球赛以及"星火杯"篮球赛等赛事1200余场,覆盖青少年20余万人。仅2021年7月至2022年1月,全国新增青少年体育俱乐部4万家。2023年底,张家口全市青少年体育俱乐部数量、开设训练项目数、教练员人数、在训运动员人数较2018年分别增长了12.5倍、0.9倍、10.6倍和4.8倍。我国青少年体育组织在规模扩张与模式创新中蓬勃发展,但依然存在政策执行不到位、城乡资源配置差异扩大、评估体系缺失等问题。如政府、学校、社会组织间缺乏协同机制，导致体教融合政策虚化，社会组织普遍"游离于校园外"，使"进校园"政策因部门协作不畅、考核机制缺位而失效。党的十八大以来，党和国家高度重视社会力量和市场机制在青少年体育高质量发展中的作用，发布多项政策给予地位保障、资金补贴等，先后出台的《关于深化体教融合 促进青少年健康发展的意见》《关于进一步减轻义务教育阶段学生作业负担和校外培训负担的意见》，明确支持社会体育组织为学校体育活动提供指导，鼓励非学科类校外培训机构参与课后服务，充分发挥市场和社会在青少年健康促进方面的潜力与优势。

（二）青少年体育资源供给结构性失衡

虽然青少年体育发展在"量"的层面有了很大提升，但面对青少年不断增长的体育需求，仍存在数量不足与质量不高并存的现象。学校"体育设施的维护频率、产品质量、配置比例等仍旧堪忧"，很多学校没有室内或风雨体育场馆。2020 年，全国中小学共有体育馆 22 041 个，校均拥有体育场馆数量为 0.14 个。在体育场地设施的投入方面，国家财政拨款占到总投入的 55% 以上，相比之下社会投入仅占 1.56%，而发达国家的社会投入高达 65%，这说明我国体育场馆设施建设主要依靠国家财政，社会发挥的作用微乎其微。数据显示，2020—2023 年全国中小学体育场馆与器械达标率持续提升，青少年体育俱乐部数量激增，足球联赛规模扩大超过 10%。师资与区域差异显著，2020 年城区小学、初中、高中体育教师的师生比分别为 1∶249、1∶207、1∶254，而乡村小学、初中和高中体育教师的师生比分别为 1∶271、1∶211、1∶275；东部地区学校体育场地面积占全国学校体育场地总面积的 44.62%，中部占比为 31.63%，西部地区占比仅为 23.75%，地区失衡明显。此外，体教融合政策、学校体育教练员岗位设置等在落实上存在执行不力、责任主体落实不到位；运动员文化教育普遍缺失，退役运动员就业与转型形势依旧严峻。

（三）竞技体育后备人才培养体系亟待改革和完善

体教融合仍停留在表面，仅 45% 的学校真正落实"每天两小时训练"要求，运动员文化课达标率仅 61%。基层体校面临"总量萎缩、生源不足"的困境，部分项目存在"有人不多、有项不强"的结构性问题。未来需进一步打通升学路径，如无锡计划建立足球人才小学至高中"一条龙"升学体系；同时加强社会力量参与，如渭滨区依托英志篮球俱乐部输送省赛冠军球员。同时，为退役运动员开辟"绿色通道"，构建"市—县—校"三级培训网。基层教练待遇低、培训不足，仅 20% 的足球教练持有专业资质，2026 年体能教练缺口预计超过 50 万。教练员队伍建设亟待加强，优秀退役运动员进校园任教比例偏低，2023 年仅有 30% 的学校开辟此渠道。

（四）体教融合推动难度较大

青少年成长和生活的最主要场所是学校，发展青少年体育，离不开体教融合。通过调研发现，体教融合存在的问题具体表现在学籍限制交流、升学面临困难、竞赛存在壁垒等多个方面，这些问题已经成为限制体育后备人才选拔、制约体育运动学校发展、推助优秀人才流失的关键因素。

总之，完善青少年体育后备人才培养体系，须以"体教融合"为根基、"多元协同"为引擎、"科技赋能"为突破、"政策保障"为支撑，创新学训结合模式，深化体教融合机制，贯通人才成长通道，完善升学与职业发展路径；构建多元协同体系，激活社会力量参与；依托科技与数据，提升训练科学化水平；优化政策与资源配置，破解发展瓶颈，补齐师资与监管短板，打造覆盖青少年运动员全过程、全要素融合的可持续发展生态。

第三节　促进我国青少年体育发展的措施

青少年体魄强健、意志坚强、充满活力,是一个民族旺盛生命力的体现。在国际竞争日趋激烈的今天,世界各国对青少年健康成长的重视程度提升到前所未有的高度。对青少年自身而言,拥有健康的身心,既是个人发展的必要条件,也是完成服务社会使命的基本前提。体育是全面提升青少年素质的重要手段,发展青少年体育,是关乎全人类共同命运的课题。

一、进一步加强政策标准建设

随着青少年体育改革力度的加大,相关的政策、标准等必须及时跟进,以提高政府治理体系和治理能力的现代化水平。按照全面正确履行政府职能,加强战略、规划、政策、标准的制订和实施的要求,国家体育总局青少年体育司结合青少年体育发展实际,印发了《青少年体育锻炼器材配置指南》《全国青少年户外体育活动营地建设规范及器材目录》《青少年体育冬夏令营专项经费管理办法(试行)》。同时正在研制青少年体育器材通用安全标准、青少年户外活动营地等级标准和青少年体育俱乐部等级标准等,以进一步完善青少年体育的政策标准体系。

在未来工作中,大力加强规章制度和标准体系建设无疑是重中之重。要加快推进青少年体育政策制度创新,研究制订引领青少年体育发展的纲领性文件,积极推动将青少年体育纳入国家全局性政策体系。制订青少年体育系列标准规范,进一步完善青少年体育服务标准体系,尽快出台关于促进青少年体育俱乐部健康有序发展、青少年体育规范服务、青少年体育俱乐部等级标准、青少年体育冬夏令营指南等文件,引领青少年社会体育组织更好发展。

二、切实加强青少年体育发展的基础

1. 加强青少年体育宣传　不断创新宣传模式,持续拓展宣传渠道和方法,通过网站、《中国体育报》《中国教育报》《青少年体育》杂志、微信公众号等平台广泛开展青少年体育宣传工作。联合媒体围绕青少年体育社会组织发展、活动开展、体校训练、青少年足球等主题,广泛开展有亮点有特色的报道。

2. 开展全国青少年体育基础数据年度统计工作　自2013年开始,我国建立全国青少年体育统计年报制度,由国家体育总局科研所每年开展统计工作,掌握全国青少年体育相关指标的发展状况,为科学决策提供依据。由于原有统计指标和统计填报系统已落后于时代,因此修订统计指标并研发具有数据库功能的新系统,对于今后利用新系统高效精准地进行数据汇总统计分析工作,促进新时代青少年体育发展,将起到积极的作用。

3. 开展儿童青少年体育健身活动状况调查　国家体育总局青少年体育司与教育部共同开展学生体质健康标准测试抽查复核和青少年健身活动状况调查工作,并将调查结果通过"青少年体育蓝皮书"向社会公布。通过调查全国儿童青少年体育健身活动状况,及时了解我国6～19岁儿童青少年人群体育健身活动的变化特点,为构建全民健身公共服务体系和实施《全民健身计划纲要(2025—2030年)》提供科学依据。

三、注重改革创新

在新格局下,青少年体育工作领域改革创新亮点较多。比如,改革赛事,实施青少年体育

U系列赛事工程,逐步构建了青少年赛事新格局;改革第二届全国青年运动会的项目设置、组织参赛单位、参赛人群,突出新的办赛理念;通过开展青少年体育冬夏令营活动,使青少年掌握运动技能,推进青少年体育技能普及提高等;2024年,举办全国首届青少年三大球运动会。以上改革创新理念和举措,对于实现青少年体育持续健康发展,具有重要的意义。

研究建立覆盖全年龄段的国家青训竞赛体系,进一步夯实国家青训基础,扩大青训竞赛规模。重点在全国各级各类体校广泛开展足球运动,推出全国体校足球比赛。搭建科学合理的竞赛平台,引导促进体校建立高水平运动队和俱乐部机制,培养高精尖足球后备人才。紧密结合"走出去,请进来"战略,提高教练员的执教能力,提升青少年足球运动员的训练和竞技水平,推动足球项目发展。

积极推动体校改革,推进体校项目设置特色化,形成层次分明、布局合理、集约高效的项目发展格局。开展实施体校精品工程和国家单项高水平体育后备人才基地认定工作,探索建立一批青训中心,在青少年训练阶段普及体能、康复、心理等方面的训练辅助工作。

深化体教融合,加强顶层设计,积极推进国家体育总局与教育部签署共同推进体育强国建设的合作框架协议,在青少年体育技能普及、后备人才培养、赛事体系完善、体育教师和教练员培养、体育场馆建设与开放等方面加强合作。支持教育部门开展后备人才培养,创新和改进体育传统项目学校建设模式,鼓励、支持中学创办运动队、高校创建高水平运动队,积极推进各运动项目进校园。

四、注重人才队伍建设

多年来,青少年体育人才培养工作始终将人才队伍建设作为核心任务,通过更新发展理念、整合跨界资源,构建起覆盖多领域、贯穿多层次的新型专业人才培养体系。在实践探索中,坚持打通行业壁垒,实现体育部门与教育、科技、文化、卫生等系统的人才资源共享与培训体系衔接,通过健全分层分类培训制度、优化理论与实践融合的课程内容,持续提升从业人员的专业素养和业务能力。为增强人才供给活力,创新建立了激励机制与人力资源平台,引导社会体育指导员、体育志愿者、退役运动员等多元主体参与青少年体育工作。特别是在人才培训方面,形成了"管理+业务""理论+实践"的多维培训模式,常态化开展面向体育行政部门、青少年体育组织和各级体校的系统化培训,既涵盖政策法规、训练科学等理论课程,又强化赛事组织、运动防护等实操技能,为行业可持续发展构建阶梯式人才储备模式。这些经过实践检验的有效举措,不仅巩固了青少年体育发展的智力基础,更为未来创新人才培养机制提供了可复制、可推广的宝贵经验。

五、促进青少年体育活动多样化和品牌化

全面实施"青少年体育活动促进计划",构建学校、家庭、社区相结合的青少年体育活动网络,丰富和完善青少年体育活动体系,创新青少年体育活动内容、方式和载体,增强活动趣味性和吸引力。定期举办"全国青少年体育活动周",充分发挥全国青少年"未来之星"阳光体育大会的带动作用,举办各项体育活动。

广泛开展青少年体育活动和竞赛,着力打造"全国体育传统项目学校联赛",继续开展"全国青少年体育俱乐部联赛""全国青少年户外体育活动营地冬夏令营"等赛事和活动,健全县、市、省、国家四级竞赛体系。

提高学校体育活动质量,广泛开展学生阳光体育运动,保证中小学生每天1小时校园体育

锻炼。全面实施《国家学生体质健康标准》。进一步加大对学校体育的投入,明确规定学校体育经费在教育事业经费中的比例,配齐配强体育师资。健全完善学校体育专项督导制度和监督问责机制,建立督促检查和考核奖惩机制。积极鼓励发展校外体育活动。积极推动开展课外体育活动志愿及有偿服务活动;探索建立公共体育场馆、社会组织、高等院校、体育俱乐部等承接开展学生课外体育活动的机制。开展青少年运动技能培训,大力推动广大青少年积极参加运动技能等级评定。将学校体育纳入初中、高中学业水平考试和学生综合素质评价体系。

积极倡导科学健康的体育健身和生活理念,把身心健康作为青少年个人全面发展和适应社会的重要能力。以校园足球作为突破口和切入点,进一步扩大校园足球覆盖面,加强足球师资队伍建设和校园足球场地建设,建设一批普通高等学校高水平足球运动队,把足球活动作为校园文化建设的重要内容。构建纵向贯通、横向衔接、规范有序的青少年校园足球竞赛体系。

推动青少年冰雪运动的普及与发展。以 2022 年冬奥会为契机,鼓励举办青少年冰雪嘉年华、冰雪季等活动,实施冰雪运动"南展西扩"战略,鼓励各地区中小学因地制宜开展冰雪教学活动。

加强武术、太极拳、健身气功、民族式摔跤、赛马、龙舟等民族传统项目在青少年中的推广与普及。

六、与时俱进,革新青少年体育的宣传引导方式

在新媒体蓬勃发展的时代背景下,需构建"全媒体＋沉浸式"的体育宣传矩阵。建立由主流媒体、社交媒体、短视频平台、虚拟现实技术(VR)构成的立体传播网络,针对青少年群体偏好,创新开发互动 H5、体育动漫、沉浸式纪录片等新型内容形态。在抖音、B 站等平台设立"青少年体育创造营"专题,邀请冠军运动员开展"运动技能挑战赛"直播,通过趣味化、社交化传播激发青少年参与热情。

宣传策略应注重"精准分层",针对不同影响群体定制传播方案:面向青少年突出运动时尚、健康社交属性,制作"国潮运动"系列短视频;面向家长群体传播体质健康标准、运动损伤防护知识,开发"智慧家长体育课堂"小程序;面向教育工作者制作体育教学创新案例集,推广"运动处方"进校园经验;面向决策者建立体育政策可视化解读专栏,定期发布青少年体质监测白皮书。

建立"政府主导、社会协同、媒体联动"的长效机制,将每年 8 月设为"青少年体育宣传月",开展"运动城市打卡""体育文创设计大赛"等品牌活动。构建宣传效果评估体系,通过大数据分析传播转化率,将体育参与率指标纳入文明校园创建考核体系。通过持续创新传播方式,使"以体育心""以体育智"的教育理念深入人心,在全社会形成支持青少年体育发展的强大共识,为体育强国建设注入持久动能。

七、加大青少年体育支持与保障力度

1. 强化财政保障 建立健全青少年体育活动财政保障机制,落实青少年体育活动所需资金。各级人民政府将青少年体育活动所需经费纳入本级财政预算,并逐步提高其占政府体育财政支出比重,同时建立青少年体育经费与体育事业经费同步增长机制。每年从体育彩票公益金中安排一定资金,用于青少年体育活动促进工作;地方各级人民政府根据本地的实际情

况，为"青少年体育活动促进"建立配套经费。建立青少年体育多元化资金筹集机制，鼓励引导社会资金进入青少年体育活动领域。

2. 强化人力资源保障　建立青少年体育指导人员队伍，倡导体育教师、教练员、裁判员、退役运动员、社会体育指导员和体育爱好者等为青少年体育活动提供服务。继续实施各类青少年体育人才队伍培训计划，加强各类青少年体育人才队伍建设。

3. 强化安全保障　破除青少年体育活动参与的风险障碍，加强体育运动风险教育；地方政府应高度重视青少年体育活动开展过程中的风险监控和应急预案制订，加强设施维护与安全。研究建立涵盖体育意外伤害的青少年学生综合保险制度。严格按照相关标准开展高危险性青少年体育活动项目。在保护学生权益的基础上，划清学校、社区等各方的权责，解除学生参与体育活动和各群体组织发展体育的后顾之忧。

八、强化创新竞技体育后备人才培养

为构建可持续的竞技体育后备人才供应链，需实施"全周期育人"战略。深化《奥运项目竞技体育后备人才培养中长期规划》实施，建立动态项目评估机制，结合地域特色优化项目布局，避免同质化竞争。创新"省队市办""校社联培"等模式，在训练基地规模化基础上，深化与基层政府、社会力量合作，打造特色鲜明的后备人才培育基地群。

构建"科技＋体能＋心理"三维训练体系，引入运动捕捉、生物力学分析等技术手段，建立运动员数字画像。开发"冠军成长档案"系统，记录训练负荷、伤病康复、心理波动等全周期数据。推行"多周期训练计划"，科学调控运动员竞技状态，延长运动生涯。

搭建国际体育交流平台，实施"双百计划"——百名外教引进、百名苗子海外培训，建立跨国联合训练营。拓展"一带一路"体育合作，参与国际青少年体育赛事，提升竞技实战能力。

推进体教深度融合，建立"学训融合"新型体校模式。统一规划体校建设标准，开发"体育特色课程包"，将运动训练学、生理学纳入基础教育体系。实施"名师工程"，建立文化课教师准入—培训—考核体系，推行"双师型"教师培养模式，保障运动员文化教育质量。

通过体系创新、科技赋能、国际对标，构建"选拔—训练—输送—追踪"的全链条人才培养机制，为竞技体育可持续发展注入源头活水，夯实体育强国建设的人才根基。

九、推进青少年体育组织高质量发展

为构建充满活力的青少年体育组织生态，需实施"组织赋能"三大行动。首先，构建"金字塔型"俱乐部培养体系，国家级示范俱乐部发挥技术输出功能，省级俱乐部承担区域带动使命，基层俱乐部扎根社区提供普惠服务。建立俱乐部星级评定制度，推行"标准化建设＋特色化发展"双轨模式，鼓励冰雪运动、科技体育等新兴俱乐部成长。

制度破冰方面，推行"一窗受理"注册服务，建立多部门联合审批通道，制订税费减免负面清单。创新"体育＋教育"双轨管理模式，试点俱乐部与学校共建运动队，破解场地、师资共享难题。建立政府购买服务机制，通过"体育消费券"形式支持俱乐部发展。

传统校建设实施"强基计划"，国家级传统校重点培育竞技体育后备人才，省级传统校打造特色项目品牌，市县级传统校夯实基础技能普及。构建"传统校联盟"，开展校际联赛、师资轮训、课程共享，形成"以强带弱"发展格局。

营地建设突出"实践育人"功能，开发自然探索、生存挑战、团队拓展等主题课程，建立"营地＋研学"融合模式。推行"营地导师制"，聘请冠军运动员、户外专家组建导师团队，构建"活动—培训—认证"成长体系。

通过组织创新、制度优化、载体升级,形成"龙头引领、多元协同、全域覆盖"的青少年体育组织网络,为青少年提供高质量体育参与平台,夯实体育强国建设的人才根基。

案例分析

案例7.1 课间活动时间再扩容

2024年9月26日,国务院新闻办公室举行"推动高质量发展"系列主题新闻发布会。教育部部长怀进鹏介绍情况并回答大家关心的问题。出席新闻发布会的还有教育部副部长王嘉毅、吴岩、王光彦等。

南方都市报N视频记者提问:我们注意到,一些地区在新学期将中小学课间活动时间由10分钟增加到了15分钟。教育部下一步在促进学生全面健康成长方面有何部署?

王嘉毅在回答记者提问时表示,少年儿童健康成长、全面发展,是每个家庭最为关心的问题,是家长最朴素的愿望,也是习近平总书记心中最温暖的牵挂。总书记曾多次强调,"青少年要文明其精神,野蛮其体魄",还反复强调,"学生的理想信念、道德品质、知识智力、身体和心理素质等各方面的培养缺一不可"。课间从10分钟到15分钟,虽然是个"小切口"、具体的小问题,但它的意义非常重大,它延展的是"五育"的形式和内容,也就是德育、智育、体育、美育、劳动教育,体现的是以学生发展为中心的育人导向,更加注重学生的全面发展。王嘉毅说,下一步,我们将认真贯彻落实习近平总书记重要指示精神和全国教育大会精神,紧紧围绕立德树人这一根本任务,把促进学生全面健康成长放在首位,特别是以身心健康为突破点,进一步强化德育、智育、体育、美育、劳动教育的全面发展,培养一代又一代社会主义建设者和接班人。在顶层设计方面,进一步健全德智体美劳全面培养体系。坚持不懈用习近平新时代中国特色社会主义思想铸魂育人,推进大中小学思政课一体化改革创新。我们还将持续实施美育浸润计划、劳动习惯养成计划、青少年读书行动等,促进学生全面发展。同时,进一步加强学科实践、跨学科实践和综合社会实践,促进学生学思结合、知行合一,让学生学会生存和生活,适应社会和未来的发展需要。在关键环节方面,让"健康第一"落细落地。实施学生体质强健计划、心理健康促进行动等,保障中小学生每天综合体育活动时间不低于2小时,每天保证一节体育课,另外课后再锻炼1小时,保证每天2个小时,全面培育学生积极的心理品质。在我们看来,课间时间延长,是落实"健康第一"理念的有效抓手,要让孩子动起来、跑起来、活动起来,特别是让孩子多见阳光,在阳光下多奔跑、多运动、多呼吸新鲜空气,让他们身上有汗、眼里有光。通过种种努力,着力破解"小眼镜""小胖墩"等问题,让学生更加健康阳光。在机制保障方面,扎实推进校家社协同育人。学生全面健康成长是全社会的共同责任,需要学校、家庭、社会密切配合。我们将进一步健全校家社协同育人机制,以"教联体"建设为抓手,调动部门资源,协同社会力量,在医教互促、体教互融、家校互动、社教同频等方面加强联合,共同担负起学生全面发展、健康成长的重要责任。

问题与思考:

1. 针对"小眼镜""小胖墩""小豆芽"的体质干预,如何避免演变为对身体多样性的规训?

2. 在健康促进过程中,如何守护青少年对身体形象的积极认知,防范身体焦虑的代际传递?

案例 7.2　体教融合如何"融"

体教融合是体育强国建设、教育强国建设、健康中国建设的重要内容,是新时代体育部门和教育部门工作的重点。2020年8月31日,国家体育总局、教育部联合印发了《关于深化体教融合　促进青少年健康发展的意见》。2022年6月24日通过的我国新《体育法》明确提出"国家优先发展青少年和学校体育,坚持体育和教育融合,文化学习和体育锻炼协调,体魄与人格并重,促进青少年全面发展"。如何应时而动,顺势而为,推动体教融合,发展青少年和学校体育,不仅是政府部门关注的问题,也是学界理应思考的课题。

问题与思考:

1. 关于体教融合,体育部门与教育部门在资源分配、考核标准、管理权限上如何协调?
2. 关于体教融合,如何建立长效的跨部门协作机制?

思考题

1. 比较国内外青少年体育健康促进政策的异同。
2. 简述我国青少年体育发展的现状。
3. 新时代如何推进我国青少年体育的发展?

第八章

体 育 产 业

内容提要
(1) 体育产业和体育产业管理的概念。
(2) 体育产业发展现状与特点。
(3) 体育产业发展的路径。

学习目的
(1) 掌握体育产业和体育产业管理的基本概念。
(2) 了解我国体育产业发展现状与存在的问题。
(3) 了解我国体育产业管理创新策略。

第一节 体育产业概述

一、体育产业的概念

体育产业是以体育活动为中心而开展的一系列相关经济活动的总称,是通过市场化机制整合资源,向社会提供运动参与、产品消费及衍生服务的综合性经济形态。根据 2019 年国家统计局颁布的《体育产业统计分类(2019)》,体育产业是指为社会提供各种体育产品(货物和服务)和体育相关产品的生产活动的集合。随着体育产业实践活动的广泛开展,其涵盖的范围日益广泛,主要包括体育竞赛、健身娱乐、场馆运营等核心业态,也包括体育用品制造、体育传媒、体育金融等关联领域,并延伸至体育旅游、电子竞技、健康科技等新兴领域。在体育强国战略和《"十四五"体育发展规划》的指导下,体育产业通过政策赋能和科技创新,持续推动经济和社会效益提升,成为推动经济高质量发展,满足人民美好生活需要的关键力量。

二、体育产业的分类

根据不同的标准,体育产业被划分为不同的类别。为了促进体育产业的快速发展,确保分类依据的科学性和实践性,有必要明确界定体育产业的统计范围,并建立相应的体育产业统计调查体系。依据《国务院关于加快发展体育产业促进体育消费的若干意见》(国发〔2014〕46号)《国务院关于印发全民健身计划(2016—2020 年)的通知》(国发〔2016〕37 号)和《国务院办公厅关于加快发展健身休闲产业的指导意见》(国办发〔2016〕77 号),以《国民经济行业分类》(GB/T 4754—2017)为基础,国家统计局于 2019 年颁布《体育产业统计分类(2019)》,对体育产业进行科学、系统的分类。该分类以国务院有关文件为指导,突出我国体育活动的特点和实际发展现状,充分考虑了体育产业发展中的新业态和新模式。体育产业被分为 11 个大类,分别是：体育管理活动，体育竞赛表演活动，体育健身休闲活动，体育场地和设施管理，体育经纪与代理、广告与会展、表演与设计服务，体育教育与培训，体育传媒与信息服务，其他体育服务，体育用品及相关产品制造，体育用品及相关产品销售、出租与贸易代理，体育场地设施建设等。具体分类及内容如下：

（一）体育管理活动

体育管理活动分为3类：①体育社会事务管理活动，指各级政府部门体育行政事务管理机构的管理活动。②体育社会组织管理活动，指体育专业团体、体育行业团体和体育基金会等的管理和服务活动。③体育保障组织管理活动。

（二）体育竞赛表演活动

体育竞赛表演活动分为2类：①职业体育竞赛表演活动，指商业化、市场化的职业体育赛事活动的组织、宣传、训练，以及职业俱乐部和运动员的展示、交流等活动。主要包括足球、篮球、排球、棒球、乒乓球、羽毛球、拳击、马拉松、围棋、电子竞技等运动项目。②非职业体育竞赛表演活动，指非职业化的专业或业余运动项目比赛、训练、辅导、管理、宣传、运动队服务、运动员交流等活动，以及赛事承办者和相应推广机构等组织的活动。

（三）体育健身休闲活动

体育健身休闲活动分为3类：①运动休闲活动。②群众体育活动，分为民族民间体育活动和其他群众体育活动。其中，民族民间体育活动指区域特色、民族民间体育（其中包括少数民族特色体育）以及体育非物质文化遗产的保护等活动。其他群众体育活动，指由各级各类群众体育组织（其中包括各级体育总会、基层体育俱乐部等）、体育类社会服务和文体活动机构、全民健身活动站点等提供的服务和公益性群众体育活动。③其他体育休闲活动，指体育娱乐电子游艺厅服务，网络体育游艺、电子竞技体育娱乐活动，游乐场体育休闲活动等。

（四）体育场地和设施管理

体育场地和设施管理分为3类：①体育场馆管理。②体育服务综合体管理，指以运动健身、体育培训、体育用品销售、运动康复等体育服务为主，融合了餐饮、娱乐、文化等多项活动的综合体的管理。③体育公园及其他体育场地设施管理，指对设在社区、村庄、公园、广场等可提供体育服务的固定安装的体育器材、临时性体育场地设施和其他室外体育场地设施的管理（如全民健身路径、健身步道、拼装式游泳池），以及对体育主题公园的管理等。

（五）体育经纪与代理、广告与会展、表演与设计服务

该类体育产业分为3类：①体育经纪与代理服务，包括体育经纪人、体育保险经纪服务、体育中介代理服务、体育票务代理服务。②体育广告与会展服务，包括体育广告服务和体育会展服务，其中体育广告服务指各类体育广告制作、发布等活动。③体育表演与设计服务，包括体育表演服务与体育设计服务，其中体育设计服务指体育产品工业设计、体育服装设计、体育产品和服务的专业设计、体育和休闲娱乐工程设计等服务。

（六）体育教育与培训

体育教育与培训产业是一个围绕"教与学"展开，旨在提升个体运动能力、健康水平和体育素养，覆盖从启蒙教育到专业深造全链条，服务对象广泛（尤其是青少年和大众），业态多样的综合性服务产业。它是体育产业的重要组成部分，也是连接大众参与体育和竞技体育发展的关键桥梁。

（七）体育传媒与信息服务

体育传媒与信息服务分为6类：①体育出版物出版服务，指体育类图书、报纸、期刊、音像制品、电子出版物出版和数字出版服务。②体育影视及其他传媒服务，指体育新闻的采访、编

辑和发布服务,体育广播、电视、电影等传媒节目的制作与播出以及体育摄影服务等。③互联网体育服务,指互联网体育健身与赛事服务平台,体育 APP 应用,以及互联网体育信息发布、体育网络视听、体育网络直播、体育大数据处理、体育物联网和"体育＋互联网＋其他业态"的融合发展活动等其他互联网体育服务。④体育咨询。⑤体育博物馆服务,指用于展现体育历史发展过程、收藏展示体育文物、宣传体育科普知识、弘扬体育文化、传承体育精神等的博物馆。⑥其他体育信息服务,指电子竞技数字内容服务、体育运动地理遥感信息服务和其他数字体育内容服务,以及体育培训、赛事、健身软件和电子竞技产品制作等体育应用软件开发与经营等信息技术服务。

(八)其他体育服务

其他体育服务分为 6 类:①体育旅游服务,指观赏性体育旅游活动(如观赏体育赛事、体育节、体育表演等内容的旅游活动),组织体验性体育旅游活动的旅行社服务,以体育运动为目的的旅游景区服务,以及露营地、水上运动码头、体育特色小镇、体育产业园区等的管理服务。②体育健康与运动康复服务,指体质测试与监测服务,运动理疗服务,运动康复按摩服务,科学健身调理服务,科学健身指导服务,专科医院、中医院、民族医院和疗养院提供的运动创伤治疗、运动康复等服务,运动康复辅具适配服务,运动减控体重、运动养生保健等其他体育健康服务。③体育彩票服务。④体育金融与资产管理服务,指体育基金(含体育产业投资基金)管理服务,运动意外伤害保险服务,体育投资与资产管理服务,体育资源与产权交易服务。⑤体育科技与知识产权服务,指体育科学研究服务,运动医学和实验发展服务,体育装备新材料研发,体育知识产权相关服务。⑥其他未列明体育服务。

(九)体育用品及相关产品制造

体育用品及相关产品制造分为 4 大类:①体育用品及器材制造,如球类制造、冰雪器材装备及配件制造和健身器材制造等。②运动车船及航空运动器材制造,如运动汽车、摩托车制造和航空运动器材制造等。③体育用相关材料制造,如运动地面用材料制造和体育用新材料制造等。④体育相关用品和设备制造,如运动服装制造、体育场馆用设备制造、体育智能与可穿戴设备制造和运动饮料与运动营养品生产等。

(十)体育用品及相关产品销售、出租与贸易代理

体育用品及相关产品销售、出租与贸易代理分为 3 大类:①体育及相关产品销售。②体育用品设备出租。③体育用品及相关产品贸易代理,指体育用品及相关产品贸易经纪与代理活动。

(十一)体育场地设施建设

体育场地设施建设分为 2 大类:①体育场馆建筑和装饰装修,指体育馆工程服务、体育及休闲健身用房屋建设活动,以及城市自行车骑行和健身步道、跑步道工程建筑活动和体育场馆建筑的装饰装修。②体育场地设施工程施工和安装。

第二节　体育产业管理

一、体育产业管理的概念

体育产业管理是指通过计划、组织、协调、控制等管理职能,对体育产业中的各类资源如人力、物力、财力、信息等进行优化配置和高效利用,以实现体育产业的经济效益、社会效益及可

持续发展。其核心是运用管理学、经济学、营销学等理论与方法，统筹协调体育赛事、体育产品、体育服务、体育场馆、体育营销等领域的活动，平衡政府、企业、社会组织及个人等利益相关方的需求，推动体育产业健康有序发展。

二、体育产业管理的主要内容

（一）体育竞赛表演业管理

体育竞赛表演业管理是以赛事和表演活动为核心，通过系统化统筹资源、市场与风险管控，实现社会价值与经济效益的动态平衡。其核心内容涵盖赛事全流程运作：前期需精准定位市场需求，设计差异化赛事 IP，整合场馆设施、专业人员及资金赞助，构建高效执行方案；中期聚焦市场推广与品牌塑造，运用数字化营销如社交媒体、流媒体平台扩大传播，优化票务策略与观众体验，开发衍生品延伸价值链；后期则需强化风险管理，通过应急预案、法律合规及保险机制规避安全、版权等风险，同时履行社会责任，联动周边产业促进区域经济。技术应用贯穿始终，如大数据分析优化运营决策、VR/AR 提升观赛体验，推动行业智能化升级。本质上，该领域管理是艺术性与商业性的融合，既需专业执行保障赛事品质，又需前瞻布局构建可持续生态，最终打造兼具影响力与竞争力的体育品牌。

（二）体育健身娱乐业管理

体育健身娱乐业管理聚焦于以健身俱乐部、运动场馆、休闲娱乐项目为载体，通过资源整合与服务创新满足大众健康需求，兼具商业价值与社会效益。其管理核心围绕客户体验、设施运营与可持续发展展开，强调服务品质与用户黏性的长期构建。

管理内容首先聚焦需求分析与产品设计，针对不同人群开发差异化课程与娱乐项目，结合智能穿戴设备提供个性化健身方案。设施管理需保障场地安全、器械维护及环境舒适度，同时通过数字化系统优化预约、支付与会员服务流程，提升运营效率。会员体系是盈利关键，需设计分层权益，搭配社群运营增强用户归属感。营销策略侧重品牌口碑与本地化渗透，例如通过品牌与特定领域内具有专业知识、较大影响力或大量粉丝的意见领袖建立商业合作关系（KOL 合作）；开展社区健康讲座吸引潜在客群，或推出家庭套餐、企业团购拓展 B 端市场。风险管理涵盖运动伤害预防、隐私数据保护及突发应急处理，需建立标准化操作规范与保险机制。此外，行业需履行健康促进责任，例如推出公益健身课程、参与全民健身政策落地，构建"体育＋健康"的社区生态。技术应用如 AI 体测分析、VR 沉浸式健身重塑服务场景，而数据驱动的用户行为分析则助力精准营销与服务升级。本质上，该领域管理以"服务为核心"，通过精细化运营平衡用户体验与成本控制，最终实现健康消费升级与行业可持续发展。

（三）体育用品业管理

体育产业管理中的体育用品业管理涵盖从产品研发到市场服务的全产业链统筹，其核心在于通过科学规划与动态协调提升行业竞争力。这一领域需深度分析市场需求与消费趋势，结合运动科学、材料技术和智能化创新推动产品升级，例如开发轻量化装备或嵌入物联网功能的智能穿戴设备，以满足专业运动与大众健身的多元化需求。品牌建设需依托精准定位，通过赛事赞助、数字化营销和用户体验优化强化市场影响力，同时整合线上线下渠道，构建从生产到零售的高效供应链体系，注重柔性化生产和环保标准以应对成本与环保的双重挑战。全球化布局要求企业适应不同地区的文化差异与政策法规，通过跨境电商或国际合作拓展市场，而可持续发展理念则贯穿产品生命周期，从绿色制造到回收利用，兼顾社会责任与经济效益。面对健康经济、居家健身等新兴趋势，行业需借助大数据与人工智能优化运营，提升个性化服务能力,并在国际贸易波动中保持灵活应变。未来,体育用品业将更依赖科技融合与生态协同,通过创新管理模式实现智能化、绿色化转型,推动"体育＋科技""体育＋健康"等跨界业态的深度融合,从而在动态市场中持续创造价值。

(四)体育场馆业管理

体育场馆业管理是平衡公共服务与市场运营的系统工程,核心在于通过科学规划与技术创新释放场馆多元价值。规划阶段需结合城市定位与人口需求,设计多功能空间,如北京"冰丝带"采用模块化设计兼顾专业赛事与大众活动。智能化运营依托物联网与大数据,实时监测设备状态、优化人流调度。上海东方体育中心通过数字化平台实现高效票务管理。收益模式突破传统租赁,融合电竞、演出等跨界活动,提供开发培训、健康咨询等增值服务,构建"体育＋"生态。安全与可持续贯穿全周期,从抗震设计到智能电网应用,杭州奥体中心通过绿色技术显著降低能耗。社会责任体现为公益时段开放、无障碍设施完善及社区体育联动,如成都凤凰山体育公园推动青少年足球培训。政策层面需对接全民健身战略,借助行业协会促进资源共享。未来,场馆将向"健康枢纽"转型,元宇宙技术或催生虚拟观赛体验,适老化改造与小众运动设施升级成为趋势。管理者需统筹科技赋能与人文关怀,使场馆成为激活城市活力、引领健康生活的文化地标。

三、我国体育产业管理实践存在的问题

我国体育产业管理实践在快速发展中仍面临多重挑战,这些问题交织于体制机制、市场生态与创新能力等层面,制约着产业向高质量阶段跃升。

从顶层设计看,政策协同性与执行效能亟待提升。尽管国家出台多项扶持政策,但地方落实时常因部门职能分割出现"政出多门"现象,例如体育场馆建设涉及体育、住建、文旅等多部门审批,导致项目周期冗长;部分区域对体育产业的认知仍停留在"赛事经济"层面,缺乏与健康、教育、科技等领域的深度融合规划,造成资源错配。

在供需结构上,消费升级需求与产业供给能力存在错位。一方面,全民健身意识觉醒推动健身、户外运动等消费快速增长,但优质服务供给不足,如部分城市社区健身设施覆盖率不足40％,冰雪运动场馆存在"半年闲"难题;另一方面,传统体育制造企业转型缓慢,产品同质化严重,智能穿戴、虚拟运动等新兴领域研发投入不足,难以满足个性化、科技化消费趋势。

市场化程度不足是另一突出问题。国有体育资产运营效率偏低,部分大型场馆依赖财政补贴,市场化运营机制不健全,例如赛事冠名权、广告资源开发受行政干预较多,社会资本参与度受限。中小微体育企业则面临融资渠道狭窄、抗风险能力弱等困境。2022年调研结果显示,超60％的体育服务业企业存在现金流压力。此外,要素支撑体系薄弱,专业人才缺口显著。高校体育管理教育偏重理论,类似"体育＋数据""体育＋医疗"等复合型人才培养滞后;职业经理人、赛事运营等高端人才稀缺,制约行业创新活力。

更深层次上,产业创新生态尚未成熟。科技成果转化率低,产学研协作机制松散,例如运动康复器械研发多停留于实验室阶段,未能有效对接临床需求;数据资产开发滞后,场馆运营、用户行为等数据孤岛现象普遍,制约了精准营销与服务优化。同时,行业治理体系现代化进程缓慢,标准建设与监管手段相对滞后。新兴业态如电竞、智能健身等缺乏统一标准,消费者权益纠纷频发;体育培训市场准入门槛模糊、资质造假、课程质量参差不齐等问题影响行业公信力。这些问题折射出我国体育产业从规模扩张向内涵式发展转型中的阵痛,需通过深化改革、强化协同与创新驱动破局。

四、我国体育产业管理的目标与任务

我国体育产业管理的核心目标在于通过深化改革与创新驱动,推动产业从规模扩张向高质量发展转型,使其成为支撑国民经济的新增长极,并深度融入健康中国、体育强国战略。当前任务聚焦于打破供需错配、市场活力不足等瓶颈,构建覆盖全民、城乡协调、业态融合的现代体育产业体系。一方面需优化顶层设计,强化政策协同与执行效能,打破部门壁垒与区域分割,例如统筹体育场馆建设审批流程,推动"体育+教育""体育+康养"等跨领域规划落地;另一方面加速供给侧改革,引导传统制造企业向智能穿戴、虚拟运动等新兴领域升级,鼓励社会资本以 PPP 模式参与场馆运营与赛事开发,激活国有资源利用效率。消费端则着力完善社区健身设施网络,推广学校场馆错时开放,培育夜间体育、线上赛事等新场景,同时通过消费补贴、税收优惠等措施释放老年康体、亲子运动等细分市场需求。科技创新被视为关键驱动力,需构建产学研协作平台,攻关高端装备国产化与运动健康大数据应用,推动 50% 以上的大型场馆实现智慧化改造,依托物联网与 AI 技术优化人流调度、能耗管理等环节。

人才培养上,应加强"体育+科技""体育+医疗"等交叉学科建设,健全职业资格认证与行业标准,破解专业人才短缺与服务质量参差不齐的难题。国际化布局要求企业深度参与全球体育价值链,推动中超、CBA 等赛事版权输出,支持国产品牌拓展"一带一路"市场,同时完善电竞、智能健身等新兴领域监管规则,防范资本无序扩张风险。最终通过制度创新、科技赋能与生态重构,使体育产业成为促进全民健康、推动城市更新、增强文化软实力的综合性引擎,实现社会效益与市场活力的动态平衡。

五、体育产业管理体制

(一)体育产业管理体制的内涵

体育产业管理体制是指以规范体育市场、促进体育产业发展为目标,对体育产业领域中的各类资源进行有效配置和管理而建立的组织架构、管理制度、运行机制以及政策法规体系的总和。它涉及政府、市场、社会等多个主体之间的关系协调,通过合理设置管理机构、明确各主体的权限职责,制订相关政策法规以及建立有效的运行、调控和保障机制,来引导和规范体育产业的发展方向,提高体育产业的经济效益和社会效益,促进体育产业的健康、可持续发展。

(二)我国体育产业管理体制的历史沿革

1. 计划经济时期(1949—1978 年) 新中国成立初期到 1978 年,我国处于计划经济时期,体育产业尚处萌芽阶段,几乎没有真正意义上的体育产业市场。体育工作主要依靠国家财政拨款,由政府完全主导,国家体委作为最高体育管理机构,统一管理全国体育事务。期间,诞生如"黑龙""红双喜""梅花"等第一批民族体育品牌,但这些企业的生产经营活动基本在计划经济框架内,并非完全市场化的体育产业行为。

2. 初步改革阶段(1979—1992 年) 改革开放后,体育产业开始起步,体育管理体制逐渐发生变化,国家体委提出"以革命化为灵魂,以体育科学化和社会化为两翼"的改革指导方针,体育投资从单靠国家投资向以国家投资为主、社会多方筹资转变。在此期间,体育用品业率先发展,沿海地区从事体育服装、运动饮料、运动鞋等生产的劳动密集型企业增多。体育竞赛出现冠名赞助,场馆开始出租,出现一些商业性经营与创收活动,但体育产业的管理体制尚不健全,很多体育产业经营组织是由体育系统的事业单位转变来的,对体育产业的认识还停留在"体育搭台、经贸唱戏"阶段。它们一方面是体育产业的管理部门,同时也是体育产业的经营部门,政企不分现象突出,管理体制较为僵化,体育产业处于零散、自发的发展萌芽状态。

3. 深化改革阶段(1993—2010 年)　党的"十四大"确立社会主义市场经济体制后,原国家体委开始着手体育产业管理体制改革,体育产业的发展进程加快。1993 年《关于培育体育市场,加快体育产业化进程的意见》提出"面向市场,走向市场,以产业化为方向"的思路;1994 年国家体委通过运动项目管理体制与竞赛管理体制改革等,明确提出逐步实现"管体育"与"办体育"职能分离的目标,标志着体育产业管理体制进入市场管理体制的探索阶段,体育产业管理开始向市场化、社会化方向迈进。

期间,职业体育联赛兴起,体育市场逐渐活跃,体育产业的领域不断拓展,除体育用品业,体育竞赛表演、体育服务、健身娱乐等领域也开始有一定发展,体育与市场的结合更加紧密,初步形成以市场调节为主的运行机制,但仍缺乏大规模的产业创新和突破。

4. 新时代时期(2010 年至今)　国家高度重视体育产业发展,2010 年国务院办公厅印发《关于加快发展体育产业的指导意见》,2014 年国务院印发《关于加快发展体育产业促进体育消费的若干意见》,2019 年国务院办公厅印发《关于促进全民健身和体育消费　推动体育产业高质量发展的意见》等一系列政策文件的出台,为体育产业发展营造良好政策环境,政府职能进一步转变,市场在资源配置中的作用日益凸显,体育产业管理体制不断完善。

期间,"全民健身"战略的提出与马拉松等体育赛事的井喷式发展,推动体育产业与旅游、健康等产业的深度融合,体育产业规模快速增长,形成以竞赛表演、健身休闲为引领,体育场馆服务、体育培训、体育传媒、体育用品制造和贸易等共同发展的产业体系。

(三)我国现行体育产业管理体制存在的问题

1. 政府、市场、社会等多元主体共同治理体系还不完善　政府逐渐从直接管理者转变为政策制定者、市场监管者和公共服务提供者,减少对微观经济活动的直接干预,加强宏观调控和市场监管。市场在体育资源配置中发挥着越来越重要的作用,各类体育企业成为市场主体,通过竞争机制实现资源的优化配置。社会组织如体育协会、俱乐部等通过市场化运作也积极参与到体育产业的管理和运营中,在赛事组织、培训服务等方面发挥着独特作用。

2. 支撑体育产业可持续发展的政策法规需进一步规范　政府出台以《体育法》为核心,配套《全民健身条例》《"十四五"体育发展规划》等,涵盖赛事管理、场馆运营、彩票发行等领域的一系列政策法规支持体育产业发展。一方面,要加大财政、税收、土地等方面的优惠政策力度,吸引社会资本投入体育产业。另一方面,要不断建立健全体育产业政策法规体系,加强对体育市场的规范和引导,保障体育产业各参与主体的合法权益,促进体育产业的健康有序发展。

(四)我国体育产业管理体制改革方向与措施

1. 去行政化:推动政府职能深度转型

(1)职能重构:从"全能型政府"转向"有限型政府",深化"放管服"改革,剥离赛事运营、场馆管理等微观事务,重点履行政策制定、市场监管、公共服务等核心职能。

(2)简政放权:全面清理体育领域行政审批事项,释放社会资本进入体育培训、赛事承办等领域的活力。

(3)政社分开:推进体育协会与行政机关脱钩,赋予行业组织自主权,建立法人治理结构,实现协会实体化运作。在足球、篮球等职业体育领域率先实施管办分离,建立独立于行政体系的联赛管理机构。

2. 市场化与社会化:激活多元主体协同治理

(1)资源配置市场化:建立体育产权交易平台,推动赛事 IP、运动员转会等要素的市场化定价与流通。

（2）社会力量培育：鼓励企业、社会组织参与公共体育服务供给，推广"政府购买服务＋社会资本运营"模式。

（3）职业体育深化：构建"职业联盟—俱乐部—青训体系"全链条市场化运营机制，完善运动员薪酬、转会等市场规则。

3. 法治化：构建现代体育治理框架

（1）立法完善：出台以《体育法》为核心的配套法规，明确政府、市场、社会的权责边界，建立体育产业基本法体系。

（2）标准统一：制订赛事安全、场馆运营、体育培训等领域国家标准，建立体育服务认证制度。

（3）执法强化：设立体育市场综合执法机构，运用信用监管、智慧监管等手段打击虚假宣传、违规博彩等行为。

（4）争议解决机制：建立体育仲裁委员会，完善运动员权益保护、赛事纠纷调解等法律救济渠道。

（5）国际规则接轨：研究国际体育组织治理规范，推动我国体育标准与 ISO 体系互认，提升全球治理话语权。

第三节　我国体育产业发展现状与存在的问题

近年来，伴随经济社会的迅猛发展，国家政策的战略性引导与制度性支持，社会资本持续注入体育产业，公众的体育消费意识与消费能力持续增强，为体育产业的发展带来前所未有的历史机遇，促进体育产业的迅猛增长。体育产业的规模持续扩大，体育产业结构日益优化，体育消费市场的潜力巨大。

一、我国体育产业发展现状与特点

（一）我国体育产业总体规模逐步扩大

依据国家体育总局与国家统计局共同发布的统计数据，我国体育产业的总产出呈现出先降后升的发展趋势。总体而言，2019 年至 2020 年期间，由于新冠疫情的冲击，体育产业经历下降阶段，2020 年的总产出相较于 2019 年下降 7.2%（见表 8-1）。进入 2021 年，随着疫情的缓解以及"十四五"规划的实施，全国体育产业展现出迅猛的发展势头。体育产业的总产出突破 3 万亿元大关，增加值从 2020 年的 10 735 亿元增长至 2023 年的 14 915 亿元，其在国内生产总值中的占比亦逐步上升。全国体育产业的总产出逐年增长，各细分行业的规模均有所扩大，增加值亦呈现出稳步上升的趋势。这一现象表明，近年来，得益于经济社会发展环境的积极影响、政策的有效支持、社会资本的积极投入以及居民体育消费意识与消费能力的持续提升，体育产业的规模逐步扩大，经济效益日益凸显。

（二）我国体育产业各部门发展情况分析

我国体育产业的各个分支行业在发展规模与增长速度上表现出显著的异质性。具体而言，尽管体育健身休闲活动和体育竞赛表演活动有所发展，但作为体育产业的主体部分，对整个体育产业发展的贡献率相对较低。相比之下，体育用品制造业依然是该产业的支柱。体育

表 8-1 我国体育产业总产出和增加值比较（2019—2023 年）

产业类别名称	总产出					增加值				
	2019 年	2020 年	2021 年	2022 年	2023 年	2019 年	2020 年	2021 年	2022 年	2023 年
体育产业	29 483	27 371	31 175	33 008	36 741	11 248	10 735	12 245	13 092	14 915
其中：体育服务业	14 930	14 136	16 591	17 779	21 046	7 615	7 374	8 576	9 180	10 849
体育管理活动	866	880	975	1 143	1 454	452	459	515	599	689
体育竞赛表演活动	309	273	343	388	752	122	103	129	145	300
体育健身休闲活动	1 797	1 580	1 877	1 921	1 760	832	736	892	962	1 378
体育场地和设施管理	2 749	2 149	2 833	3 046	3 381	1 012	808	1 031	1 106	1 289
体育经纪与代理，广告与会展、表演与设计与服务	393	316	378	370	676	118	98	119	113	239
体育教育与培训	1 909	2 023	2 272	2 338	2 851	1 525	1 612	1 795	1 888	2 278
体育传媒与信息服务	706	847	1 045	1 329	1 359	285	339	406	452	502
体育用品及相关产品销售、出租与贸易代理	4 501	4 514	5 145	5 397	5 429	2 562	2 574	2 955	3 119	1 359
其他体育服务	1 770	1 554	1 725	1 847	2 384	707	645	733	796	1 015
体育用品及相关产品制造	13 614	12 287	13 572	14 259	14 696	3 421	3 144	3 433	3 686	3 832
体育场地设施建设	940	948	1 012	970	999	212	217	236	226	234

数据来源：根据国家统计局与国家体育总局联合发布的统计数据整理而成。

注：体育产业总产出，指一个国家所有常住单位在一定时期内生产的所有体育货物和服务的价值。
体育产业增加值，指一个国家所有常住单位一定时期内进行体育产业生产活动而创造的增加值。

服务业(涵盖除体育用品及相关产品制造业、体育场地设施建设之外的其他 9 个主要类别)构成体育产业发展的核心与关键环节,其产值在体育产业总产出中的占比能够体现体育核心产业的发展水平。根据统计数据,我国体育产业总产出的构成中,体育服务业的总体占比偏低,且其内部不同行业的发展规模也存在显著差异,例如体育场馆服务与健身休闲业在不同区域的发展差异尤为突出。

根据 2019 年至 2023 年期间的体育产业统计数据(见图 8-1),尽管 2019 年末新冠疫情的暴发对 2020 年体育产业的各个领域产生显著的负面影响,但纵观 5 年的发展历程,全国体育产业的总产出与增加值整体上呈现出增长态势。尽管各行业的增长速率存在差异,但总体上呈现出持续扩张的趋势。具体到各个行业,体育用品及相关产品的制造、销售代理与租赁业展现出迅猛的增长势头,而体育教育培训、体育场馆服务、体育健身休闲活动等行业也呈现出快速发展的趋势。这些行业之间相互促进,共同推动我国体育产业的全面进步。

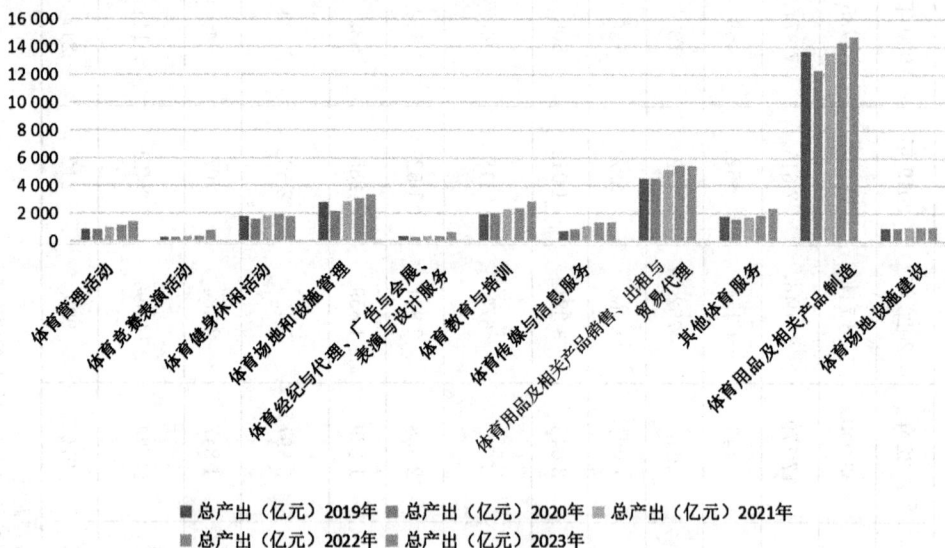

图 8-1 体育产业各行业总产出(2019—2023 年)
数据来源:根据国家体育总局与国家统计局联合发布的统计数据整理而成。

根据统计数据分析,我国体育产业的经济效应日益凸显,各行业产出呈现上升趋势。体育用品及相关产品制造依然是我国体育产业的主导产业,同时体育服务业的各个领域也展现出强劲的发展活力。体育教育培训、体育健身休闲活动的增长尤为显著。近年来,我国各级政府对体育场馆、健身步道、体育公园等体育设施的建设投入持续增加,民众的体育消费意识得到加强,经济收入水平不断提升,体育消费能力亦随之增强,这些因素共同推动体育产业的发展。总体而言,尽管近年来我国体育产业中不同行业的发展速度存在差异,规模也各不相同,但均展现出蓬勃的发展态势。未来,体育产业的市场空间预期将持续扩大,小城镇体育产业在时代机遇与政策导向的共同作用下,将逐步萌芽并发展。

(三) 近年我国体育产业发展的特点

1. 融合发展形成多元模式 随着时代的发展,体育产业与其他产业的融合程度日益加深,形成所谓的"体育+"的多元发展模式。这种模式下,体育不再是一个孤立的领域,而是与旅游、教育、文化、康养等多个领域实现深度融合。这种跨界合作催生体育旅游、体育康养、体育文创等一系列新兴业态,极大地丰富体育产业的内涵和外延。此外,体育赛事与商业活动、文化活动的结合也变得越来越紧密,这种趋势不仅为体育赛事本身带来新的活力,也推动体育产业的物理空间不断扩张,为相关产业的发展提供新的增长点。

2. 技术创新赋能,数字化绿色化双轮驱动 科技创新与绿色可持续发展已经成为推动体育产业发展的核心力量。智能穿戴设备、虚拟现实(VR)、增强现实(AR)、大数据分析以及人工智能等先进技术在体育领域的不断渗透和应用,不仅极大地提升体育训练和比赛的科学性和精确度,而且为广大的体育爱好者带来前所未有的体验感。例如,抖音平台利用先进的数据分析技术和精准的内容推送机制,成功地将体育赛事的相关内容精准地分发给数以千万计的用户,从而实现赛事版权方、内容分发平台以及广大观众之间的共赢局面。同时,绿色场馆的建设也取得显著进展,越来越多的体育场馆开始采用节能材料和设备,减少能源消耗和碳排放。例如,杭州亚运会实现"碳中和",体育赛事中废弃物的回收和处理也得到越来越多的关注,许多赛事组织者开始实施垃圾分类和回收计划,以减少对环境的影响。

3. 区域发展差异化,产业集群效应显著 核心城市群的引领作用显著。在长三角地区,体育产业已经成为推动经济增长的重要力量,其产值占到 GDP 的 1.4%。与此同时,京津冀地区通过成功举办冬奥会,有效带动冰雪产业集群的发展,为全国贡献超过 1/3 的增加值。在福建和广东,体育用品制造业基地的建设也取得显著成效,众多知名品牌如安踏、李宁等在此集聚,形成强大的品牌效应。这些地区的区位熵指数在全国范围内处于领先地位,充分展示其在体育产业中的核心竞争力。

地方通过探索和利用地方独特的资源与文化,成功地激活本地特色模式。例如,贵州"村超",作为贵州省的一项创新实践,通过整合文体旅产业资源,为乡村振兴注入新的活力。不仅有助于提升乡村的经济发展水平,还能促进文化传承和生态保护,实现乡村的可持续发展。另一方面,在新疆和内蒙古,户外运动旅游成为一种新的经济增长点。这两个地区以其广阔的草原、壮丽的山脉和独特的民族风情,吸引众多户外运动爱好者和旅游者。通过发展徒步、骑马、射箭等特色旅游项目,新疆和内蒙古不仅推广当地的文化,还为当地居民创造就业机会,增加收入,进一步推动当地经济的多元化发展。

4. 政策红利持续释放,顶层设计引领发展 国家和地方政府出台一系列政策支持体育产业发展,形成宏观政策引领、专项规划支撑、地方政策协同的政策体系,不仅推动体育产业的规模扩张,还促进体育产业的高质量发展。政策目标导向明确,根据《体育强国建设纲要》,到 2025年,我国体育产业的总规模将努力突破 5 万亿元大关,到 2035 年,体育产业有望成为国民经济的支柱性产业。此外,《全民健身计划》也提出具体的发展目标,旨在推动体育设施的广泛覆盖,确保到 2025 年每个县和街道都能达到 100% 的覆盖率。同时,该计划还致力于提升人均体育消费水平,以促进全民健康和体育产业的繁荣发展。此外,政府通过产业基金的投入以及税收减免政策,例如为高新技术企业提供税率优惠等措施,进一步加大对企业创新活动的支持力度。

5. 国际化进程加速,机遇与挑战并存 中国体育产业的国际化步伐加快,通过引进国际顶级赛事、与国际体育组织合作等方式,不断提升自身的国际影响力和竞争力。例如,2024 年我国电子竞技产业实际销售收入达 275.68 亿元,其中直播收入占比最大,显示出国际赛事和内容传播的强劲带动作用。高质量的竞赛表演业通过赛事类型、规模和质量的综合提升,进一步培育和释放赛事经济潜力。例如,斯诺克上海大师赛、中国网球公开赛等品牌赛事的商业吸引力持续增强。

随着中国自主品牌的崛起,越来越多的企业开始寻求国际市场的发展机会。李宁和匹克作为国内知名的体育用品品牌,通过赞助国际重大体育赛事,如美国职业篮球联赛和奥运会,显著提升其在全球范围内的品牌影响力和知名度。这种策略不仅增强品牌的国际形象,还促进产品的销售和市场占有率的提升。根据最新的市场报告,2024年健身器材的出口量在东南亚市场实现超过20%的高速增长,表明中国自主品牌在国际市场的竞争力正在不断增强,同时也反映东南亚地区对于健康生活方式的日益重视和健身器材需求的持续增长。

二、我国体育产业发展存在的问题

(一)区域发展不平衡,协同机制有待完善

我国体育产业在区域分布上呈现显著的不均衡特征,形成"东强西弱"的地域差异。东部地区依托经济优势、消费市场活跃以及基础设施完善,形成以长三角、珠三角为核心的产业集群。体育服务业、数字体育等新兴业态发展迅速,例如浙江、广东等地通过赛事经济、智慧体育等模式推动体育产业规模的提升;相比之下,中西部和东北地区受限于经济发展水平、消费能力不足以及政策支持不足,体育产业仍以传统制造业和低附加值服务业为主,产业链条短且缺乏协同联动机制,体育产业贡献较低。例如湖北省虽在冰雪装备、水上运动器材等领域取得突破,但整体产业规模仍远低于东部省份。区域间政策衔接不畅、资源共享平台缺失,导致中西部难以承接东部产业转移,形成全国统一的体育要素市场。

《"十四五"体育发展规划》明确提出"促进区域体育协调发展",要求通过建立区域体育发展联盟、推动资源共享和制度对接,缩小区域差距。然而,当前区域协同政策仍以宏观指导为主,缺乏具体的利益分配机制和市场化合作平台,亟待通过政策细化与机制创新实现均衡发展。

(二)产业结构不合理,体育服务业亟待提升

《"十四五"体育发展规划》将"打造现代体育产业体系"列为重点任务,提出加快形成以健身休闲业、竞赛表演业等为龙头,高端制造业与现代服务业融合发展的体育产业体系。而当前我国体育产业结构呈现"制造业主导、服务业滞后"的特征,这一结构性问题导致产业链附加值偏低,消费潜力未充分释放,抗风险能力弱。对于体育服务业,尽管全民健身政策推动消费需求增长,但有效供给不足问题突出、高端赛事稀缺、健身服务标准化程度低、体医融合等新兴业态发展缓慢。此外,体育与文化、旅游等产业的融合度不足,未能充分释放"体育+"的复合经济价值。同时还面临传统制造业依赖路径难以突破,中小企业转型动力不足与体育服务业标准化建设滞后,市场监管与信用体系不完善的问题,制约服务质量提升。

(三)数字化转型面临技术困境,产业价值链挖掘不足

技术瓶颈制约体育产业的智能化升级。在硬件层面,VR/AR设备存在沉浸感不足、成本高昂等问题,5G技术在运动场景中的应用仍处于探索阶段。例如,虚拟观赛的实时交互技术尚未突破的高延迟瓶颈,影响用户体验。在数据要素利用方面,体育数据采集标准不统一、算法模型开发滞后,导致运动表现分析、健康管理等场景的数据价值挖掘不足。产业价值链方面,传统体育企业多集中于生产制造环节,对设计研发、品牌营销等高附加值环节投入不足。以智能健身设备为例,国内企业多聚焦硬件生产,而配套的AI课程、健康管理平台等软件服务仍依赖外部技术合作。

技术瓶颈导致转型成本高企:一方面,中小体育企业缺乏自主研发能力,依赖外部技术引进;另一方面,数据孤岛现象普遍,跨行业数据共享机制缺失,限制产业价值链的协同挖掘。

(四)人才短缺与创新管理能力不足

体育产业人才结构性矛盾突出,具体表现为"三缺":一是复合型管理人才匮乏,既懂得体育规律,又熟悉市场运营的跨界管理者不足;二是数字化技术人才稀缺,大数据分析、智能设备研发等

领域存在巨大缺口;三是国际化人才储备薄弱,熟悉国际体育规则和品牌运作的专业人员不足。

高校人才培养体系与产业需求脱节,传统体育院校偏重运动训练,与产业实践脱节,而新兴的数字体育、体育经济等交叉学科建设滞后。企业层面,内部培训体系不完善,导致人才梯队断层。中小型体育企业研发投入占比较低,低于发达国家平均水平,导致产品创新力和管理效率低下。此外,管理创新能力不足导致问题进一步加剧:多数企业沿用传统粗放式管理模式,缺乏对市场趋势的预判能力,难以适应消费者需求升级和全球化竞争。

(五)国际品牌影响力不足

我国体育品牌主要集中在代工和中低端市场,缺乏具有全球竞争力的高端品牌,在国际市场中仍处于"大而不强"的状态。品牌建设滞后主要体现在三个方面:一是核心技术专利储备不足,例如高端跑鞋的中底材料技术长期被国外垄断;二是文化输出能力弱,缺乏具有全球辨识度的品牌叙事;三是国际化营销网络不完善,海外市场渠道依赖代理商模式,本土化运营能力不足。以冰雪装备为例,尽管湖北翔驰等企业产品已达国际标准,但品牌认知度仍局限于区域市场,未能形成如 Burton、Atomic 等品牌的全球影响力。安踏、李宁等头部企业虽通过并购国际品牌提升知名度,但自主品牌的技术创新能力和文化输出能力仍较弱。例如,国产运动装备在材料科技、设计理念上与耐克、阿迪达斯存在差距。

体育品牌建设面临多重阻力:一是知识产权保护机制不完善,原创技术易被模仿;二是国际化营销网络建设滞后,海外市场渗透率低;三是体育文化叙事能力薄弱,未能将中华文化元素有效融入品牌价值体系。

第四节　我国体育产业发展策略

一、体育产业发展的战略目标与原则

(一)战略目标

1. 短期目标　优化产业结构,提升体育服务业比重。聚焦产业结构优化,着力提升体育竞赛表演、健身休闲等服务业占比,2025 年体育产业总规模达到 5 万亿元,增加值占国内生产总值的比重达到 2%,居民体育消费总规模超过 2.89 万亿元,从业人员超过 800 万人。

2. 中期目标　推动体育产业数字化转型,培育新质生产力。重在产业数字化转型,培育智慧场馆运营、虚拟赛事体验等新业态,形成基于大数据、人工智能的新质生产力。

3. 长期目标　实现体育产业高质量发展,打造国际知名体育品牌。锚定高质量发展,以《体育强国建设纲要》提出的"打造具有国际竞争力的体育企业"为指引,推动李宁、安踏等龙头企业建立全球供应链体系,在体育装备制造、赛事 IP 运营等领域形成国际话语权。

(二)战略原则

1. 坚持问题导向,聚焦重点领域和关键环节　针对体育场地设施利用率不足、职业联赛商业化程度偏低等瓶颈问题,重点突破《全民健身计划(2021—2025 年)》中强调的场地设施短板和职业体育改革等关键环节。

2. 强化创新驱动,推动科技与体育深度融合　贯彻《关于推进体育公园建设的指导意见》提出的"科技＋体育"融合路径,支持可穿戴设备、运动生物力学分析等技术创新,建立产学研协同创新平台。

3. 注重协调发展，促进区域、产业间协同共进　落实国家发展改革委《促进消费实施方案》关于"区域体育产业协同发展"的部署，通过建立京津冀冰雪产业带、长三角电竞产业集群等载体，形成差异化发展的产业格局。这些原则的贯彻实施，将推动我国体育产业沿着集约化、智能化、国际化方向持续发展。

二、体育产业发展的策略与路径

（一）深化供给侧结构性改革

1. 创新体育服务供给，开发全生命周期的体育产品　构建覆盖全生命周期的体育服务体系，重点发展青少年体育培训、职场健身管理等细分领域。

2. 提升体育用品质量，满足个性化、差异化需求　支持企业研发智能穿戴设备，推广 3D 足部扫描技术生产定制化运动鞋，提升产品个性化水平。推进智慧社区健身中心建设，完善城乡体育设施网络，落实《全民健身计划》相关要求。

（二）推动产业融合发展

实施"体育＋"行动，深化体旅、体教、体卫融合。实施"体育＋文旅"工程，打造环青海湖自行车赛等国家级体旅项目，开发冰雪运动旅游线路。深化体教融合，建设 200 个青少年体育训练基地，推动学校体育场馆社会化运营。推进体卫融合试点，在 10 个重点城市建立运动处方门诊，探索慢性病运动干预模式，并同时推动体育与科技、文化、健康等产业协同创新。

（三）加强科技赋能与创新模式

加大科技投入，推动 5G、VR/AR 等技术在体育领域的应用。推广 5G＋VR 技术在 CBA 等顶级赛事中的直播应用，实现 8K 超高清直播全覆盖。研发运动损伤 AI 评估系统，赋能国家队科学训练。培育数字体育经济生态，打造智能化体育消费场景。建设智能体育场馆管理系统，开发"运动银行"APP 实现运动数据兑换消费权益，培育数字化体育消费生态。

（四）优化人才培养与引进机制

完善体育产业人才培养体系，加强校企合作。在高校设立体育科技交叉学科，引进高层次科技创新人才，优化人才激励机制。实施体育人才专项计划，引进国际赛事运营团队，对智能体育研发团队给予税收优惠。

（五）拓展国际合作与市场

借助"一带一路"倡议，加强与亚洲及世界各国的体育产业合作。深化"一带一路"体育合作，建设海外体育训练中心，举办跨国电竞、自行车等品牌赛事。推动体育赛事国际化，提升国际体育市场份额。支持本土体育品牌拓展国际市场，降低跨境贸易壁垒。培育自主知识产权赛事 IP，推动体育服务贸易规模提升，助力本土企业跻身全球体育产业前列。

三、体育产业发展的政策支持与保障

（一）政策支持体系

完善财政、税收、金融政策，支持体育企业发展。建立财政—税收—金融联动机制，设立国家级体育产业引导基金，重点支持智慧场馆、职业青训和装备制造升级。落实中小体育企业所得税减免政策，健身场所能源费用按民用标准执行。

制订体育产业专项政策，引导社会资本投入。推出专项"体育贷"金融服务，提供低息贷款支持中小微企业，试点冰雪运动、电竞主题债券发行。鼓励社会资本通过 PPP 模式参与体育基础设施建设，对重大投资项目给予用地政策倾斜，分阶段建设国家级体育产业融合示范区。

（二）市场规范与监管

加强体育市场法律法规建设，规范市场秩序。修订《体育法》强化产业监管，制订赛事转播、运动员经纪等细分领域管理细则。建立体育产业诚信体系，优化市场环境。构建全国体育信用平台，实施企业信用分级管理，对虚假宣传、预付卡违规等行为联合惩戒。

（三）科技创新与国际合作推动

实施体育科技专项攻关计划，聚焦运动生物力学分析、智能穿戴设备等关键技术突破，建设国家级体育技术创新中心。推广"5G＋XR"技术应用于训练场景，赋能专业运动队数字化训练转型。深化国际技术合作，引进国际先进青训体系与赛事运营经验，建设跨国体育技术合作枢纽。推动中国电竞标准与国际接轨，支持本土企业设立海外研发中心，组织体育科技企业参与国际交流，推动智能健身器材等产品纳入全球供应链体系。

第五节　我国体育产业管理创新策略

一、构建产业创新生态系统

（一）政策驱动的创新创业激励机制

政策在体育产业创新生态系统中起着引领和导向的关键作用。政府通过制订一系列鼓励创新创业的政策，能够激发市场主体的积极性和创造性，为体育产业的创新发展注入强大动力。

1. 财政补贴与税收优惠　政府应设立专项财政资金，对从事体育科技创新、商业模式创新的企业给予直接补贴。例如，对于研发新型体育智能装备的企业，根据其研发投入的一定比例给予补贴，以降低企业的创新成本。在税收方面，对体育创新企业实施税收减免政策。如对符合条件的体育高新技术企业，减免税率征收企业所得税；对企业用于体育科技创新的研发费用，允许在计算应纳税所得额时加计扣除。这些政策能够直接减轻企业负担，提高企业创新的收益预期，吸引更多资金投入到体育产业创新领域。

2. 创新奖励制度　设立体育产业创新大奖，对在技术创新、产品创新、服务创新等方面取得突出成就的企业和个人给予表彰和奖励。奖项可以涵盖多个领域，如最佳体育科技创新奖、最佳体育商业模式创新奖等。奖励形式不仅包括现金奖励，还可以包括荣誉证书、政策倾斜等。通过树立创新榜样，在全行业营造出鼓励创新、尊重创新的良好氛围，激发更多企业和个人投身于体育产业创新实践。

3. 人才激励政策　体育产业创新离不开高素质的人才支持。政府应出台一系列人才激励政策，吸引和留住优秀的体育产业人才。例如，为体育产业高端人才提供住房补贴、子女入学优惠等政策待遇，解决他们的后顾之忧。设立人才发展专项资金，支持体育产业人才的培训和进修，提升他们的专业素养和创新能力。同时，鼓励高校和科研机构与体育企业开展产学研合作，促进人才的流动和共享，为体育产业创新提供坚实的人才保障。

（二）深化体育产业"放管服"改革

"放管服"改革是优化体育产业营商环境、激发市场活力的重要举措。通过简政放权、加强监管、优化服务，能够为体育产业创新生态系统的构建创造更加宽松、公平的市场环境。

1. **简政放权,降低市场准入门槛** 进一步简化体育产业相关行政审批事项和流程,减少企业办事环节和时间成本。例如,对体育赛事举办的审批,实行告知承诺制,只要企业满足基本条件并作出承诺,即可先行举办赛事,事后再进行监管。放宽体育产业市场准入条件,降低注册资本、场地设施等方面的限制,鼓励各类市场主体参与体育产业发展,激发市场活力。同时,推进体育领域投资项目在线审批监管平台建设,实现审批事项的网上办理、一站式服务,提高审批效率。

2. **加强事中事后监管** 在放宽市场准入的同时,要加强对体育产业市场的事中事后监管,维护市场秩序。建立健全以"双随机、一公开"监管为基本手段、以重点监管为补充、以信用监管为基础的新型监管机制。通过随机抽取检查对象、随机选派执法检查人员,并及时公开检查结果,提高监管的公正性和透明度。加强对体育产品和服务质量的监管,建立质量追溯体系,对质量不合格的企业依法进行处罚,保障消费者权益。同时,利用大数据、人工智能等技术手段,加强对体育产业市场的监测和分析,及时发现和处理市场异常情况。

3. **优化服务,提升企业获得感** 政府部门要转变服务理念,主动为体育企业提供优质服务。建立体育产业服务平台,为企业提供政策咨询、项目对接、人才招聘、金融服务等一站式服务。加强对体育企业的培训和指导,帮助企业了解最新政策法规和市场动态,提升企业的经营管理水平。积极协调解决企业在发展过程中遇到的困难和问题,如土地使用、融资等问题,为企业发展创造良好的外部环境。此外,还可以通过举办体育产业展会、论坛等活动,为企业搭建交流合作的平台,促进体育产业资源的优化配置。

(三)重点领域专项扶持政策

针对体育产业中的重点领域,制订专项扶持政策,能够集中资源,突破关键环节,带动整个体育产业的创新发展。

1. **电竞产业专项扶持** 电竞产业作为新兴的体育产业领域,具有巨大的发展潜力。政府应出台专项扶持政策,推动电竞产业规范化、专业化发展。在产业园区建设方面,支持各地建设电竞产业园区,为电竞企业提供集中办公、赛事举办、人才培养等一站式服务。对入驻园区的电竞企业给予租金补贴、税收优惠等政策支持。在赛事举办方面,鼓励举办各类国际、国内高水平电竞赛事,对赛事主办方给予资金补贴和政策支持。加强对电竞人才的培养,支持高校开设电竞相关专业,建立电竞人才培训基地,为电竞产业发展提供人才支撑。同时,加强对电竞产业的监管,规范电竞市场秩序,促进电竞产业健康发展。

2. **智能装备产业专项扶持** 随着科技的不断进步,智能体育装备市场需求日益增长。政府应加大对智能体育装备产业的扶持力度。在研发投入方面,设立智能体育装备研发专项基金,支持企业开展核心技术研发,如传感器技术、人工智能技术在体育装备中的应用等。对研发出具有自主知识产权的智能体育装备的企业给予奖励。在产业标准制订方面,加快制订智能体育装备的行业标准和规范,引导企业提高产品质量和技术水平。加强对智能体育装备产业的品牌培育,支持企业打造具有国际竞争力的智能体育装备品牌。此外,还可以通过政府采购等方式,扩大智能体育装备的市场应用,促进产业发展。

3. **赛事 IP 专项扶持** 赛事 IP 是体育产业的核心资源之一。政府应制订赛事 IP 专项扶持政策,鼓励培育和打造具有国际影响力的体育赛事 IP。在赛事培育方面,对新创办的具有创新性和发展潜力的体育赛事给予资金支持和政策指导,帮助赛事逐步发展壮大。对已经具有一定知名度的赛事,支持其提升赛事品质和影响力,如引进国际高水平运动员参赛、提高赛事转播质量等。在赛事 IP 保护方面,加强知识产权保护力度,打击侵权行为,维护赛事主办方和相关权利人的合法权益。同时,鼓励赛事 IP 的商业化开发,通过授权、合作等方式,拓展赛事 IP 的产业链,提高赛事 IP 的商业价值。

(四) 政企协同的"双创"孵化基地建设

建设政企协同的"双创"孵化基地,能够为体育产业创新创业企业提供良好的孵化环境和服务支持,加速创新成果的转化和应用。

1. **基地建设模式** 政府和企业可以通过多种方式合作建设"双创"孵化基地。一种模式是政府提供土地、基础设施等硬件资源,企业负责基地的运营管理和服务提供。例如,政府划拨土地建设体育产业孵化园区,企业通过竞标的方式获得园区的运营权,负责园区内企业的引进、培育和服务工作。另一种模式是政府和企业共同出资成立运营公司,负责基地的建设和运营。政府以资金、政策等形式入股,企业以资金、技术、管理经验等入股,双方按照股权比例分享收益和承担风险。这种模式能够充分发挥政府和企业的各自优势,实现资源共享、互利共赢。

2. **孵化服务体系** 孵化基地要建立完善的孵化服务体系,为入驻企业提供全方位的服务支持。在创业辅导方面,邀请行业专家、成功企业家为入驻企业提供创业培训、项目策划、市场分析等辅导服务,帮助企业提升创业能力。在技术支持方面,搭建公共技术服务平台,为企业提供研发设备、测试平台等技术资源共享服务,降低企业研发成本。在融资服务方面,与银行、投资机构等建立合作关系,为入驻企业提供融资渠道,如创业贷款、风险投资等。同时,为企业提供法律咨询、财务代理、人力资源服务等基础服务,帮助企业解决日常运营中的各种问题。

3. **企业培育与发展** 孵化基地要制订科学的企业培育计划,根据入驻企业的不同发展阶段,提供有针对性的服务和支持。对于初创期企业,重点帮助其完善商业模式、开展市场推广,提高企业的生存能力。对于成长期企业,支持其扩大生产规模、加强技术创新,提升企业的市场竞争力。通过举办创业大赛、项目路演等活动,为企业搭建展示和交流的平台,促进企业与投资机构、上下游企业的对接合作,推动企业快速发展。对于发展成熟的企业,鼓励其走出孵化基地,实现独立发展,同时吸引更多优质初创企业入驻,形成良性循环。

构建体育产业创新生态系统是一项系统工程,需要政府、企业、高校、科研机构等各方共同努力。通过实施政策驱动的创新创业激励机制、深化"放管服"改革、制订重点领域专项扶持政策以及建设政企协同的"双创"孵化基地等措施,能够营造出有利于体育产业创新发展的良好环境,推动体育产业不断创新升级,实现高质量发展。

二、数字技术驱动的体育产业变革

(一) 体育大数据平台与智能决策系统构建

体育大数据平台的建设已成为现代体育产业数字化转型的核心基础设施。该平台通过整合多源异构数据资源,包括运动员训练数据、赛事运营数据、观众消费数据以及市场环境数据等,形成覆盖体育产业全链条的数据资产池。在技术架构层面,平台通常采用分布式存储系统与云计算技术实现海量数据的高效管理,运用数据清洗、特征工程等方法提升数据质量,结合机器学习算法挖掘数据潜在价值。智能决策系统的构建依托于大数据平台的底层支撑,通过建立预测模型、优化算法和知识图谱,为体育组织的战略规划、资源配置和风险管控提供决策支持。在竞技体育领域,系统可实现运动员选材评估、训练方案优化和伤病风险预测;在体育经济领域,则能辅助制订市场拓展策略和投资决策。这种数据驱动的管理模式有效提升决策的科学性,推动体育产业从经验导向向实证导向转变。

值得注意的是,数据安全与隐私保护是平台建设的重要伦理边界。需通过区块链技术实现数据确权与访问控制,采用联邦学习等隐私计算技术确保数据在流通过程中的安全性。同时,跨部门、跨行业的数据共享机制需在合规框架下推进,打破"数据孤岛"现象,释放数据要素的协同价值。

(二)数字技术在体育中营销管理的创新应用

数字技术重构体育营销的底层逻辑,推动营销模式从单向传播向交互式、场景化方向演进。用户画像技术通过整合社交媒体行为、消费记录与观赛偏好等多维度数据,构建动态更新的标签体系,实现目标受众的精准分层。基于此,个性化推荐算法可针对不同群体设计差异化的内容推送策略,例如通过协同过滤算法匹配用户兴趣与品牌活动,提升转化效率。

虚拟现实(VR)与增强现实(AR)技术创造沉浸式营销场景,突破物理空间限制。品牌方可利用虚拟场馆、数字代言人等载体,打造互动体验空间,增强用户情感共鸣。通过 AR 技术将品牌元素嵌入赛事直播画面,形成虚实融合的广告曝光。区块链技术在数字资产领域的应用进一步拓展营销边界,非同质化代币(NFT)为体育 IP 衍生品提供去中心化确权与交易渠道,粉丝代币则通过社区治理机制增强用户参与感,形成新型粉丝经济生态。

动态内容生成技术依托自然语言处理与图像识别算法,实现营销素材的自动化生产与适配。基于赛事实时数据自动生成图文报道、短视频集锦等内容,并通过多平台分发策略扩大传播覆盖面。跨渠道营销效果评估系统整合点击率、转化率与情感分析数据,利用归因模型量化各环节贡献度,为策略优化提供依据。这一过程中,需关注技术工具与人文创意的平衡,避免过度依赖算法导致内容同质化。

(三)数字技术在体育赛事管理中的创新应用

数字技术贯穿赛事管理的全生命周期,显著提升运营效率与服务质量。在筹备阶段,智能排期系统通过约束规划算法,综合场馆可用性、参赛队伍日程、转播权分配等复杂变量,生成最优赛程方案,降低资源冲突风险。物联网技术的应用构建立体化监控网络:运动员可穿戴设备实时采集心率、位移等生物力学数据;智能传感器监测场地温湿度、照明强度等环境参数;器械状态检测系统通过振动分析与故障预测保障设备安全。

人工智能技术在裁判辅助领域取得突破,计算机视觉系统通过多机位视频流分析,结合动作识别模型与规则数据库,对争议判罚提供实时参考意见。在观众服务方面,增强现实技术提供多视角观赛、战术路径可视化等功能,数字孪生技术则支持虚拟座位选择与场景漫游,提升观赛体验。安防系统整合人脸识别、行为识别与密度感知技术,通过机器学习模型识别异常行为模式,结合人流模拟预测技术优化应急预案。

赛事后期,运营分析平台对票务销售、媒体曝光、商业合作等数据进行深度挖掘,通过关联规则分析揭示潜在商业价值点。通过分析观众消费行为与赛事热度的相关性,为赞助商权益激活提供策略支持。技术应用的深化需平衡效率与伦理,例如裁判辅助系统应明确技术介入的边界,保留人类裁判的最终决策权。

(四)数字技术在体育场馆管理中的创新应用

智能化改造推动体育场馆向智慧服务综合体转型。智慧场馆管理系统的构建,更是将场馆运营效率提升至全新高度。该系统以物联网、大数据、云计算等技术为基础,实现场馆设备设施的全面在线监控、智慧运维巡检及节能低碳运营,预测性维护系统有效降低运维成本。管理者可以随时随地掌握设备运行状态,及时调整管理策略,确保场馆安全、高效运行。

智能化改造推动体育场馆向智慧服务综合体转型。观众服务系统集成生物识别、室内定位和移动支付技术,打造无感通行、智能导览和个性化消费体验。环境调控系统通过分布式传感器网络和机器学习算法,动态优化温湿度、照明和空气质量控制。场地预约平台运用运筹学算法实现空间资源的高效调度,弹性供给系统根据实时人流数据动态调整服务资源配置。数字孪生技术搭建虚拟管理平台,支持运营模拟与应急推演。通过模拟大型活动期间的人流分布,优化安检通道设置与服务资源配置;结合历史数据与实时信息,动态调整停车场调度策略。技术赋能的本质在于以用户为中心,需避免过度技术化导致服务温度缺失,例如保留人工服务窗口以满足特殊群体需求。场馆管理的数字化转型需同步完善技术标准体系,确保不同系统间的互联互通与数据安全。

三、培育新型市场主体

在体育产业快速发展的背景下,培育新型市场主体是推动体育产业高质量发展的重要途径。新型市场主体不仅包括传统体育企业,还涵盖创新型企业、创业者、跨领域合作主体等多元化的组织形式。通过构建完善的体育产业创新孵化体系,布局国家级体育产业众创空间,实施退役运动员创业扶持计划以及建设"体育+"跨领域创新实验室,可以有效激发市场主体活力,推动体育产业的多元化和专业化发展。

(一)体育产业创新孵化体系建设

体育产业创新孵化体系是培育新型市场主体的基础性工程,其核心在于为体育产业的创新创业提供全方位的支持和服务。创新孵化体系的建设需要从政策支持、资金投入、人才保障、技术平台等多个维度进行系统规划和布局。

1. 政策支持与制度保障　政府在体育产业创新孵化体系中扮演着重要角色。通过制订优惠政策,如税收减免、财政补贴、土地使用优惠等,可以降低创新创业的门槛,吸引更多的社会资本和人才进入体育产业领域。例如,国家出台的《关于加快发展体育产业促进体育消费的若干意见》明确提出,对符合条件的体育企业给予税收优惠,对体育产业的创新创业项目给予专项补贴。这些政策为体育产业创新孵化体系的建设提供有力的制度保障。

2. 资金投入与金融服务　资金是体育产业创新孵化的关键要素。一方面,政府可以通过设立体育产业投资基金、创业投资引导基金等方式,为创新创业项目提供资金支持;另一方面,鼓励金融机构创新金融产品和服务,开发适合体育产业特点的信贷产品和保险产品,为创新创业企业提供多元化的融资渠道。例如,一些地方政府与金融机构合作,推出"体育贷""创业保"等金融产品,有效缓解体育企业融资难的问题。

3. 人才保障与智力支持　人才是体育产业创新孵化的核心动力。通过建立高校、科研机构与企业之间的合作机制,培养和引进一批高素质的体育产业创新创业人才,为体育产业的发展提供智力支持。例如,高校可以开设体育产业创新创业相关课程,培养学生的创新创业能力;科研机构可以与企业合作,开展体育产业前沿技术研究,为企业提供技术支持。同时,政府可以通过人才引进计划,吸引海外高层次人才回国创业,为体育产业的发展注入新的活力。

4. 技术平台与基础设施建设　技术平台和基础设施是体育产业创新孵化的重要支撑。通过建设体育产业技术研发中心、检测中心、数据中心等技术平台,为创新创业企业提供技术研发、产品检测、数据分析等服务。同时,完善体育产业的基础设施建设,如体育场馆、健身设施、户外运动基地等,为体育产业的发展提供良好的硬件条件。例如,一些城市通过建设体育产业园区,集中布局体育产业技术研发中心、检测中心等技术平台,为创新创业企业提供一站式服务,促进体育产业的集聚发展。

(二) 国家级体育产业众创空间布局

国家级体育产业众创空间是体育产业创新孵化体系的重要组成部分,其核心在于为体育产业的创新创业提供低成本、便利化、全要素、开放式的创新创业平台。通过布局国家级体育产业众创空间,可以有效整合资源,促进体育产业的创新创业活动。

1. 众创空间的规划与布局 国家级体育产业众创空间的布局需要结合区域经济发展特点和体育产业基础,进行科学规划。一方面,可以在体育产业发达地区,如北京、上海、广州等城市,布局一批高水平的众创空间,重点发展体育科技、体育赛事运营、体育教育培训等高端体育产业;另一方面,可以在体育资源丰富的地区,如东北、西北等地区,布局一批特色众创空间,重点发展冰雪运动、户外运动等特色体育产业。通过合理布局,形成全国性的体育产业众创空间网络,促进体育产业的区域协调发展。

2. 众创空间的功能与服务 国家级体育产业众创空间应具备多种功能和服务。一是提供办公场地和设备设施,为创新创业团队提供低成本的办公环境;二是提供创业指导和培训服务,邀请行业专家、企业家为创业者提供创业辅导和培训;三是提供项目路演和融资对接平台,帮助创新创业项目获得社会资本的支持;四是提供政策咨询和法律服务,为创业者提供政策解读和法律咨询,帮助创业者解决创业过程中遇到的问题。例如,北京的一些国家级体育产业众创空间,定期举办创业培训、项目路演等活动,吸引大量的体育创新创业团队入驻,促进体育产业的发展。

3. 众创空间的运营与管理 国家级体育产业众创空间的运营和管理需要建立科学的机制。一方面,要建立严格的入驻和退出机制,确保众创空间的资源得到合理利用;另一方面,要建立绩效考核机制,对众创空间的运营效果进行评估,促进众创空间的健康发展。同时,要加强众创空间之间的交流与合作,形成资源共享、优势互补的创新创业生态。例如,一些国家级体育产业众创空间通过建立联盟,定期开展交流活动,分享运营经验和创新创业项目资源,提升众创空间的整体运营水平。

(三) 退役运动员创业扶持计划

退役运动员是体育产业的重要人力资源,他们在长期的体育训练和比赛中积累了丰富的专业知识和技能,具有较高的身体素质和团队协作能力。通过实施退役运动员创业扶持计划,可以充分发挥退役运动员的优势,推动体育产业的发展。

1. 创业培训与教育 退役运动员创业扶持计划应注重创业培训和教育。通过开设创业培训课程,帮助退役运动员掌握创业基础知识和技能,如市场调研、商业计划书撰写、企业管理等。同时,可以邀请成功的企业家和创业导师为退役运动员进行一对一的创业辅导,帮助他们制订创业计划,解决创业过程中遇到的问题。例如,一些地方体育部门与高校合作,为退役运动员开设创业培训班,邀请行业专家和企业家授课,取得良好的效果。

2. 创业项目与资源对接 退役运动员创业扶持计划需要为退役运动员提供创业项目和资源对接服务。一方面,可以建立创业项目库,收集和整理适合退役运动员创业的体育产业项目,如体育教育培训、体育健身俱乐部、体育赛事运营等;另一方面,可以整合社会资源,为退役运动员创业提供资金、场地、设备等支持。例如,一些地方政府通过设立退役运动员创业基金,为退役运动员创业提供资金支持;一些体育企业为退役运动员创业提供场地和设备支持,促进退役运动员创业项目的落地。

3. 政策支持与保障 政府在退役运动员创业扶持计划中应提供政策支持和保障。通过制订优惠政策,如税收减免、创业补贴、贷款贴息等,降低退役运动员创业的门槛和成本。同时,要加强对退役运动员创业的政策宣传和服务,帮助退役运动员了解和享受相关政策。例如,国家出台的《关于进一步做好退役运动员就业创业工作的通知》,明确提出对退役运动员创业给予税收优惠和创业补贴,为退役运动员创业提供有力的政策支持。

(四)"体育+"跨领域创新实验室建设

"体育+"跨领域创新实验室是体育产业创新孵化体系的重要组成部分,其核心在于通过跨领域合作,推动体育产业与其他产业的融合发展。通过建设"体育+"跨领域创新实验室,可以促进体育产业与科技、文化、旅游、教育等产业的深度融合,拓展体育产业的发展空间。

1. 实验室的规划与建设 "体育+"跨领域创新实验室的建设需要结合体育产业的发展需求和跨领域合作的特点,进行科学规划。一方面,要明确实验室的研究方向和重点领域,如"体育+科技"重点研究体育科技产品研发、智能体育设备应用等;"体育+文化"重点研究体育文化产品开发、体育赛事文化内涵挖掘等;"体育+旅游"重点研究体育旅游产品设计、户外运动基地建设等。另一方面,要整合高校、科研机构、企业等各方资源,共同建设"体育+"跨领域创新实验室。例如,一些高校与体育企业合作,建立"体育+科技"创新实验室,重点开展智能体育设备研发和应用研究,取得多项科研成果。

2. 实验室的功能与服务 "体育+"跨领域创新实验室应具备多种功能和服务。一是开展前沿技术研究和应用开发,为体育产业的创新发展提供技术支持;二是促进跨领域合作与交流,搭建体育产业与其他产业的合作平台;三是培养跨领域创新人才,为体育产业的融合发展提供人才保障。例如,"体育+文化"创新实验室可以通过开展体育文化产品开发研究,促进体育产业与文化产业的融合发展;"体育+旅游"创新实验室可以通过开展体育旅游产品设计研究,推动体育产业与旅游产业的协同发展。

3. 实验室的运营与管理 "体育+"跨领域创新实验室的运营和管理需要建立科学的机制。一方面,要建立多元化的投入机制,通过政府引导、企业支持、高校参与等方式,为实验室的建设和发展提供资金保障;另一方面,要建立开放共享的运行机制,促进实验室资源的共享和利用。同时,要加强实验室之间的合作与交流,形成协同创新的合力。例如,一些"体育+"跨领域创新实验室通过建立联盟,定期开展学术交流和合作研究活动,提升实验室的整体创新能力。

四、体育产业商业模式的创新实践

(一)沉浸式体育消费场景打造(电竞综合体/运动主题公园)

1. 电竞综合体

(1)功能整合:集电竞比赛、游戏体验、主题餐饮、衍生品零售于一体,如上海 ESP 电竞文化体验中心。

(2)科技应用:运用 AR/VR 技术构建虚拟观赛场景,实现观众与选手实时互动;5G 直播技术提升赛事沉浸感。

(3)社群运营:通过会员体系与线下赛事活动,培育电竞文化社群,形成用户黏性。

2. 运动主题公园

(1)场景创新:如迪拜 Ski Dubai 室内滑雪场,结合冰雪运动、餐饮娱乐与主题酒店。

(2)跨界融合:引入音乐节、极限运动赛事等,延长消费链条。

(3)生态友好:美国犹他州"Outdoor Project"通过自然景观+智能导览系统,打造低碳运动场景。

3. 案例:北京首钢园"冰雪奇缘"运动主题公园 利用冬奥遗产改造的首钢冰雪运动主题公园,结合 VR 滑雪模拟、冰壶体验和夜间灯光秀,2023 年冬季客流量突破 30 万人次。

(二) 体育 IP 衍生开发与跨界授权体系

1. IP 衍生开发路径

(1) 内容产品化：NBA 推出 NFT 球星卡、F1 官方手游，将赛事 IP 转化为数字资产。

(2) 文化符号化：英超利物浦俱乐部与潮牌 Supreme 联名，将队徽融入时尚消费场景。

2. 跨界授权模式

(1) 行业协同：安踏与故宫文创合作推出"国潮"运动鞋，融合体育与文化 IP。

(2) 区域联动：杭州亚运会吉祥物"江南忆"授权至文旅、教育等领域，形成城市 IP 矩阵。

(3) 挑战与对策：需建立 IP 价值评估体系，防范过度商业化导致的品牌稀释，如国际奥委会对 TOP 赞助商的严格筛选机制。

3. 案例：Keep 与《流浪地球》联名运动课程　健身平台 Keep 联合电影 IP 推出"太空主题"训练计划，用户完成课程可解锁电影周边，首月参与量超 50 万人次。

(三) 共享经济模式在器材/场馆/教练资源的应用

1. 资源整合模式

(1) 器材共享：美国"Rent the Runway"模式延伸至体育领域，如共享滑雪板平台"GetOutfitted"。

(2) 场馆分时租赁：国内"乐刻运动"通过智能系统实现场馆错峰运营，利用率提升 40%。

(3) 教练共享：英国"Playfinder"平台连接业余球员与职业教练，按需匹配训练服务。

2. 技术支撑与生态构建

(1) 区块链应用：确保资源使用权的透明化分配，如去中心化场馆预订平台。

(2) 动态定价算法：根据供需关系实时调整租金，优化资源配置效率。

(3) 社会效益：共享模式推动全民健身普惠化，如北京"共享健身仓"覆盖社区，单次费用低至 10 元。

3. 案例：武汉"约场馆"智能分时系统　通过 AI 算法动态分配学校体育馆、社区球场等闲置场地，高峰时段利用率提升至 75%，单次预订费用最低 5 元。

五、体育产业管理创新创业人才的培养

(一) 构建产教融合培养机制

1. 校企协同育人模式

(1) 实践场景共建：联合体育科技企业（如 Keep、李宁运动实验室）建立"产学研基地"，学生在企业导师指导下参与真实项目（如智能运动装备研发、赛事 IP 运营）。

(2) 双导师制：高校教师负责理论教学，企业高管担任产业导师，定期开设"产业前沿工作坊"，如耐克数字化营销案例拆解。

(3) 成果转化激励：设立"产教融合基金"，支持学生团队将科研成果（如运动健康大数据分析模型）转化为商业产品。

2. 政策支持体系

(1) 推动地方政府出台税收减免政策，鼓励企业投资高校实验室。

(2) 教育部增设"体育产教融合示范院校"认证，引导资源倾斜。

(二) 体育 MBA 创新创业方向课程体系

1. 课程模块设计

(1) 核心能力层：体育产业经济学、体育科技创新管理、体育知识产权法律实务。

（2）前沿技术层：AI在体育训练中的应用、区块链与体育IP资产化、元宇宙赛事运营。

（3）实战模拟层：硅谷式"精益创业训练营"（如设计一款电子竞技社交APP的商业计划）。

2. 评价机制创新

（1）引入"动态学分银行"：允许学生通过创办企业（如体育MCN机构）、完成行业认证（如NBA数据分析师）置换学分。

（2）案例：美国哥伦比亚大学体育MBA与NBA合作开设"球队估值与并购"实战课程。

（三）体育科技企业"订单式"人才培养

1. 精准需求对接　企业提前2年向合作高校提交人才需求清单（如电竞解说员、运动康复机器人工程师），高校定制化开设微专业。

2. 培养流程闭环

阶段1：企业参与课程设计（如安踏联合高校开发"运动鞋材料力学"模块）。

阶段2：学生进入企业"创新预科班"，参与研发项目（如冬奥智能滑雪板测试）。

阶段3：通过考核者签订"优先录用协议"，企业提供股权激励计划。

成效：英国STATSports公司通过订单培养，3年内定向输送60名运动可穿戴设备工程师。

（四）国际体育创新人才引进计划

1. 柔性引智策略

（1）设立"全球体育创新大使"职位，吸引国际体育组织高管（如国际奥委会数字化转型顾问）以短期讲学、项目指导形式参与教学。

（2）与欧洲足球俱乐部青训体系合作，引入"双轨制"培养模式（技术训练＋管理课程）。

2. 本土化融入支持

（1）为引进人才配套"体育科技孵化器"资源（如北京中关村体育科技园创业扶持）。

（2）建立跨文化管理导师团队，协助解决知识产权归属、中外行业标准差异等问题。

（3）案例：卡塔尔世界杯组委会通过"猎鹰计划"引进50余名国际体育场馆运营专家，带动本土人才成长。

案例分析

案例8.1　烟台大户陈家村的体旅农商融合发展

近年来，烟台市招远市金岭镇大户陈家村深化体旅农商融合发展，探索出一条体育搭台、经济唱戏、乡村发展、村民受益的"体育＋"发展新模式，体育活动的蓬勃开展正不断激发着乡村振兴的新活力。大户陈家村以其独特的"体育＋"发展模式，成为乡村振兴的一颗璀璨明珠。

当地领导班子创新性地提出"以体育运动拉动内需"的发展理念，在大户庄园内精心打造10公里专业山地自行车赛道，并成功举办"2020年山东省青少年山地自行车冠军赛"及"2023年全国青少年U系列山地自行车比赛"等重大赛事。同时，钟离湖体育运动中心的落成，更为乡村体育旅游增添新的亮点。至今，大户陈家村已成功举办国家级、省级各类比赛近百场，直接带动12个村集体年增收200多万元。通过深化体旅农商融合发展，该村探索出一条以体育为平台，驱动乡村振兴发展的"新赛道"，为乡村的全面振兴与产业融合发展树立典范。

1. 村民合作组织：发展的有力臂膀

为推动体育助力乡村振兴，烟台市招远市金岭镇大户陈家村成立山东省首个市级农民体育协会——烟台市农民体育协会,这是烟台市农民群众自己的体育组织,也是展示农民风采的大好舞台,将推动农体文旅深度融合,为烟台体育事业发展和乡村全面振兴注入新的动力。作为全省首个市级农民体育协会,新成立的烟台市农民体育协会充分发挥自身优势,在提升农民体育运动的深度和广度上持续探索、创新。具体来讲,该协会组织和指导当地农民群众积极参与体育活动,增强体质,同时大力培养农民体育骨干,广泛举办农民体育竞赛,打造适合当地农民体育特点的体育品牌赛事。烟台市农民体育协会秘书长陈伟卫介绍说,协会将以自行车、小轮车、马拉松、乒乓球、"村BA""村超""村晚""村跑"等赛事为抓手,不断强化平台建设,密切与各级体育组织、社会团体的合作交流。同时,以丰富多彩的文体活动为杠杆,带动农体文旅融合发展,为乡村振兴提供体育运动支撑。

2. 乡村瑰宝:自然与人文资源的双重富矿

大户陈家村处于招远市金岭镇的南部,地势上南高北低,是典型的低山丘陵地貌。大户陈家村通过前瞻性的规划与策略,成功地将自身的不利条件转化为推动发展的独特优势,实现从落后山村到乡村振兴典范的华丽转身。他们深度整合体育、旅游、农业与商业资源,不仅促进乡村经济的多元化发展,还有力推动乡村的全面振兴与美丽蜕变。依托村内独有的丘陵地貌这一自然馈赠,大户陈家村巧妙地将地形特征与户外运动项目相结合,精心打造一系列国际标准的体育设施。这些设施包括:一条蜿蜒曲折、风景如画的国际标准的5公里山地自行车越野赛道,一条平坦而富有挑战性的2.6公里公路自行车赛道,一个占地1 200平方米、设施完备的自由式小轮车场地,以及符合国际标准的350米坡降递减式小轮车竞速赛道。

此外,正在紧锣密鼓建设中的250米国际标准场地自行车专业场馆,预计将于2026年5月正式投入使用,届时将进一步提升当地的体育竞技水平与国际影响力。为满足大型体育赛事及活动需求,大户陈家村还专门建造了功能齐全的运动员公寓。该公寓不仅具备接待1 000人同时就餐、350人住宿及400人会议的能力,还配备先进的公共设施和优质的服务团队,为运动员及参赛人员提供舒适便捷的居住环境。在此基础上,该村深入挖掘与利用当地资源,打造金水湾露营地与拓展训练场地、"村BA"篮球运动中心、"金水湾"水上运动基地、体能馆、玻璃水滑道、乒乓球馆等一系列既适合职业赛事又便于群众性体育活动的场所。这些场所不仅为全民体育健身活动提供坚实的物质基础,还极大地丰富了村民与游客的体育文化生活体验,促进体育与旅游、农业、商业等领域的深度融合发展。

问题与思考:

1. 在乡村振兴战略背景下,大户陈家村的经验对其他乡村发展体育旅游产业有哪些启示?

2. 在赛事运营和管理方面,大户陈家村应如何提升专业化水平,以应对日益增长的赛事需求?

案例8.2　浙江省德清县体育产业创新发展

近年来,莫干山镇的体育产业呈现出蓬勃发展的态势,已初步形成了以健身休闲、场馆服务、体育用品销售与制造为主导的产业集群。其中,泰普森、五洲体育、乐居户外、久胜车业等龙头企业在国内外市场均具有较高的知名度和影响力,产品远销欧洲、亚洲等60多个国家和地区。2024年,德清县体育产业销售收入突破500亿元大关,体育产业项目计划投资额高达30亿元,展现出强大的经济活力和产业潜力。体育企业数量达到85家,体育产业类型主要以健身休闲、场馆服务及体育用品销售和制造为主。体育健身休闲行业较为发达,其产品出口额、销售额、增速等均名列前茅,产品在欧洲及亚洲等60多个国家和地区均有消费市场。2024年仅泰普森一家的营业收入就超过80亿元,地方特色产业优势明显。

德清县体育产业的发展方向明确而具有前瞻性。政府决策层对莫干山旅游的发展给予科学正确的定位,特别是在国家大力倡导供给侧改革的大背景下,发展莫干山地区旅游经济首先要与第三产业融合发展。体育产业与旅游产业具有天然的融合互通性,体育项目能够提高旅游目的地的吸引力,延长消费者停留时间,提升消费体验,是增加黏性消费的有效手段,也是扩大本地区就业、稳定经济发展的主要策略。基于此,政府将体育产业作为载体和吸引大众来此旅游的重要手段,对莫干山体育旅游的定位也很明确。莫干山适合户外运动,依托优越的自然资源,打造户外运动产品,与民宿产业完美融合,实现"民宿+体育+旅游",打造长三角地区户外休闲运动知名品牌;着重开发国际自行车越野赛,以赛事带动体育休闲项目发展,如小轮车比赛、高山自行车速降、丛林探险等;积极吸收国外体育产业运营理念,打造本土品牌,如胡润山浩、Discovery探索极限基地等项目。

问题与思考:

1. 分析德清莫干山运动休闲小镇的体育产业与其他产业的融合现状及存在的问题,思考如何进一步深化产业融合以实现可持续发展。

2. 结合德清莫干山的政策优势和资源优势,探讨这些因素在体育产业发展中所起的作用及其未来可持续性。

思考题

1. 查找资料,试述我国体育产业发展的现状。
2. 试述我国体育产业的发展策略。
3. 结合实例,谈谈我国体育产业管理创新策略。

第九章

体 育 赛 事

📚 **内容提要**

(1) 体育赛事的特点与分类。

(2) 体育赛事过程管理。

(3) 体育赛事营销。

📑 **学习目的**

(1) 掌握体育赛事过程管理的各个环节。

(2) 掌握体育赛事营销的内容和方式。

(3) 了解体育赛事的概念和分类。

(4) 了解我国体育赛事运营现状与未来发展。

　　体育赛事作为现代社会发展的重要载体,既是全球文化交流的纽带,也是国家综合实力的体现,更是体育产业持续发展的核心动力。从国际发展来看,体育赛事已成为国家软实力竞争的关键场域,如奥运会、世界杯等国际顶级赛事不仅是竞技比拼的平台,更成为主办国展现文化特色、推动经济合作的重要契机。对国家发展而言,体育赛事是推动全民健康、促进消费升级的有效抓手。2022 年北京冬奥会带动 3 亿人参与冰雪运动,直接催生千亿级冰雪产业链,更通过京张高铁等配套设施建设推动了区域经济协调发展。在职业体育层面,专业化赛事管理体系的构建直接影响着运动员职业生涯发展、俱乐部商业化运营及体育产业生态完善。赛事管理的重要性正体现在这三个维度的衔接与平衡——既要确保国际赛事标准落地,又要契合国家战略需求,更要为职业运动员创造公平竞争环境,为体育从业者搭建可持续发展平台。当前,全球体育产业年产值已突破 1.5 万亿美元,我国体育产业规模预计 2025 年达 5 万亿元,这要求赛事管理必须实现精细化、专业化转型,在保障赛事竞技价值的同时,激活其经济价值、社会价值与文化价值的复合效益。

第一节　体育赛事概述

一、体育赛事的概念

　　近年来,随着人们生活水平的提高和健康观念的深入,参与锻炼的人数不断增长,对体育赛事的需求也不断增加。随着体育赛事的数量激增,现如今体育赛事已成为一项非常普遍的社会活动。要想了解体育赛事的内涵,就要对其概念进行定义,不同的学者从不同的角度对体育赛事的定义做出了不同的阐述。主要有以下几种观点:

　　(1) 叶庆辉认为,体育赛事是一种具有项目管理特性的特殊事件,其规模和形式受规则、习俗和传统影响,同时具有组织文化背景和市场潜力。体育赛事通过提供竞赛产品和相关服务,满足不同参与体分享经历的需要,以达到多种目的,并对社会和文化、自然和环境、政治、旅游和经济各个领域产生冲击影响。

（2）王子朴认为,体育赛事具有市场营销、项目管理、组织文化等背景特征,受运动项目、竞赛规则以及社会经济等多种因素制约,能够提供体育竞赛产品和相关服务产品,以满足体育消费者多种需求的特殊活动。

（3）徐伟认为,体育赛事是一种以竞技运动为核心,以实现某种社会效益和经济效益及满足人民大众精神生活的需要为目的,协调政府、企业、大众之间的一种特殊手段,按照一定的组织规则进行运作的商业性活动。

（4）李颖川认为,体育赛事是对以体育比赛为核心的一系列活动的总称。体育赛事是一项复杂的社会活动,它不仅包括体育比赛的筹备、组织、实施等各项活动,还涉及门票促销、运动员包装、媒体推广、赞助与广告策划、标志品开发等各种经济活动。

归纳起来,体育赛事有如下基本属性:

（1）以运动竞赛为核心要素,提供竞赛产品和相关服务。

（2）受竞赛规则、传统习俗和多种因素的影响。

（3）不同的参与者有着目的和目标的多样性。

（4）具有项目管理特性。

（5）具有一定的社会影响力。

（6）能产生社会效益。

任何事物概念的定义必须由定义项、被定义项和定义联项三个部分构成,最基本的方法是属加种差定义法。首先要找到被定义项的邻近属概念,然后找到被定义项与其他同级概念之间的差别,即种差,最后把邻近的属概念与种差加在一起组成定义。由上可知,较多的学者倾向于体育赛事是一种活动的说法,本书采取较多学者的观点。

鉴于此,将体育赛事的定义描述如下:体育赛事是一种以运动竞赛为核心,具有项目管理特性,能够提供竞赛产品和相关服务,满足不同参与者的需要,并且伴随着明显的政治、经济、文化、社会等多种功能的一种特殊活动。体育赛事管理是指通过系统化的规划、组织、执行和监督,对体育赛事全生命周期中涉及的人、财、物、信息等资源进行科学配置与协调,以实现赛事目标并最大化其综合价值的过程。

二、体育赛事的特点和分类

（一）体育赛事特点

1. 竞技性 体育赛事的竞技性特征体现为以规则为框架的对抗性较量,其核心是通过公平竞争决出胜负或优劣。这种竞争既可能存在于个体之间(如田径赛跑),也可能以团队形式展开(如足球、篮球)。竞技性要求参赛者在体能、技术、战术和心理素质等维度展开多维博弈,并在统一的评判标准下接受结果。赛事规则既约束竞争边界,又通过标准化保障公平,而裁判系统的介入则维护竞争秩序。竞技过程中天然存在的不确定性和胜负悬念,既推动运动员突破生理与心理极限,也形成独特的观赏价值。竞技结果的即时性与不可逆性,使赛事成为人类挑战自我、追求卓越的具象化表达,同时通过荣誉体系(奖牌、纪录、社会认可)强化竞争动力,最终形成体育精神与社会价值的双重共振。

2. 观赏性 体育赛事中运动员们精湛的技艺是吸引观众的关键因素。无论是足球比赛中球员们行云流水般的传球配合、篮球赛中球员高难度的扣篮动作,还是体操运动员在器械上优美且精准的翻腾,都如同一场场视觉盛宴,让观众为运动员的高超技艺所折服。比赛过程中的激烈对抗和悬念丛生也是观赏性的重要组成部分。在比赛过程中,双方队伍或选手你来我往、互有攻守,比分可能在瞬间发生改变,这种不确定性让观众的心始终悬着,时刻关注着比赛的走向,直到最后一刻才能知道胜负结果。此外,体育赛事所蕴含的精神内涵也增添了观赏性。运动员们在赛场上展现出的拼搏精神、团队合作精神、永不言弃的精神等,都深深打动着观众的心灵,让人们在欣赏比赛的同时,也能从中汲取到积极向上的力量。总之,体育赛事的观赏性是多方面的,它不仅是一种视觉享受,更是一种精神上的鼓舞和激励。

3. 规范性　体育赛事的规范性特征主要体现在其严格遵循的一套既定规则、标准和程序上。这些规范确保了比赛的公平性、安全性和有序性。从运动员的参赛资格、比赛装备的标准,到比赛过程中的裁判判定、计分方式,乃至赛事的组织流程和时间安排,都受到详细且统一的规则约束。规范性不仅体现在对竞技行为的明确界定上,还包括对违规行为的处罚措施,以此维护比赛的公正性和竞技精神的纯洁。此外,体育赛事的规范性还体现在对场地设施、器材设备的安全检查与维护上,以及对参赛者和观众行为的引导与管理,共同营造了一个既竞争激烈又和谐文明的竞技环境。

4. 文化性　体育赛事不仅仅是运动员之间体能与技能的较量,更是深深植根于丰富文化土壤中的独特社会现象。它们承载着国家与民族的历史传统、地域特色和社会价值观,通过仪式感强烈的开幕式、激动人心的比赛过程以及充满情感的庆祝活动,展现了一种超越竞技本身的文化表达。体育赛事的文化性特征体现在对团队精神、公平竞争、追求卓越等普遍价值的弘扬,同时也反映了不同国家和地区独特的文化符号、艺术审美和社会习俗。观众在享受比赛带来的激情与欢乐时,也在无形中被这些文化元素所感染,促进了全球文化的交流与理解,加深了人们对多元文化的认识和尊重。因此,体育赛事不仅是体育层面的盛事,更是文化交流与传承的重要平台。

5. 商业化　商业化是体育赛事在现代经济体系中的核心驱动力,主要通过市场化手段实现经济价值的创造与分配,典型特征涵盖经济驱动与资本化运作、品牌合作与广告植入、媒体传播与内容付费、产业链延伸与跨界融合以及数据与技术赋能等多个方面。赛事通过门票销售、赞助商合作、转播权交易及衍生品开发直接盈利,同时伴随资本的深度介入,如俱乐部股权交易和赛事 IP 化运营。品牌合作方面,企业通过冠名赞助、场地广告、明星代言等形式实现品牌曝光,赛事成为流量入口,吸引社交媒体平台嵌入广告。媒体传播方面,流媒体平台高价购买赛事独家转播权推动付费订阅,而短视频平台则通过赛事片段二次创作扩大传播,形成流量经济。此外,赛事还带动旅游、餐饮、博彩等关联产业,并与电竞融合拓展新商业场景。数据与技术方面,大数据分析优化运动员表现和观众体验,虚拟现实、区块链等新技术则进一步提升商业化效率。

6. 社会化　社会化特征彰显了体育赛事作为公共文化产品的重要社会功能,影响着包括社会结构、文化认同和公共生活等多个方面。体育赛事成为地域或群体的象征符号,如足球俱乐部(巴萨象征加泰罗尼亚文化)和世界杯体现的国家荣誉感,观众通过支持特定球队或运动员构建出"想象的共同体",增强了社会凝聚力与身份认同。同时,赛事提供了线下集体狂欢场景(如球场观赛、马拉松群众参与)和线上社交话题(如微博热搜讨论),草根赛事则促进了邻里互动,缩小了社会阶层隔阂,体现了其公共参与社交属性。在文化传播与价值观输出方面,赛事传递了拼搏精神(如奥林匹克格言"更快、更高、更强——更团结")和公平竞争理念,促进了跨界文化融合,如冬奥会展示冰雪文化。此外,体育赛事还激发了大众运动热情,推动了全民健身(如马拉松热),体育明星的榜样作用也引导了青少年价值观,展现了其公共健康与教育功能。更重要的是,赛事成了性别平等(如女足薪资争议)、反种族歧视(如 NBA 球员抗议活动)等社会议题的讨论平台,而大型赛事则推动了城市基建升级(如奥运会带动公共交通改善),进一步证明了体育赛事作为社会议题载体的价值。

三、体育赛事的分类

对体育赛事进行分类对于与体育赛事有关的理论和实践研究具有重要意义,体育赛事可以根据多种不同的标准进行分类,以下是一些常见的分类方式:

(1) 根据赛事规格,可将体育赛事划分为国际性赛事、洲际赛事、地区赛事、国家级赛事、国内赛事等。

(2) 根据赛事规模,可将体育赛事划分为综合性大型体育赛事、大型单项体育赛事、一般体育赛事和小型体育赛事等。

(3) 根据赛事区域,可将体育赛事划分为世界性体育赛事、地区性体育赛事等。

(4) 根据赛事项目的设置,可将体育赛事划分为综合性体育赛事和单项体育赛事等。

(5) 根据赛事功能,可将体育赛事划分为竞技性体育赛事和群众性体育赛事等。

(6) 根据赛事性质,可将体育赛事划分为营利性的商业比赛和非营利性的公益比赛以及教学与交流性质的比赛等。

(7) 根据运动员身份,可将体育赛事划分为职业选手赛事和业余选手赛事等。

(8) 根据运动员年龄,可将体育赛事分为儿童赛事、青少年赛事、成年人赛事及老年人赛事等。

(9) 根据举办目的与参与主题,可将体育赛事分为观众导向型赛事和运动参与型赛事两类。前者如世界杯足球赛、奥运会(夏季与冬季)、上海网球大师赛、F1 大奖赛等。这类赛事通常级别和水平较高,运动项目也较为普及,观赏性强,赛事的历史也相对较长。因此,这类赛事可以吸引举办地民众和外来旅游者观赛。后者如各地开展的马拉松赛、群众体育大会等。这类比赛通常项目的技术门槛相对较低,观众重在参与。举办的目的主要是鼓励大众参与体育运动,增强体质,具有明显的"公共性"或"公益性"。

第二节　体育赛事过程管理

一项规范的体育赛事,无论其参与人数多少、竞技水平多高,其大致流程包括以下 5 个环节,即赛事启动、赛事计划制订、赛事组织、赛事控制、赛事收尾管理(见图 9.1)。

一、赛事启动

赛事启动主要指赛事的选择与确定。赛事选择是对一个复杂的多因素的赛事系统进行逻辑分析和综合判断的过程,包括赛事举办的必要性和可行性的分析论证、赛事方案的制订与选择以及赛事申办等。

(一)赛事选择的概念与过程

组织与个人需要对各种赛事机会作出比较与选择,将有限的资源以最低的代价投入收益

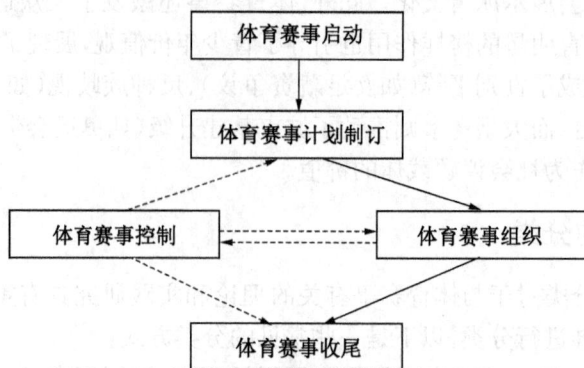

图 9.1　体育管理过程示意图

最高的赛事,以确保个人或组织的发展,这就是赛事选择。在赛事选择阶段,筛选掉那些不太有希望或不会产生效益的赛事,以避免在赛事以后的阶段浪费大量的资源。赛事选择涉及一系列复杂的决策活动。赛事的确立必须按照系统工作方法有步骤地进行。尤其是大型赛事投资大、规模大、组织工作复杂,其影响大且深远,它们的确立过程更加复杂,需要慎重对待。赛事选择一般经过以下几个阶段:

1. **赛事构思的产生和选择**　赛事构思产生于为解决赛事的上层组织(如国家、地方、企业、部门)问题的期望或满足上层组织的需要,或为了取得投资收益等。比如我国在 1990 年成功举办北京亚运会以后,就开始萌生申办奥运会的设想。

2. **赛事的目标设计和赛事定义**　这一阶段主要通过对上层组织的进一步研究,提出赛事的目标因素,进而构成赛事的目标系统,通过对目标的书面说明形成赛事定义。

(二) 赛事可行性研究

赛事可行性研究也称赛事论证,是赛事启动阶段的核心内容。赛事论证是赛事确定的基础,赛事论证强调客观性、科学性与规范性。赛事论证对于赛事的成败与价值实现具有重大意义。

1. **赛事论证的概念与内容**　赛事论证是指对拟实施赛事技术上的先进性、适用性,经济上的合理性、营利性,环境上的安全性以及实施上的可能性、风险性进行全面科学的综合分析,通过细致分析,为赛事决策提供客观依据的一种围绕赛事进行的技术、经济、政策、资源、环境分析研究的活动。如果是申办国际的大型赛事,还要分析国际政治形势,以及我国举办大型外事活动的能力和水准等。赛事论证应回答以下问题:赛事在技术上是否可行;赛事在经济上是否有利可图;对社会是否有益;赛事需要多少资金;赛事能否筹集到全部资金;赛事需要多长时间能完成;赛事需要多少物力、人力资源等。

2. **赛事论证的阶段与步骤**

(1) 赛事论证的阶段:赛事论证一般分为一般赛事机会研究、特定赛事机会研究、方案策划、初步可行性研究和详细可行性研究 5 个阶段。各个阶段的工作内容和侧重点有很大不同。

一般赛事机会研究主要是通过基本面调查研究与分析,鉴别与发现赛事机会,形成举办赛事的意向,提供可供选择的赛事方向。

特定赛事机会研究主要是根据大量的一般赛事机会研究报告以及进一步深入的研究分析,筛选赛事,提出赛事建议,比一般赛事机会研究更具体、更深入。

方案策划是根据特定赛事机会研究的成果,对赛事的目标与要求进行具体研究,进行赛事的总体规划与设计,作为可行性研究的前提与实施依据。

初步可行性研究是对赛事进行初步的论证和估计,分析关键技术与管理问题,判断赛事是否能盈利,确定相关研究与工作。

详细可行性研究是在决策前对赛事有关技术、经济、政策条件作详尽、系统的全面调查、研究与分析,对各种可能的方案进行选择,评价各种效益,是赛事评估与决策的主要依据。

(2)赛事论证的一般步骤:赛事论证是一个连续的过程,包括:明确赛事范围和目标;进行实地调查、技术研究以及经济研究;拟定多种可行的并且能够相互替代的方案;多方案分析与比较;选择最优方案,即进一步的市场分析、工作流程、设施、志愿者与培训、组织与经营管理、财务分析等;编制赛事论证报告;编制资金筹措计划与赛事实施进度计划等 7 个步骤。

(三)国际体育大赛的类型与申办形式

1. 国际体育大赛的类型

(1)综合性体育赛事:综合性体育赛事一般指奥运会、洲际运动会、世界大学生运动会等,是全球影响力最大的体育赛事,其申办一般受国际政治气候以及申办国国家经济的发展实力、地缘政治、国际地位、国际影响力等综合因素的影响。由于这类体育赛事对城市、地区甚至国家的影响力巨大,涉及的范围广,要求和标准较高,竞争对手众多,再加上申办周期较长,准备工作相当复杂。

(2)商业化程度较高的职业体育赛事:此类体育赛事目前主要有 F1 大奖赛及世界汽车拉力锦标赛等。商业化程度较高的职业体育赛事活动周期长、体育赛事水平高,拥有稳定的观赏群体。因此,申办这类体育赛事往往在很大程度上取决于该城市或地区的经济实力、国际知名度和市场开发程度,以及人们对该项体育赛事的认同状况。

(3)世界单项组织的具有较好市场前景的高水平体育赛事:这类赛事主要包括 ATP 世界巡回赛、国际田径大奖赛等。这类体育赛事与申办城市的文化传统、体育文化氛围、单项体育赛事的影响力有着密切的关系。其申办的难度相对较小。但是,由于此类体育赛事的市场认同情况差异比较大,因此这类体育赛事的申办往往要考虑到国家和地区的经济、文化、宗教、传统习惯等影响。

2. 国际体育大赛的申办形式

国际体育大赛的申办形式根据赛事性质、主办方及重要程度的不同,可以分为以下几类。

(1)征询申办:这类体育赛事的申办,通常是在国际体育组织对某一地区已有明确的意向,或者在体育赛事承办方情况发生了变化的情况下,所采取的申办方法。

(2)购置申办:这类体育赛事的申办,通常必须通过出资购置承办权。而承办权的属性则又分为 3 种形式:一次性购置申办,如上海举办过的世界斯诺克锦标赛,这属于一种流动性的体育赛事;多次性购置申办,如 F1 大奖赛上海站比赛和上海大师杯网球赛等,其有约定的期限;长期性购置申办,如北京中国网球公开赛等,均是以一次性价格购置申办之后,便在某一地区和城市形成了一个长期固定的传统体育赛事。

(3)竞争申办:当今国际体育大赛的申办,无一不是通过激烈竞争而获得的。除国际体育大赛的资源配置正在逐步形成一个按地域轮回承办的规律之外,赛事竞争申办完全是国家及其城市之间的综合实力大比拼。2017 年 9 月,国际奥委会最终确定巴黎为 2024 年夏季奥运会举办地,洛杉矶为 2028 年夏季奥运会举办地。

根据不同分类标准,体育赛事可划分为多种赛事类型。国内体育赛事的类型亦可分为综合型和单项型,其申办形式与程序正逐步与国际接轨。

二、赛事计划制订

赛事计划是为完成赛事目标而进行的系统的任务安排。赛事计划围绕着赛事目标,系统地确定赛事的工作任务、安排赛事进度、编制资源预算等,从而保证赛事能够在合理的时期内,用尽可能少的成本和尽可能高的质量完成。

(一) 赛事计划的分类

(1) 按照赛事计划的范围不同,可以分为赛事专项计划和赛事综合计划。

① 赛事专项计划是指对赛事筹备中某一特定工作的目标与任务的安排。例如赛事竞赛计划、赛事安全计划、赛事风险计划、赛事后勤计划、赛事宣传计划等。

② 赛事综合计划是对各专项计划进行综合平衡所制订出的,用于指导赛事实施和管理的集成性、综合性、全局性、协调统一的计划文件。

(2) 按照赛事计划的内容不同,可以分为赛事范围计划、赛事进度计划、赛事资源计划。

① 赛事范围计划就是确定赛事范围,形成赛事的基本框架,使赛事管理者能够系统地、有逻辑地分析赛事关键问题及赛事形成中的相互作用要素,使赛事的有关利益人在赛事实施前就赛事的基本内容和结构达成一致。

② 赛事进度计划是表达赛事各项工作的开展顺序、开始与完成时间及相互衔接关系的计划。进度计划是根据实际条件和合同要求,以赛事的开始和完成时间为目标,按照合理的顺序所安排的实施日程。其实质是把各活动的时间估计值反映在逻辑关系图上,通过调整,使得整个赛事能在时间和预算允许的范围内最好地完成。

③ 赛事资源计划就是要决定在每一项工作中用什么样的资源以及在各个阶段用多少资源。资源计划必然和费用估算联系在一起,是费用估算的基础。费用估算是完成赛事各项工作所需资源(人、材料、设备等)的费用近似值,是赛事财务管理的重要组成部分。

(二) 制订赛事计划的步骤

1. **确定赛事目标** 在制订计划时对赛事目标的各种指标要有明确认识。赛事目标的制订通常会受到工作范围、进度计划和成本、资源的约束。2022 年,北京冬奥会期间,受新冠疫情影响,赛事组委会确定了疫情防控目标,打造了"闭环"防控系统,起到了很好效果。

2. **建立赛事工作分解结构** 根据工作分解结构(WBS)确定赛事的工作内容,并将之绘制成正式的工作分解结构图。例如 2008 年北京奥运会的工作分解结构包括以下主要领域:竞赛;比赛地点和设施,包括食宿、交通;媒体设施和协作;电信;安全安排;医疗保健;人力资源,包括志愿者;奥林匹克文化公园;奥运会前训练;信息技术赛事;开幕式和闭幕式;公共关系;财务;测试赛;赞助管理和营销的控制。

3. **为各项任务确定时间** 可以根据经验对各项任务完成时间作出估计,也可以向每一项工作的负责人员询问协商,确定完成每一项任务所需的时间。

4. **分配资源** 为每项工作分配人力、物力和财力等。

5. **制订最初计划** 利用关键路线法(CPM)或计划评审技术(PERT)建立赛事网络,确定管理重点,并在综合考虑资源限制及其他因素之后,将赛事网络转化为日程安排,即确定每项工作开展的具体日期。

6. **征求意见,修正计划** 召开会议以听取各方关于计划的意见,并对所做计划进行调整。

7. **最终确定计划** 最终计划是建立在调研和反复征求各方意见的基础之上的,最终计划应该制成书面文件,并发给赛事高层管理者和赛事工作人员,使与赛事有关的每个人都能十分清楚计划的内容。

三、赛事的组织

组织是一切管理活动取得成功的基本要素。赛事组织的主要目的是充分发挥赛事管理的功能,提高赛事管理的整体效率,以达到赛事管理的目标。组织的核心作用体现在其作为资源聚合者、规则制订者和价值创造者的多重角色上。

(一) 赛事组织的特点

赛事组织与传统的职能组织相比,最大的区别就在于赛事组织具有临时性,更强调负责人的作用和团队的协作精神,其组织形式具有更大的灵活性和柔性。针对不同的赛事类型和管理模式,赛事组织也会存在多种形式,表现出很强的差异性。与传统的职能组织相比,赛事组织具有以下特点。

1. 项目一次性 体育赛事具有明确的时间边界与不可重复性,所有筹备工作需围绕特定目标展开,无法简单复用过往经验。赛事周期内的资源调配需高度集约化,例如大型国际赛事通常需在数月至数年内完成场馆建设、人员培训等全流程准备,且突发情况(如东京奥运会因新冠疫情延期、北京冬奥会因新冠疫情影响调整防疫举措)往往导致大量方案重构,考验组织方的动态调整能力。

2. 高度专业性 赛事运行依赖严苛的技术标准与专业人才体系。硬件设施需满足国际标准(如泳池水温误差±0.5℃、场馆照明亮度精准控制),软件系统覆盖裁判判罚(如 VAR 毫米级越位判定)、医疗急救(赛道 5 分钟响应机制)等环节。从业者需持证上岗(如 CBA 国家级裁判占比超 60%),确保各环节符合竞技公平性与安全性要求。

3. 多维度协同性 赛事组织需整合政府、企业、社会等多方资源,建立精密协作机制。以大型综合赛事为例,日均协调决策涉及安保调度、交通疏导、媒体转播等数百项任务,并通过数字化工具(如 3D 模拟预演)将流程误差压缩至秒级,保障开幕式、竞赛单元等关键节点的无缝衔接。

4. 强团队依赖性 复合型团队架构是赛事运转的核心支撑,涵盖竞赛管理(裁判、技术官员)、后勤保障(医疗、安保)、商业运营(版权分销、赞助对接)等职能模块。团队配比按赛事规模动态调整,例如万人级马拉松需配置 5% 的医疗应急力量,并建立 AB 角替补机制应对突发人力缺口。

5. 风险复杂性 赛事风险呈现多维度交织特征,涵盖参赛者安全、财务波动、法律纠纷等类型。防控体系需整合预案设计、实时监测与应急处置,例如通过 AED 设备密集布防将急救响应时间压缩至 3 分钟内。

6. 价值衍生性 赛事价值突破短期经济收益(如门票与转播收入),向长期社会效益延伸。典型案例包括城市品牌提升(国际赛事带动全球媒体曝光量增长 40%)、产业联动("赛事+旅游"模式推动区域消费增长 18%)及文化输出(传统体育项目国际推广),形成"举办一届赛事、提升一域生态"的可持续发展路径。

体育赛事组织的特点体现为目标导向性与系统复杂性的辩证统一。其运作逻辑既需遵循项目管理的一般规律,又需兼顾体育领域的竞技公平、风险防控等特殊属性。未来,随着数字化工具普及与全球化协作深化,赛事组织模式将进一步向精细化、弹性化、可持续化方向演进。

(二) 赛事组织结构形式

由于赛事的一次性与独特性的特点,在决定举办一个赛事以后,就需根据这个赛事的具体情况,建立赛事机构,负责赛事的筹备、实施、控制和管理等工作。赛事结束之后,赛事机构完成了自己的任务,也就不复存在。经常采用的大型赛事的组织结构模式主要有职能型组织结构、项目型组织结构和矩阵型组织结构。

1. 职能型组织结构　以专业分工为核心,按照竞赛管理、市场开发、后勤保障等职能划分部门,适用于常态化运营的职业联赛。例如 CBA 联赛由中国篮协统筹,下设竞赛委员会制订规则、商务部门负责版权分销,各俱乐部对应设置青训和医疗团队,这种结构通过垂直管理提升专业度,但跨部门协作效率较低,易出现市场需求与竞赛规则冲突等问题,通常需配合定期联席会议机制弥补沟通短板。

2. 项目型组织结构　围绕特定赛事临时组建团队,强调资源集中与快速响应,常见于奥运会、世界杯等超大型赛事。北京冬奥组委采用典型项目制,按赛事需求设立场馆建设、媒体服务等临时部门,项目经理直接决策关键事务,赛后团队解散。这种模式在筹备周期内能高效调配全球专家资源(如开闭幕式创意团队),但存在经验难以沉淀、重复投入成本高等弊端,适合短期高复杂度任务。

3. 矩阵型组织结构　融合职能与项目双线管理,成员同时向职能部门和项目经理汇报,兼顾专业积累与灵活应变。国际足联运营世界杯时,从常设市场部、技术部抽调人员组成赛事专项组,在版权销售、转播技术等环节实现资源共享。这种结构通过"双汇报线"平衡长期能力建设与短期项目需求,但需建立清晰的权责划分机制(如 70％时间投入项目、30％参与部门事务),适合同时运作多个赛事 IP 的综合体育集团。

四、赛事控制

(一)赛事控制的特点

在赛事筹办过程中,由于种种不确定性因素的干扰,使得赛事实施必然会偏离预先设定的计划轨道。为了保证赛事成功和赛事目标的实现,应对这种偏离采取必要的、有针对性的措施加以纠正,此过程即为赛事的控制过程。其特点如下。

1. 阶段性控制　赛事控制遵循分阶段递进的逻辑,在不同筹备周期内锁定核心任务目标。规划阶段聚焦顶层设计,通过分解任务节点构建推进路线图;筹备中期强化执行监控,动态评估资源匹配度与风险窗口;临赛阶段转向压力测试,验证应急预案与协作机制的有效性;赛后阶段则着重经验沉淀,将实践洞察转化为标准化流程。这种分阶管控模式如同齿轮传动,确保各环节紧密咬合,避免因局部滞后引发系统性偏差,同时为动态调整预留弹性空间。

2. 精准性控制　赛事控制的精准性体现为对复杂变量的靶向干预能力。通过构建数据感知网络,实时捕捉人流密度、设施负荷、舆情热度等关键指标,并借助智能算法识别异常波动。例如在人员调度中,系统可依据实时数据动态优化岗位配比,既避免冗余浪费又防止服务缺口;在资源配置层面,基于需求预测的弹性供给机制能精准匹配物资消耗节奏。这种"感知—分析—响应"的闭环控制,本质上是对不确定性的主动驯化,使赛事系统始终运行在最优阈值区间。

3. 及时性控制　赛事场景中的风险具有强时效特征,要求控制体系建立分钟级响应能力。核心在于构建多层次应急框架:一线处置团队直接对接现场突发状况,快速执行标准化预案;中台指挥系统统筹跨部门协作,破解复杂问题的责任链条;后台智库则提供趋势预判与策略迭代支持。这种"点—线—面"联动的响应体系,既能快速扑灭局部风险火苗,又能防止单一事件升级为系统性危机,本质上是对"时间窗效应"的极致利用。

（二）赛事控制的主要内容

1. 成本控制　赛事成本控制是通过全周期预算管理与动态纠偏机制，确保资源投入与赛事目标精准匹配的系统工程。其核心在于构建"预测—监控—优化"的闭环体系：前期运用零基预算方法剔除冗余支出，中期借助净值分析法实时追踪成本绩效偏差，后期通过审计与投资回报率评估沉淀成本模型。该体系强调资金使用的透明性与效率性，既要防范超支风险，也要避免过度压缩影响赛事品质，最终在财务稳健与体验优化间找到平衡点。

2. 进度控制　进度控制是围绕时间轴展开的动态调节过程，需平衡计划刚性与执行弹性。通过关键路径法识别场馆交付、报名系统测试等核心节点，结合甘特图分解任务层级；执行中建立敏捷看板实现日清日结，预留 10％～15％时间缓冲应对突发延误；赛后则基于进度偏差指数优化未来排期逻辑。这一过程如同"时间编织"，既要确保各环节按序推进，又要为不可抗力预留调整空间，使赛事筹备始终处于可控节奏。

3. 质量控制　质量控制是赛事价值的核心保障，涵盖硬件设施、服务流程与参赛体验的全域标准。通过 ISO 20121 可持续管理体系认证场馆环保性能，制订服务接触点细则，规范观众接待流程，运用六西格玛方法降低补给失误率。其本质是通过标准化与人性化结合，将"赛事产品"打磨为兼具专业精度与人文温度的作品，确保竞技公平性、服务舒适性与社会美誉度的统一。

4. 风险控制　风险控制是赛事的韧性防火墙，需建立全景式风险识别与分级熔断机制。借助德尔菲法构建风险数据库，覆盖安全、财务、舆情等九大领域；通过蒙特卡洛模拟量化风险概率与潜在损失，设定红、橙、黄三级响应阈值。数字孪生技术的应用可预演十万级突发场景，生成智能处置方案库。这种"预见性防御"体系，将被动应急转化为主动治理，最大限度降低不确定性对赛事系统的冲击。

5. 技术控制　技术控制是赛事现代化的基石，聚焦系统兼容性、网络安全与故障恢复三大维度。通过接口标准化消除数据孤岛，构建等保 2.0 三级防护体系抵御网络攻击，制订分钟级灾备标准保障系统连续性。其意义在于为赛事搭建"数字骨架"，既支撑计时计分、转播传输等技术需求，又通过云端协同与边缘计算提升响应速度，使科技真正成为赛事创新的加速器而非风险源。

（三）赛事风险管理

赛事风险是指由于赛事所处的环境和条件本身的不确定性，使赛事的最终结果与当事者的期望产生背离，并存在给当事者带来损失的可能性。体育赛事风险一般包括如下几种。

1. 人员风险　一项体育赛事的参与人员一般有运动员、教练员、裁判员、官员、观众、志愿者、体育赛事管理人员和中介人员等。大型体育赛事如奥运会，上述人员可达万人甚至数十万人。这些人员从事的活动内容不同，因而给体育赛事的组织活动带来的潜在风险亦不相同。

（1）体育赛事内部管理者风险：体育赛事内部管理者分为赛事管理人员和志愿者两个层次。体育赛事管理人员，无论是体育赛事高管人员还是一般工作人员，都是接受体育赛事组委会的委托，代理组委会展开各项工作的。这种委托代理关系的产生，有可能由于委托人与代理人之间利益不一致、追求目标各异，导致代理人以牺牲委托人的利益为代价而最大化自己的效用价值的委托代理风险的产生。

招募和使用志愿者的过程中，体育赛事组委会可能会面临以下风险：招募不到足够数量的志愿者，无法满足工作的需要；招募的志愿者素质过低，不能胜任所承担的工作；志愿者临时无法到场，缺少替补人员，影响工作的完成；招募的志愿者过多，增加赛事成本。

（2）体育赛事外部合作者风险：大型体育赛事工作千头万绪，仅凭体育赛事组委会自身的力量往往难以圆满完成体育赛事的全部任务，并且风险也过于集中。因此，为了完成工作任务，同时规避组织风险，体育赛事组委会经常把一部分工作任务交由赛事以外的机构或人员完成。这些机构和人员就构成了体育赛事的外部合作者。但是体育赛事组委会对外转移工作任务，其选择的外部合作者能否胜任并如约完成所承担的任务，必然具有一定的不可预见性。因此，在转移风险的同时，也可能会产生对外包工作控制不力和受承包者负面行为连带影响的新风险。

（3）体育赛事产品生产者风险：体育赛事提供的是一种以观赏为主的服务产品。这一服务产品是由运动员、教练员、裁判员在各司其职又共同合作的基础上生产出来的。因此，教练员、裁判员和运动员是体育赛事产品的直接生产者。他们能否参加比赛，并按照规则的规定安全地完成比赛，是体育赛事组织者必须考虑的问题。一般而言，来自体育赛事产品生产者的风险主要有三种：一是缺席风险；二是人身安全风险；三是侵害无形资产风险，即赛事在未经运动员、教练员和裁判员的许可下，擅自使用其肖像等无形资产，而必须面临承担侵权责任的风险。

（4）体育赛事产品消费者风险：现场观众是体育赛事产品最直接的消费者。一场大型体育赛事往往相当于一次大型观众集会，具有人员高度密集的特点；并且受赛场内激烈的体育赛事气氛的影响，观众往往处于狂躁、非理性、自控能力相对低下的状态，因而极易发生安全事故。而对观众在消费体育赛事产品过程中发生的安全事故，体育赛事组委会负有谨慎义务。即体育赛事承办者应当采取任何可能的行动，预防任何可能对观众造成的可预见性伤害，否则，体育赛事承办者就是有"过失"，必须承担相应的法律及赔偿责任。在某些事故情况下，体育赛事组委会还有可能承担无过失责任，也就是说，即使体育赛事组委会在安全事故中没有过失，也要对事故中观众所受的伤害承担一定的赔偿责任。因此对于体育赛事组委会而言，观众的安全问题是其所要面临的一个重大风险。

2. 场地器材风险 场地器材是进行体育赛事不可或缺的硬件条件。通常场地器材风险表现为以下两个方面：

（1）场地器材自身安全风险：场地器材自身处于危险之中，即一切与体育赛事有关的建筑物、仪器设备、体育器械等各种财产，在建筑、安装、维修和使用期间由于意外事故、自然灾害或人为损坏，发生损毁、灭失等。

（2）场地器材导致他人危险的风险：场地器材导致他人危险的风险，即场地器材由于设计、使用等的不合理而给他人造成危险。例如由于体育场馆质量问题，看台发生坍塌，导致观众伤亡；体育场通道设计过于狭窄，致使观众在入场、出场时因拥挤而发生伤亡；场地内未配备足量的安全保障设施如灭火器、安全通道提示灯等，从而在危险发生时，观众缺乏足够的救援设施，而导致伤亡进一步扩大；体育赛事器材由于质量低下或设计不合理而导致运动员受伤等。

3. 财务风险 财务风险是指赛事所从事的与货币有关的或者能以货币计量的各种活动中存在的风险。体育赛事财务活动包括筹（融）资活动、资金回收活动，由此，体育赛事财务风险相应地表现为筹资、资金回收等财务活动的未来实际结果偏离预期结果的可能性，而产生筹资风险、资金回收风险。在进行外汇资金结算中，受汇率变动的影响，赛事还有可能面临外汇风险。

4. 时间风险 通常体育赛事的时间管理包括两个方面的内容，一是体育赛事的时机选择；二是体育赛事的时间安排。这两项时间管理内容出现问题，可能导致赛事面临以下时间风险。

（1）时机选择：即确定举办比赛的适当时间。体育赛事时机选择不当，有可能导致以下风险。

① 体育赛事时机选择不当，忽视天气等自然因素对比赛的影响，则可能影响比赛按时正常举行；即使照常举办的比赛，也可能因为天气影响，降低比赛的精彩程度和观众的参与热情，甚至可能因为恶劣的天气状况而增加比赛意外事故的发生。

② 在体育赛事频繁时段举办比赛，或者和其他体育赛事同时举办，则可能面临体育赛事场馆、器材、参赛运动员、裁判员等生产资源和观众、赞助商、媒体等消费资源的激烈竞争，从而可能导致资源获得难度增大和资源成本提高的风险。

③ 在没有进行必要的宣传，体育赛事的市场接受度，包括观众、媒体、广告商、赞助商对体育赛事的认可和接受程度不高的情况下，仓促上马，则有可能使体育赛事承办者面临较大的市场风险。

④ 同其他重大活动发生冲突，则有可能面临被取缔的风险，如体育赛事与某些重大政治活动同时举行，则体育赛事有可能因为气氛与政治活动不协调或者因体育赛事的重大集会可能给政治活动带来安全隐患而被取缔。

（2）时间安排：是指对体育赛事中的各项具体工作任务的时间编排。时间安排如果不精确，没有明确规定体育赛事中各项任务或活动的明确起、止时间，则无法统一各关系方的行为时间，导致整个体育赛事活动的混乱。而时间安排如果过于紧凑、精确，缺乏弹性，则一旦发生意外事故，不但发生意外的工作无法按时完成，与之相联系的一系列工作也可能受到影响，产生恶性循环；还可能会对工作人员造成极强的心理压力，影响正常工作水平的发挥。

5. 信息风险　信息的传输与交换在管理的任何时候都十分重要，缺乏有效的信息传输和交换，任何管理行为都无法有效实施。信息风险指体育赛事运营中因信息传输失效、数据安全漏洞或技术系统故障导致的运营中断或声誉损害风险，具体表现为票务系统崩溃、敏感数据泄露（如运动员医疗记录）、实时数据误传（如计时计分错误）以及虚假信息传播等。这类风险可能破坏赛事公信力，引发法律纠纷，甚至威胁参与者的生命安全。2022 年卡塔尔世界杯期间，票务平台遭遇持续网络攻击，高峰期每秒遭受 5 000 次恶意访问。组委会紧急启用区块链技术构建备用验证系统，通过分布式节点存储 50 万张电子门票数据，同时部署 AI 防火墙实时识别异常流量。最终在未暂停售票的情况下，成功拦截 99.7% 的攻击请求，保障了 64 场比赛的 128 万观众顺利入场，避免了超 2 亿美元的经济损失。

五、赛事收尾管理

当体育赛事结束的时候，赛事组织应当做好赛事的收尾工作。由于收尾常常是零碎、烦琐、费时且费力的工作，故容易被轻视和忽略。因此，应当特别强调体育赛事收尾的重要性，以免给体育赛事的运营带来后患。

（一）赛后管理工作

体育赛事在结束时，必须做好管理收尾工作。管理收尾工作就是汇编、收集和散发有关信息、资料和文件，正式宣布体育赛事或体育赛事阶段的结束。

（1）办理各队离赛的各种手续，确保及时离去。

（2）用于比赛的场地、器材、服装、用具等物资设备的及时归还、转让、出售和处理。

（3）财务决算。

（4）汇编、寄发比赛成绩册和其他技术资料。

（5）移交、整理有关文档资料。

（6）向新闻单位发布运动竞赛的有关情况。

（7）评比表彰工作。

（8）赛事相关人员的善后工作。

（9）庆祝赛事结束。

（10）总结经验教训。

（二）赛事评价

赛事评价是指对体育赛事实施仔细观察、测量和监视，以便正确评估结果的过程。体育赛事评价可以提供体育赛事的基本轮廓和重要的统计结果，为体育赛事参与者提供反馈，为进行赛事分析和提高赛事质量提供借鉴。例如根据国际奥委会的要求，北京奥组委《奥运会总结报告》共 4 卷，即《申办文件及分析》《奥运会盛况》《奥运会筹备情况总结》《奥运会总体影响研究报告》。赛事评价一般包括赛事实施过程评价，即对照立项评估或可行性研究报告预计的情况和实际实施的过程进行比较和分析，找出差距，分析原因；赛事效益评价，即财务评价和经济评价，主要分析指标是赛事直接成本、收入、利润等赛事盈利能力的指标；赛事影响评价，包括经济影响评价和社会影响评价。

体育赛事的评估贯穿于体育赛事的始末，但在实际操作过程中往往"说起来重要，做起来次要，忙起来不要"，容易被忽视，得不到广泛的使用。即使在实践过程中，大多数体育赛事规划过程都只进行赛后评估而忽视其他方面的评估。评估不仅有助于一项赛事取得更大的成功，为其他体育赛事提供成功或失败的经验，而且还有利于赛事行业的职业化发展。

评估并不是赛事管理工作的事后回顾，它是为了应对组织变化与成功的战略需要。评估方法既有定性的也有定量的，但最终评估结果取决于体育赛事的管理者。为提高评估结果的可信度，应采用多种分析方法进行评估。评估对于超大型和大型体育赛事很必要，对于持续管理运作的小型体育赛事也很有帮助。

赛后评估虽然在赛事结束后开始，但并不是一个简单回顾，而是对赛事的全方位评估。这项工作有助于为其他体育赛事总结经验和教训，对于相关组织、主办方、合作伙伴和运动员等相关利益群体也有一定价值。赛后评估主要是制订各种类型的评估报告。评估报告要有针对性，针对不同的组织、不同的要求进行评估，因此采取的评估方法也应有所不同。

主要的评估方法有数据收集（包括销售数据、观众数据、运动员数据和会议数据等）、观察（主要通过赛事管理人员、警察、提供救护服务的机构、赞助商、场地工作人员和战略伙伴等的报告）、询查活动（主要通过会议和聚会活动进行）、调查（包括调查问卷、面谈等）和媒体报道（报刊剪报、电视广播报道、网络新媒体）等。

第三节　体育赛事营销

营销就是如何在合适的时间，合适的地点，以合适的价格，通过合适的信息交流，把合适的产品卖给合适的顾客，以满足合适的市场需求。由于体育赛事产品的特殊性，即提供服务是体育赛事产品的主要特征，所以体育赛事营销实质上是一种在合适的时间和地点以合适的价格，通过合适的信息交流，提供合适的服务和精彩竞赛过程来满足消费者各种体育需求的活动。本部分主要从体育赛事产品的类型和营销方式两个方面对体育赛事营销进行阐释。

一、体育赛事产品

体育赛事产品包含无形产品、有形产品和衍生产品三个层次。在体育赛事营销中,体育组织生产的产品可以分为以竞赛为主的竞赛产品和以围绕竞赛产品而展开的其他产品两类。

1. 有形产品(竞赛产品)　竞赛产品是赛事的核心产品,竞赛产品的质量至关重要,因为其质量高低直接关系到观众的消费数量。体育竞赛产品的质量包括:一是赛事组织者的水平,包括场馆设施安排形式在内的硬件准备程度;二是参赛选手尤其是明星运动员临场水平的发挥和裁判的表现。赛事的有形产品除竞赛产品以外,还包含与这一赛事相关的体育用品,如体育器材、运动服装、运动鞋、纪念品、特许商品等。

2. 无形产品(服务)　体育赛事无形产品是围绕体育赛事的无形资产开发出来的。赛事无形资源一般不具有实物形态,而能提供某种特殊权利或收益。在体育赛事营销中,很大程度上是对体育赛事服务的推广。赛事的无形产品除服务外还包括媒体开发、转播权、商标权等。

3. 衍生产品　随着赛事品牌效应的扩大,必然产生更多的商业机会,备受各类企业关注,从而出现以竞赛产品为核心并与赛事品牌效应密切相关的附属产品,被称为衍生产品。衍生产品简单来说就是非体育组织利用体育赛事的品牌效应推广和销售的产品。以奥运会为例,其合作伙伴遍布于各个领域,这些商业合作伙伴直接利用奥运会大量推销其产品,并获得丰厚的利润。所以体育赛事衍生产品的推广也是赛事营销中的一个重要方面。

二、体育赛事营销的方式

1. 电视转播权　体育赛事电视转播权指的是体育委员会或赛事组委会举办体育赛事时允许他人利用电视进行现场直播、录播,从中获取一定报酬的权利。出售电视转播权是体育赛事组织者的一项支柱性收入,其收入所得在很大程度上是衡量一项赛事经营好坏的参考指标。

2. 门票营销　现代体育赛事门票已不是一张纸票,入场即扔掉那么简单。它既可以做成套票、一卡通形式方便观众;也可以设计成富有创意、图案精美、具有收藏价值的纪念票,以便收藏爱好者收藏;还可以作为一种有效的广告载体负载信息。因此,作为经营中较为稳定的收入来源,门票带来的收入颇为丰厚。

3. 赞助性广告收入　体育赛事作为一种理想的新广告载体,具有的影响力、覆盖率、到达率、强势的穿透力和有效程度等已成为众多企业的理想选择。很多企业都选择赞助体育赛事来提升其品牌知名度和产品的市场占有率,以达到营销目的。与此同时,许多体育赛事主办方也希望通过广告来获取赞助,从而使赛事圆满举行,使合作得到双赢。

4. 专有权　一些大型和超大型体育赛事可以开发各种与体育赛事有关的专有产品进行销售,被称为专有权营销,例如纪念品、特许商品等。只有像奥运会、世界杯等享有盛名的、大型的、有转播的、持续数天并且有广泛人群关注的体育赛事,才能通过生产和销售标志性商品而获得利润。这些标志性商品在世界范围内有着极其广阔的市场,不仅为组织者增加了收入,也为扩大赛事影响起到良好的宣传作用。

第四节　我国体育赛事运营现状与发展策略

我国体育赛事发展历经从行政主导向市场驱动的深刻转型,以1994年足球职业化改革为分水岭开启市场化进程：甲 A 联赛打破体工队体制,引入俱乐部模式和企业赞助(如万宝路冠名),推动赛事收入结构多元化;2001 年我国加入 WTO 后资本加速涌入,2008 年北京奥运会等国际赛事承办推动全球化接轨,形成中超、CBA 等职业联赛体系,版权收入从 2004 年的 0.7 亿元跃升至 2023 年的 36 亿元;新时代以来,国务院《关于加快发展体育产业 促进体育消费的若干意见》和《体育强国建设纲要》引导赛事经济高质量发展,电竞项目正式纳入亚运会比赛项目(2023 年)、马拉松年参与人次破千万等标志性事件,展现出 5G、人工智能等科技赋能下的业态创新,构建起涵盖职业联赛、青训体系、商业开发的多维生态,但俱乐部盈利模式单一、文化 IP 溢价不足等挑战仍待突破,整体呈现从"为国争光"到"民生服务"、从"规模扩张"到"价值深耕"的转型特征。

一、我国体育赛事运营现状

(一)市场规模扩大,但收入结构失衡

近年来,我国体育竞赛表演活动市场快速复苏,2023 年规模已达到 752 亿元。但产业链呈现"头重脚轻"特征:超 60％收入依赖赛事赞助和门票销售,而更具潜力的版权运营(如赛事转播权分销)、衍生品开发(如周边商品、数字内容)仅占不到 20％。这种模式导致行业抗风险能力较弱,一旦赞助商缩减预算,赛事运营方将面临现金流压力。同时,区域发展不均衡问题突出,北京、上海等一线城市集中了 65％的国际赛事资源,而三、四线城市虽消费增速加快,但受限于基础设施和消费习惯,尚未形成规模效应。

(二)政策支持加强,但落地执行存在落差

国家层面已出台多项利好政策,例如简化赛事审批流程、鼓励社会资本参与等。但在实际操作中,新兴赛事仍面临"政策空窗期"。以电竞为例,由于涉及文化、体育、网信等多个监管部门,办赛审批平均需要跨 5 个部门、耗时 3 个月以上,导致许多创新赛事形式难以快速落地。地方层面虽有积极探索(如云南建立户外赛事安全标准),但全国统一的监管框架尚未形成,制约了跨区域赛事的协同发展。

(三)赛事品牌价值开发不足

我国每年举办超 800 场马拉松赛事,数量位居全球第一,但品牌溢价能力薄弱。对比波士顿马拉松等国际顶级赛事,国内马拉松收入的 75％来自报名费和赞助,而文化衍生品、数字内容等附加值业务占比不足 8％。问题根源在于运营模式单一:多数赛事仍停留在"举办活动"层面,缺乏长期品牌培育意识,未能将赛事与城市文化、粉丝社群深度绑定。

(四)科技应用处于初级阶段

虽然大数据、AI 技术已应用于运动员表现分析(如 CBA 使用运动轨迹追踪系统),但前沿技术的商业化探索不足。VR 观赛设备普及率低于 3％,5G 直播尚未形成稳定盈利模式。线上观赛虽覆盖 3.73 亿用户,但付费转化率还比较低,用户更倾向观看免费内容。这反映出技术应用与市场需求尚未形成有效对接。

二、我国体育赛事未来发展

(一)构建多元化赛事收入体系

我国未来体育赛事需拓展收入来源,减少对传统赞助和门票的依赖。可开发数字纪念品、线上互动体验等新形式,例如某大型赛事尝试销售虚拟周边产品,吸引年轻群体参与;同时探索会员制服务、城市联名活动等模式,形成企业、消费者、政府共同支持的多层次收益结构,增

强市场抗风险能力。

（二）深化政策落地与监管创新

需加强政策执行效率，解决政策与实际操作脱节的问题。例如某城市通过跨部门协作，将赛事审批流程大幅简化；针对电竞等新兴领域，制订灵活的管理规则，既鼓励创新又防范风险。同时明确外资参与商业赛事的边界，平衡开放与安全。

（三）打造特色赛事品牌

结合地方文化资源培育独特赛事，如乡村篮球赛、草原传统竞技等活动，通过媒体传播扩大影响力。构建多层次赛事体系，既有国际顶尖赛事提升城市形象，也有群众性活动带动全民参与，形成具有中国特色的赛事生态。

（四）推进科技与赛事深度融合

运用新技术提升赛事体验和管理水平，例如通过高清直播、实时数据分析增强观赛互动；探索虚拟场景应用，让观众远程感受现场氛围。部分赛事已尝试智能设备辅助训练和裁判决策，未来将进一步推动技术与体育的有机融合。

（五）破解人才与区域发展瓶颈

建立多层次人才培养机制，既注重运动员选拔的科学性，也加强赛事运营、宣传等专业人才的培养。推动区域协作，例如沿海城市发挥管理经验优势，中西部利用自然条件建设训练基地，通过资源共享促进均衡发展，缩小地区间赛事水平差距。

案例分析

案例 9.1　欧洲跑步热潮回顾

跑步的第一波浪潮起源于 20 世纪 60 年代后期欧洲的"全民运动政策"。跑步运动易于组织，不需要多少专业经验或昂贵的设备，很快就成了全民健身政策的核心。在荷兰，刺激跑步运动的宣传活动从 1968 年开始进行。在德国，类似的宣传活动始于 1970 年。在匈牙利，"为了你的健康而运动"的宣传活动始于 1972 年。几年之后，穿着短裤在街上奔跑的跑步者成了欧洲城市一道熟悉的风景。随后，马拉松赛事也分别在柏林、阿姆斯特丹、巴黎、马德里、斯德哥尔摩、华沙、巴塞罗那、都柏林、法兰克福、赫尔辛基、伦敦、鹿特丹、布达佩斯、雷克雅未克、维也纳、里斯本等城市举办。

在过去的 10 至 15 年间，第二波跑步浪潮进一步推动了跑步赛事的增加。道路竞赛统计协会（ARRS）的记录显示，2013 年全球举办了大约 3 900 次马拉松比赛，而 21 世纪初只有不到 1 000 次。据估计，在比利时（佛兰德），跑步赛事的数量从 1985 年的 100 余场增加到现在的 600 多场。在丹麦，跑步赛事数量从 2008 年的约 500 场增加到 2013 年的约 900 场，但每场赛事的参与人数都变少了。在德国，赛事数量从 1977 年的 646 场猛增到 1999 年的 3 551 场。在希腊，赛事数量从 2006 年的 63 场增加到 2012 年的 2014 场。在匈牙利，赛事数量从 2000 年的 50 场增加到 2012 年的 240 场。在斯洛文尼亚，赛事数量从 2007 年的 328 场增加到 2012 年的 665 场。在芬兰，赛事数量从 20 世纪 70 年代的每年 200 场增加到 2012 年的约 600 场。

20 世纪 70 年代，跑步赛事主要由市政府和田径俱乐部组织。但进入 21 世纪，跑步赛事通常由商业机构组织，如国际体育营销公司 Golazo、趣味路跑品牌彩色跑等；或者是由一些介于营利或非营利之间的基金会组织，如荷兰的 Le Champion Events 也参与其中。如今，许多赛事都是以赞助商的名字命名的，如比利时的阿金塔跑步比赛（阿金塔是保险公司）。像

Run2Day 或 Running World 这样的零售商也会赞助这些活动,与主办单位合作,并在比赛日进行打折活动。体育用品生产商可能会根据某个赛事,专门开发一款产品,如新百伦为 NN 鹿特丹马拉松设计的跑鞋。此外,这些生产商也会自行举办一些赛事,比如耐克的女子赛、N+TC 巡回赛和赢在今夜比赛,或者开办自己的跑步俱乐部。与此同时,Endomondo、Runkeeper、ostrava 或 Start-to-Run 等社交媒体平台为跑步爱好者提供了多种服务,包括联系其他跑步者、组织虚拟比赛、提供(个性化)培训建议和指导等。

资料来源:瓦格纳等《体育赛事管理及营销》第 77—78 页。

问题与思考:

1. 我国马拉松赛事热度持续高涨,尝试分析其动因和可持续发展对策。
2. 国际上马拉松赛事的发展规律和特点对我国马拉松赛事有哪些启示?

案例 9.2 安踏的国风营销

巴黎奥运会恰逢中国龙年,作为安踏的全新奥运文化 IP,以"二次元萌宠"画风创造的"安踏灵龙(LING LOONG)"一改威严的中国龙形象,赋予了灵龙人类的个性与情感。灵龙与"冠军龙服"一同发布亮相,衬托出"冠军龙服"的东方气韵,也传递着新时代中国青年的精神风貌和传统文化。

灵龙是安踏在奥运营销的一面"年轻化"旗帜。它的形象符合"Z 世代"的喜好,其性格与身姿,也是健儿们在奥运赛场上的生动写照,是一个能陪伴他们远征巴黎的"吉祥物",更能够帮助安踏品牌借助奥运会贴近年轻一代。

在线上,灵龙有自己的社交媒体。它会复制金牌动作来一场"硬核应援"、坐在镜头前播报奥运新闻、与"QQ 企鹅"联动观赛,及时响应赛事热点的内容,不仅贴合奥运焦点、营造氛围,也能陪伴观众一同享受赛事。

与此同时,线下场景中直面消费者的方式也极为丰富,能够换取更多品牌无形资产的增值,在年轻健儿们营造的热度当中,进一步增强安踏和奥运强关联所带来的品牌价值。

问题与思考:

如何处理民族品牌体育营销本土化和国际化的关系?

思考题

1. 我国体育赛事的发展现状如何?如何提升体育赛事的品质和影响力?
2. 近期,我国体育赛场出现了畸形"饭圈文化",尝试分析其成因。
3. 结合实际,谈谈体育赛事的过程管理。

第十章

体 育 旅 游

📚 **内容提要**

(1) 体育旅游的概念、分类、特征。
(2) 我国体育旅游的现状与存在的问题。
(3) 促进我国体育旅游发展的措施。

📖 **学习目的**

(1) 掌握体育旅游的概念、类型和特征。
(2) 了解我国体育旅游的发展现状和存在的不足。
(3) 思考促进我国体育旅游发展的措施。

第一节　体育旅游概述

一、体育旅游的概念和类型

(一) 体育旅游的概念

体育旅游是融合了体育和旅游相关要素的一个领域,对体育旅游一词的定义经过了复杂的变化过程。国内外学者对其进行了讨论,观点不一。有研究发现,体育旅游作为一种旅游形式古已有之,古希腊、古罗马的历史典籍中都有关于人们出游前往某地参加各种运动会的记载,但是现代意义上的体育旅游真正起源要追溯到1857年,当时英国成立了登山俱乐部,随后各国纷纷效仿,成立了众多相关俱乐部。到20世纪下半叶,体育旅游才开始有了较大的发展。

早期的讨论中,学者们从不同角度提出了具有代表性的定义:Ruskin提出,人们在特定休闲时间里,因被特殊的自然景观或体育户外休闲设施吸引而产生的旅游行为属于体育旅游;Hall认为,体育旅游是出于非商业目的,离开生活圈去观看或参与体育赛事所产生的外出旅游活动;Gibson提出,体育旅游是为参加或观看比赛,或者以与体育活动有关的吸引物为目的,暂时离开生活圈,在余暇时间进行的旅行;Deery提出,体育旅游在本质上就是体育赛事旅游,赛事的影响和赛事管理是其核心。这些定义都体现了体育旅游的部分特征,即在余暇时间、离开生活圈、与赛事有关。

2000年左右,国内开始出现针对体育旅游的讨论。迄今为止,关于体育旅游的概念还没有统一的界定。黄贵认为,体育旅游是指旅游者以参加或观赏各类健身娱乐、体育竞技、体育交流为主要目的的旅游;闵健认为,体育旅游是人们以参与和观看体育运动为目的,或以体育活动为主要内容的一种旅游活动形式;高健磊提出,体育旅游是以体育资源为条件,以体育活动为旅游商品,旅游者在旅行游览的过程中参与不同种类体育活动的旅游方式;于素梅认为,体育旅游是旅游者较长时间离开生活地,以旅游和体育为主要目的,以休闲、娱乐、健身、探险等为主要动机,以欣赏、观看或参与体育活动为主要形式的旅行游览活动;曲天敏提出,旅游者在休闲时间暂时离开居住地,在此过程中以游览观光为主要内容,以欣赏、参与或观看体育活动为次要动机或部分内容,从而促进身心和谐发展、丰富社会文化生活的旅游活动形式。黄海燕认为,体育旅游是旅游者短期内离开居住地(生活和工作的地方),以休闲娱乐为目的参与、参观、参加与体育有关的活动总和。这些关于体育旅游概念的讨论均认为体育旅游的本质特征是旅游,只是旅游的内容和形式与体育紧密相关。

2016年,由国家旅游局、国家体育总局联合发布的《关于大力发展体育旅游的指导意见》中指出,"体育旅游是旅游产业和体育产业深度融合的新兴产业形态,是以体育运动为核心,以现场观赛、参与体验及参观游览为主要形式,以满足健康娱乐、旅游休闲为目的,向大众提供相关产品和服务的一系列经济活动,涉及健身休闲、竞赛表演、装备制造、设施建设等业态"。本书认为,体育旅游是以体育资源为基础,以体育运动为核心吸引物,通过参与、观赏或体验体育活动,实现健身休闲、娱乐、社交等目的的旅游活动形式。

(二)体育旅游的分类

由于对体育旅游概念不确定,导致对体育旅游的分类也有各种差异。本书认为,体育旅游大致可以分为以下几类:

(1)根据参与的动机来分,结合已有文献,体育旅游可以分为参观或观看体育活动和体育景观为目的的旅游和以参加体育活动为目的的旅游。

(2)根据产品内容来分,体育旅游可以分为体育赛事旅游、体育景观观赏游、体育产品体验游。比如,去某地观看或参与体育赛事是体育赛事旅游;去某地参观体育景观,如体育博物馆、体育场馆、体育产业园区等为体育景观观赏游;去某体育公司参加新开发产品的试用体验等为体育产品体验游。

(3)根据参与的程度来分,体育旅游可以分为体育参与旅游和体育观赏旅游。比如一场马拉松比赛,你去参加了马拉松跑并在举办地旅游,这是体育参与旅游;去外地登山、滑雪等,这些都是直接参与体育运动的,是体育参与旅游。对于一起随行的家人来说,他们去现场观看了马拉松比赛或者大型赛事,那就是体育观赏旅游。去世界杯或者奥运会举办的城市观看比赛也是体育观赏旅游。

(4)根据旅游产品的历史性,可以将体育旅游划分为民俗体育旅游、新兴体育旅游。比如,去广东、湖北、江西等地观看赛龙舟,去潮汕地区观看英歌舞,去云南等少数民族聚集的地区观看当地民俗体育活动,都属于民俗体育旅游。去挑战蹦极、户外探险等是新兴体育旅游。

(5)根据旅游产品的空间特性,可以分为冰雪体育旅游、低空体育旅游、户外体育旅游等。比如,去某地滑冰滑雪、参加与冰雪有关的体育运动的旅游是冰雪体育旅游,去飞滑翔伞、跳伞等可以视为低空体育旅游,自驾去西藏、参加户外越野等属于户外体育旅游。

二、体育旅游的特点

综合考虑体育旅游的概念和分类情况,得出体育旅游具有以下特点。

(一)融合性

体育旅游是体育产业和旅游产业深度融合的产物,是旅游产业在体育领域的具体体现,其核心是产业的联动。结合近几年的趋势来看,文化要素深度融合旅游产业,并在体育旅游领域得到体现。另外,体育旅游也已经从单一层面的"体育+旅游"的产业融合模式拓展到了"农业旅游＋体育旅游""工业旅游＋体育旅游""红色旅游＋体育旅游""教育旅游＋体育旅游""康养旅游＋体育旅游"等多元形态,衍生出众多跨界新产品。比如河北秦皇岛首钢赛车谷就是"工业旅游＋体育旅游"的典型代表。在城市更新和工业废弃园区改造的过程中,首钢集团利用原厂址转型打造了首钢赛车谷,其中卡丁世界由迪拜法拉利公园卡丁赛道的法籍设计师亲自设计,是国内唯一获得国际汽联卡丁车运动委员会认证的国际卡丁赛道。园区内包含国内唯一一条专业直线竞速赛道,还有2万余平方米的汽车特技秀场以及利用高炉、干法除尘区域工业遗址打造的具有钢铁、机车特色的高炉广场等。

(二)体验性

不论是哪种类型和内容的体育旅游,体育旅游强调参与者的体验感。体验感也成为体育旅游吸引游客的重要衡量指标之一。针对不同类型的消费者,不同的体育旅游项目或者目的地会打造不同方案,以吸引不同群体消费者。体验感的体现可能是好玩、有趣、有挑战性、刺激等,但是不论何种体验,能够让消费者在体育旅游结束时有获得感,并希望下次还可以继续参加是体育旅游开发的重要目的。2024年全国多地马拉松赛事现场的补给站成为美食流水席,如济南马拉松的烧烤席,哈尔滨马拉松的红肠加锅包肉等。再比如,著名的越山向海越野挑战赛,虽然参赛门槛高、难中标,但别出心裁地增加了画脸、美食等服务,目的都是提升参赛选手的体验感。NBA比赛现场的kiss camera环节、俱乐部吉祥物和观众席的互动等也都是提升体验性的重要手段。另外,不同赛制的设定也成为提升参与者体验感的重要手段,比如戈壁挑战赛的赛制设定。

(三)地域性

体育旅游一般都会依托地方资源进行差异化发展,通过具有特色的地方资源打造差异化体育旅游产品,以吸引消费者。比如,河南陈家沟太极拳文化旅游通过"文化＋体育旅游"的方式,结合当地著名的陈家沟文化旅游区,打造太极拳文化旅游区,使游客可以参观并学习太极拳文化。再比如,黑龙江镜泊湖风景区冰雪体育旅游结合了当地丰富的冰雪资源、火山口地下森林、唐代渤海国遗址等,形成了一个文体旅综合体验区。

三、体育旅游的功能

作为结合了体育和旅游的体育产业新业态,体育旅游在健身休闲、经济、社会、文化传播等方面具有积极的作用。体育旅游的本质功能是健身休闲,衍生功能是经济功能、社会功能和文化传播功能。

(一)健身休闲功能

体育旅游将体育和旅游结合在一起,人们在旅游过程中体验登山、骑行、溯溪、露营、滑雪、高尔夫、骑马等各种户外运动项目,在参与体育项目的过程中锻炼身体,从而达到强健身体、愉悦身心的目的。同时,离开了日常生活的环境和居所,体育旅游使人们能够在全新的环境中暂时缓解工作和生活的压力,放松心情、享受生活,达到休闲娱乐的目的。

(二)经济功能

体育旅游能够带动相关产业发展,从而促进区域经济增长。体育旅游可以刺激消费,带动交通、住宿、餐饮、购物、娱乐以及旅游和体育等多个领域的共同发展。例如,体育赛事的举办会吸引大量游客和体育爱好者来到赛事举办地观赛和旅游,这将直接带动当地零售、餐饮、住宿、交通等多个领域的发展。因为大量游客的涌入,消费需求的增长不仅会带动相关产业的发展,还会增加这些领域的用人需求,从而创造更多的就业岗位。同时,体育旅游可以提升旅游目的地的知名度和影响力,帮助旅游目的地打造地方品牌,推动地方基础设施建设,并吸引更多投资。

(三)社会功能

社会功能指的是体育旅游与人、社区和社会之间的关系。体育旅游能够为地方群众和游客之间建立沟通桥梁,使不同区域不同文化背景的人增进了解、沟通和互动。体育旅游能够提高社区凝聚力,促进人们更好地了解自然、尊重自然、保护自然,提高人们的环保意识。

(四)文化传播功能

体育旅游是体育文化的重要载体,通过体育旅游,参与和观赏不同的体育赛事和活动、参观体育景观等,可以帮助人们了解不同地区、不同民族的特色文化,促进区域间文化交流。同时,体育旅游还能够促进不同文化的传播、交融,帮助人们更好地理解和尊重不同文化,促进区域间、民族间融合与交流。

第二节　我国体育旅游的现状与存在的问题

一、体育旅游的现状

近 20 年来,随着政策支持的力度加大、体育设施的逐步完善、体育旅游产业的迅速发展,人民群众多样化体育运动和旅游休闲的需求日益增长,体育旅游已经成为重要的生活方式,体育旅游市场形成了一定产业规模。我国的体育旅游呈现出以下一些特点:

(一)体育旅游消费市场规模持续扩大

近年来,随着体育赛事、户外运动和健身休闲产业的发展,体育旅游消费市场规模持续扩大。例如,2024 年,全国共举办路跑赛事 671 场,参赛人次约 656 万,赛事分布范围涵盖了全国 31 个省级行政区、261 个市、537 个区县。《中国冰雪旅游发展报告(2025)》显示,2023—2024 冰雪季我国冰雪休闲旅游人次达 4.3 亿,冰雪休闲旅游收入为 5 247 亿元。《中国户外运动产业发展报告(2023—2024)》显示,根据同程旅行的数据,与疫情前的 2019 年相比,2023 年与户外运动相关的订单人次增长 14.99%;2024 年上半年的同比增速达到 59.78%。航空运动、水上运动稳步发展,2023 年共举办各级各类航空科技体育赛事活动近 70 项。全国冲浪、桨板项目消费人群超过 100 万,整体消费规模超过 10 亿元。

(二)政策支持力度强

2016 年,国家旅游局和国家体育总局发布《关于大力发展体育旅游的指导意见》。意见指出,到 2020 年,在全国建成 100 个具有重要影响力的体育旅游目的地,建成 100 家国家级体育旅游示范基地,推出 100 项体育旅游精品赛事,打造 100 条体育旅游精品线路,培育 100 家具有较高知名度和市场竞争力的体育旅游企业与知名品牌,体育旅游总人数达到 10 亿人次,占旅游总人数的 15%,体育旅游总消费规模突破 1 万亿元。近年来,相关政策文件明确提出建设体育旅游目的地和精品线路以及国家体育旅游示范基地等来推动体育旅游的发展。例如,2023 年中国体育旅游博览会共收集到来自 31 个省区市推介的 810 个中国体育旅游精品项目。2024 年 2 月,国家体育总局、文化和旅游部联合发布 12 条"2024 年春节假期体育旅游精品线路"。2024 年 7 月,国家体育总局、文化和旅游部联合发布 21 项"跟着赛事去旅行"2024 暑期全国户外运动赛事清单,这些赛事均带动了当地住宿、餐饮等消费增长。这些精品体育旅游路线和项目为群众参与体育旅游提供了方向和便利,促进了地方体育旅游产业的发展。2025 年,国家发展改革委、国家体育总局发布《关于建设高质量户外运动目的地的指导意见》,推动户外运动成为体育旅游目的地。

(三)体育旅游基础设施不断完善

2016 年发布的《关于大力发展体育旅游的指导意见》鼓励各地将体育旅游与市民休闲结合起来,建设一批休闲绿道、自行车道、登山步道等体育旅游公共设施。鼓励和引导旅游景区、旅游度假区、乡村旅游区等根据自身特点,以冰雪乐园、山地户外营地、自驾车房车营地、运动船艇码头、航空飞行营地为重点,建设特色健身休闲设施。加快体育旅游景区的游客集散中心、公厕、标示标牌、停车场等公共服务设施建设。

(四)带动相关产业发展

以贵州村超为例,2023 年举办的榕江(三宝侗寨)和美乡村足球超级联赛历时 2 个多月,相关内容全网综合浏览量超 350 亿次,全网在线观看直播人数超 6 亿人次。赛事期间,累计吸引游客 338.42 万人次,实现旅游综合收入 38.34 亿元,全县农特产品线上线下销售额达 4.01 亿元,同比增长 57.92%。除此之外,榕江县在融媒体中心设立了"村超"新媒体专班,专门负责剪辑制作推广相关视频。建成榕江新媒体产业园,开展新媒体人才培训,培育本地网络直播团队 2 200 余个,1.28 万个账号入驻中台,吸引约 300 名大学生返乡从事新媒体和电商工作。

二、体育旅游存在的问题

经过多年的发展,我国的体育旅游虽然取得了一定的成果,但是在以下方面还存在不足。

(一)产品市场方面

产品同质化、创新不足、市场开发不够、品牌 IP 打造不到位等问题较为突出。例如,山地户外运动领域的体育旅游线路项目等,大多依托登山、徒步、露营等项目开展,缺乏创新性,无法持续性吸引游客。对于一些新兴的小众山地户外运动项目开发力度不足。例如,贵州村超和村 BA 吸引了大量游客,但是通过模仿村超和村 BA 的模式举办的赛事,其影响力和吸引游客的能力就大打折扣。此外,依托山地户外运动资源开展的体育旅游还存在季节性问题,受气候因素影响,旺季、淡季出现明显差异,而能够做到季节性补充的项目在吸引游客方面的竞争力仍然不够。

(二)产业融合方面

体育旅游涉及体育、旅游、文化、交通、环保等多个部门,但部门间协同机制还不完善,在项目审批、资源整合、市场监管等方面还存在沟通不畅、协调困难等问题。例如,开发山地户外运动相关的体育旅游项目面临开发山地户外运动资源与推广山地户外运动之间的矛盾。山地户外运动依托的山地资源属发改委、环保等部门管辖,其中涉及的保护性山地户外运动资源开发的问题需要体育总局联合旅游、环保等多个部门进行协商评估,比如山地户外运动资源是否适合被开发、是否可以用作商业用途,对生态环境是否有影响,有可能产生什么样的环境破坏问题,都需要进行科学严谨的评估。再如,群众性体育赛事马拉松赛事的举办,需要地方体育局、文旅部门、交通管理部门、安保部门、应急救护等多个部门的协同合作。

(三)基础设施方面

体育旅游是一个融合性的产业领域,在基础设施方面存在着地方差异性,场地设施的完善程度等会对体育旅游的游客满意度产生影响,尤其是偏远地区体育旅游场地设施、交通设施以及住宿等设施存在明显短板,无法满足消费者的需求。依托大型赛事展开的体育旅游,可能会因为举办地交通承载力不足导致赛事举办期间交通拥堵等问题。

（四）服务质量方面

体育旅游是一个覆盖全国各个省份、连接多个体育产业样态的领域，通过体育赛事、旅游目的地等把消费者连接在一起。在这个领域，赛事的服务质量将对体育旅游的游客满意度产生影响。以马拉松赛事为例，作为参与人数众多的群众性体育赛事，跑道设置、跑道上的补给、参赛包领取、举办地交通等各个方面都会影响参赛者的满意度。而几乎每次马拉松赛事都会面临现场移动洗手间数量不足、卫生状况堪忧等问题。除此之外，体育旅游是一个跨领域的产业，需要既懂体育又懂旅游的复合型专业人才。但现实情况是，可能有懂体育的人，但是缺乏具备体育管理、体育赛事运营等专业知识的人才，也缺乏既了解旅游又懂得依托体育资源发展的体育旅游的专业人才。体育旅游从业人员的专业素质和服务水平参差不齐，包括导游、教练、赛事组织人员等，在服务过程中存在不规范、不专业的现象，这些都影响了游客的体验感和对该项目或赛事活动的满意度。

第三节　促进我国体育旅游发展的措施

针对体育旅游领域存在的问题，可以采取以下措施进行改善，进而提高体育旅游的整体水平，吸引消费者主动积极参与其中。

一、建设高质量体育旅游目的地

国家发展改革委、体育总局《关于建设高质量户外运动目的地的指导意见》指出，依托优质山水陆空户外运动资源，统筹考虑冰雪、山地、水上、陆地、航空等户外运动项目开展条件，深入发掘区域比较优势，合理确定高质量户外运动目的地的空间布局和地域范围，支持建设以优势项目为主、多种项目融合的高质量户外运动目的地。体育旅游是与山地户外运动资源紧密结合的产业领域，吸引消费者的前提条件是有完善的基础设施、体育设施和配套设施。

二、加强多主体协同治理

促进体育旅游与户外运动、文化、康养、教育、交通、环保等深度融合，理顺体育旅游管理过程中的多头管理导致的经费支出、资源开发、利益分成等方面的问题，明确体育、旅游、市场监管、交通、卫生健康等相关部门在体育旅游市场监管中的职责，避免出现职责不清导致的监管空白或重叠问题。调动企业积极性，加大政府在体育旅游市场开发方面的政策支持力度，提供优惠政策扶持，完善土地政策。加强体育旅游在体育、旅游、文化、交通等多部门和领域之间的融合，建立有效的协调和合作机制，充分整合和优化市场配置，明确各部门的职责和分工，共同制订体育旅游产业发展规划和政策，解决产业发展中的问题，提高市场开发的效率和效果。

三、加强产品创新和市场开发

依据消费者多元化的消费需求，结合地方特色资源，开发体育旅游资源，挖掘体育旅游产品的体验价值，打造特色体育旅游产品，为消费者提供丰富的体验内容，提升吸引力。针对不同年龄段游客制订个性化差异化的营销策略，树立鲜明的体育旅游品牌形象，满足消费者多样化的需求。例如，结合当地的民俗文化、自然景观等，开发特色民俗体育体验游、生态体育探险游等项目,打造地方体育旅游特色品牌。根据不同季节和地域特点,开发特色体育旅游产品。考虑到体育旅游消费者具有不同的消费能力,对产品进行分层定价。根据市场需求和季节变化,灵活调整价格。通过多种渠道宣传地方体育旅游资源,利用新媒体、旅游博览会、体育博览会等推广地方体育旅游产品和品牌,利用企业官方网站、在线旅游平台、社交媒体平台等线上平台进行产品推广和销售。通过发布精美的图片、视频等内容,吸引消费者关注,并提供便捷的预订服务。同时,结合线下门店和代理商,为消费者提供面对面的咨询和服务,增强消费者的信任度。打造具有特色和影响力的体育旅游品牌,通过品牌故事、品牌形象塑造等方式,提升品牌知名度和美誉度。加强活动营销,举办各类体育旅游主题活动,如体育旅游节、极限运动挑战赛、亲子体育旅游嘉年华等,吸引消费者参与,提高品牌曝光度。

四、规范市场主体,加强安全保障

加强对体育旅游市场主体的准入制度,严格审核企业和从业人员的经营资质,对从事高风险体育旅游项目的经营者,要求其具备相应的专业资质、安全保障措施和应急救援能力。例如,经营潜水、攀岩等项目的企业,需取得相关体育部门颁发的专业经营许可证。定期对体育旅游企业和经营场所进行检查,监督其遵守法律法规和行业标准,规范经营行为。重点检查体育旅游项目的安全设施设备、服务质量、价格公示等情况,对违规行为及时进行查处和整改。督促体育旅游经营者建立健全安全管理制度,制订安全应急预案,定期组织应急演练,提高应对突发事件的能力。提高安全意识,提升体育旅游安全治理水平。

五、提高服务质量

依托高等院校和职业培训机构,开设体育旅游相关专业和课程,培养既懂体育又懂旅游的复合型专业人才。同时,加强对现有从业人员的继续教育和培训,不断更新其知识和技能,以适应体育旅游产业发展的需求。加强对体育旅游从业人员的培训,提高其专业素质和服务水平。建立健全服务质量监管体系,规范从业人员的服务行为,提高服务意识,保障游客的合法权益。最重要的是,体育旅游领域从业人员需更新观念意识,学习优质企业管理理念,从消费者需求出发,以培养持续性消费者为目标,提高服务质量,满足消费者多样化的需求。对体育旅游市场进行深入调研,了解消费者需求,了解市场竞争态势,明确市场定位,开发设计针对不同目标群体的体育旅游产品,满足目标群体核心需求,提高企业竞争力。同时,提高交通、食宿等配套领域的服务质量,打造完美体育旅游服务质量圈,使游客在交通出行、住宿、美食和文化体验中都能享受高质量服务,增加消费者的黏性和忠诚度。

案例分析

案例 10.1 观澜湖集团:"体育+文旅"先行者

观澜湖集团——中国休闲产业的先行者,率先倡导发展休闲这个全新的朝阳产业,迄今已形成蜚声中外的高尔夫和多元休闲产业集群。观澜湖产业集群跨越深圳、东莞、海口三地,形成集运动、商务、养生、旅游、会议、文化、美食、购物、居住等为一体的国际休闲旅游度假区,其中以深圳、东莞为基地发展汇聚五大洲风格的球会,这里成为知名赛事举办地。

从1992年开始,观澜湖集团顺应中国改革开放的国际化进程,选择深圳与东莞交界处的近20平方公里荒山野岭,发展观澜湖高尔夫球会及观澜湖旅游度假区,这里汇聚了五大洲风格的多个锦标级球场并成为国际赛事举办地。此外,观澜湖还兴建了包括多片网球场的网球中心、观澜湖生态运动公社、四大国际会所、多家休闲酒店、观澜湖新城综合体、深圳博观外国语学校、大型国际会议中心、SPA养生中心、高尔夫学院、国家网球和高尔夫球运动培训基地、生态休闲游憩园,以及丰富的商业、美食、运动休闲设施和国际化的生态居住区,构建了集运动、赛事、养生、商务、会展、培训、娱乐、居住为一体的观澜湖综合休闲旅游度假胜地。深圳观澜湖和东莞观澜湖亦先后荣获全球公认的"绿色奥斯卡"大奖——国际花园小区金奖第一名,国际高尔夫旅游协会评选颁布的世界高尔夫旅游最高荣誉大奖——全球最佳高尔夫旅游休闲胜地,中国旅游景区最高荣誉——国家5A级旅游景区,以及首批中国低碳旅游示范区称号。

随后,观澜湖集团跨过琼州海峡,将产业版图延伸到中国热带宝岛——海南。在海南省海口市的一片火山熔岩石漠地上,成功打造了海口观澜湖度假区。海口观澜湖项目契合海南国际旅游岛建设的国家战略,形成了集运动、赛事、保健、养生、文化、娱乐、商务、会展、培训、居住为一体的大型休闲产业集群。其主要设施包括10个高尔夫球场,全球最大规模的矿温泉水疗中心,巴塞罗那足球学校和足球互动体验区,足球训练基地,NBA综合项目群,丽思卡尔顿、硬石等4家酒店,海口观澜湖新城综合体,海口狂欢水世界主题公园,海南华侨中学观澜湖学校,以及与华谊兄弟、冯小刚导演合作的观澜湖华谊冯小刚电影公社项目。海口观澜湖度假区成为海口旅游休闲的新地标。

观澜湖成为中国闻名遐迩的高尔夫国际赛事和国际体育、文化、商贸交流平台。迄今已引入和举办逾百次国际赛事及交流活动,每年接待约300万国内外的宾客光临。

问题与思考:

1. 观澜湖集团在发展"体育+文旅"的休闲产业的道路上采取的策略是什么?其运营亮点有哪些?

2. 为什么选择深圳和海口这两个城市打造产业集群?

案例10.2 新西兰皇后镇:极限运动天堂

皇后镇坐落在新西兰南岛西南部风景如画的瓦卡蒂普湖畔,四周环绕着雄伟的南阿尔卑斯山。从奥克兰和惠灵顿乘飞机前往大约需要2个小时,从克赖斯特彻奇和达尼丁等城市出发,则可选择风景优美的驾车路线。皇后镇被誉为新西兰的冒险之都,其令人叹为观止的自然风光和充满活力的市中心,使其成为户外运动爱好者、寻求刺激者以及渴望领略新西兰自然美景精华人士的热门目的地。皇后镇最吸引游客的时间是每年的6月到8月,那时它摇身一变成为雪上运动的顶级胜地。这里有举世闻名的滑雪场,比如皇冠峰和卓越山,冬季吸引着来自世界各地的游客来体验顶级的滑雪、单板滑雪和滑雪后的欢乐时光。小镇因各种节日、活动和温馨的冬日氛围而充满活力,深受冒险者和那些想欣赏皇后镇冬季美景之人的喜爱。夏季,皇后镇吸引着喜爱湖上活动和水上运动的游客,秋季则展现出令人惊叹的秋色,而春季则带来鲜花盛开、雪山皑皑和绿意盎然的山谷。这些季节特色使得人们可以尽情享受滑雪、徒步、骑行和高尔夫等户外冒险活动。

皇后镇施行严格的行业准入标准,政府对蹦极、跳伞等高危项目实行牌照制,强制保险和安全审核。同时,新西兰政府将毛利文化融入到旅游产品中,通过毛利勇士探险等活动将特色文化与户外运动及旅游等融合。

问题与思考:

1. 新西兰皇后镇推广旅游的措施有哪些?

2. 查询相关网络资料,从交通便利、设施完善、食宿配套、专业教练等角度思考新西兰皇后镇体育旅游管理存在的不足有哪些。

案例 10.3 崇礼冰雪旅游度假区

崇礼冰雪旅游度假区,位于河北省张家口市。2019 年 6 月 14 日,崇礼冰雪旅游度假区被河北省文化和旅游厅公布为河北省省级旅游度假区,并于 2020 年获批国家级旅游度假区。崇礼全区近 3 万人直接或间接为滑雪场服务。目前,该区已建成万龙、云顶、太舞、长城岭、富龙、多乐美地、银河 7 大滑雪场,成为国内最大的高端滑雪集聚区,具备成为世界级滑雪胜地的基本条件。全区拥有雪道 169 条,总长 162 公里,其中 15 条雪道通过国际雪联认证;各类缆车索道 67 条,总长 44.5 公里,云顶、太舞、万龙、富龙四家雪场连续 2 年入围"中国滑雪场十强"。

以崇礼太舞小镇为例,太舞滑雪场独拥崇礼主峰玉石梁(海拔 2 160 米),雪道绝对落差 510 米。该地区年平均气温 4.2 度,雪期长达 150 天,与世界著名滑雪胜地落基山、阿尔卑斯山同处北纬 40~50 度,是世界公认的"山地度假"黄金地带。雪场由世界著名山地规划设计团队——加拿大 ECOSIGN 公司(曾 5 次参与冬季奥运会场地设计)担纲规划设计。造雪面积达 400 公顷。总体规划 200 条雪道,总长度 138 公里;索道 45 条,魔毯 21 条,总长度 38.23 公里。雪场配备法国进口 POMA 公司生产的 4 人脱挂式报索器高速吊椅缆车(配置防风罩),有效提高了滑雪效率。租赁器材采用奥地利菲舍雪具,这是滑雪业的国际知名品牌。单板采用国际知名品牌伊兰(ELAN)。滑雪场内设有两个巡逻值班点,配备两艘专业雪上救护船、8 台雪地摩托车及 1 台专用救护车。度假区内还配备 1 名医生、1 名护士和 1 个医务室,并有国际专业水准的巡逻队负责雪场安全。太舞滑雪场不仅提供冬令营和冬季滑雪等服务,还设有夏令营活动,同时还有自行车、ATV 巡游、高尔夫练习场、射箭、露营、体能步道、登山、卡丁车等项目和场地供游客选择。太舞小镇还配备了完善的餐饮、美食娱乐和购物等配套设施。

问题与思考:

崇礼滑雪度假区太舞小镇为吸引游客采取的措施有哪些?还有哪些可以改进的地方?

思考题

1. 什么是体育旅游?

2. 未来体育旅游的发展趋势是什么?

3. 如何打造具有辨识度的体育旅游品牌?

第十一章

体 育 场 馆

📚 **内容提要**

(1) 体育场馆的概念和分类。
(2) 学校体育场馆的管理。
(3) 公共体育场馆管理。
(4) 商业性体育场馆管理。
(5) 体育场馆智慧化。

📖 **学习目的**

(1) 掌握体育场馆、公共体育场馆的概念。
(2) 掌握体育场馆的属性及分类。
(3) 了解学校体育场馆管理的特点。
(4) 了解公共体育场馆和商业性体育场馆的运营模式和面临的困境。
(5) 了解智慧化体育场馆的特征。

第一节　体育场馆概述

体育场馆是发展体育的硬件基础,它反映了时代文明和科技进步的成果,也体现了城市经济和社会发展的昌盛和繁荣。

一、体育场馆的发展历程

体育场馆的诞生与发展始终与人类文明进程及体育的社会角色演变紧密交织。从原始社会以祭祀、军事训练为目的的部落竞技场,到古希腊奥林匹克运动会的环形竞技场,体育空间最初承载着宗教仪式、军事训练与城邦荣誉等复合功能。工业革命后,现代体育的规范化与职业化催生了专业化场馆:19世纪,英国足球俱乐部的社区球场、美国棒球场等标志着体育从贵族娱乐转向大众化,场馆成为城市工业化进程中工人阶级的社交空间。20世纪,奥运会、世界杯等全球化赛事更将体育场馆推至国家形象工程的高度。例如,1936年柏林奥运会场馆的政治象征意义,1964年建成的东京代代木体育馆在现代主义建筑上的突破,均折射出体育与政治、科技、文化的深度互动。

中国体育场馆的发展历程是传统体育文化与现代文明交织的缩影。古代社会已出现区域性体育空间雏形。两汉时期,在皇宫或离宫中流行的蹴鞠就有专门的球场——鞠城。东汉李尤在《鞠城铭》中写道:"圆鞠方墙,仿象阴阳,法月衡对,二六相当",就描述了当时鞠城的形制。唐代盛行的马球也有专用球场,1956年西安唐朝大明宫遗址考古发掘出土了刻有

"含光殿及球场"字样的奠基石。这些设施多服务于军事训练或贵族娱乐,尚未形成公共属性。

清末民初,随着西方人大量涌入中国开埠城市,一些西方生活方式和体育活动被带入中国。西方人有热爱运动的传统,同时他们也想通过西方体育这一先进文化标签来展现其优越性。在这一背景下,现代体育场馆被引入中国。跑马场是中国近代城市最早出现的且影响最大的体育建筑类型。它以上海、天津、汉口、青岛等地传入的跑马场建设为起点,逐渐传入中国内陆城市。1912年民国政府成立以后,推动了体育场馆的建设,近代体育运动体制开始在中国建立。部分城市和各类校园相继建成田径场、网球场、篮球场馆等设施,为现代体育项目走向社会、走向市民提供了物质条件。

中华人民共和国成立后,体育场馆建设进入系统化、有规划的兴建阶段。新中国成立后的30年间,中国体育馆的观众席数已近40万个。从20世纪50年代起,在重点城市和地区,首先解决了"有无"的问题;到了60年代,数量和质量都有了较大飞跃;到70年代,中国的大中型体育建筑得到了广泛的建设。改革开放以后,中国体育事业实现了较大发展,体育建筑建设速度加快。体育建筑的总体用地面积、场地面积、场地数量都呈现稳步上升状态。特别是围绕举办全运会、亚运会、奥运会等大型赛事建设了一批高规格、高标准的体育中心和场馆。近年来,随着通信技术的发展和广泛应用,我国体育场馆开始向智慧场馆、生态场馆转型。例如,通过5G技术的应用及山林场馆的建设(如北京冬奥会延庆赛区),推动体育场馆可持续发展。从传统演武场到全民健身枢纽,体育场馆始终映射着中国社会从封闭到开放、从竞技优先到全民共享的文明演进轨迹。

二、体育场馆的概念

从历史发展的维度来看,体育场馆在人类发展的历史上承载一定的历史使命,发挥着不同的作用,也扮演着不同的历史角色。在产业革命之后,尤其是随着二战后体育产业和全球性体育赛事的飞速发展,体育场馆成为人类社会物质文明和精神文明不断进步的重要表征。对我国体育而言,体育场馆作为国家体育事业发展的物质载体与公共服务平台,其重要性贯穿于全民健身、竞技体育、体育产业、学校体育等领域,是体育强国建设的战略基石。在了解体育场馆的发展历程后,体育场馆的概念就更加明晰了。我国体育场馆有其历史特殊性。在计划经济时代,几乎所有的体育场馆,特别是中大型体育场馆,都是由政府出资建设的,所以其属性相对单一,是政府体育事业的重要组成;到了市场经济时期,部分中小体育场馆开始引入社会资金,部分大中型体育场馆也开始进行市场化和社会化运营,体育场馆在竞技体育、全民健身和体育产业中扮演着越来越积极的角色。从学者们对体育场馆的概念界定中,也能看出这点区别。体育场馆是指由各级政府投资或社会筹集资金兴建,由各级体育管理机构或其他行政部门、事业单位、企业负责管理的,主要用于开展社会体育活动,满足广大群众进行体育健身、休闲,组织运动训练,开展体育竞赛等经营服务的场所,是包括体育场、体育馆、游泳馆等各种类型的体育设施的统称。也有观点认为,体育场馆是体育场和体育馆的总称,是能够提供人们进行各类体育活动的空间及其附属设施所构成的环境总称。结合当前我国体育场馆发展的新特点和新任务,本书认为:体育场馆是由政府或社会力量投资建设,经专业机构管理运营,具备开展全民健身、运动训练、体育竞赛及休闲娱乐等复合功能的公共体育服务设施集群,是整合体育场、体育馆、游泳馆等多元化运动空间及其智能化配套系统的综合性体育活动载体。

二、体育场馆的属性

体育场馆的属性是指其区别于其他建筑或设施的核心特征,这些属性反映了其在社会、功能和服务中的独特定位。

（一）公共性

体育场馆作为社会基础设施的重要组成部分,具有鲜明的公共属性。其所有权通常归属于政府或公共机构,面向全体社会成员开放,旨在满足大众健身需求、促进全民健康并服务城市公共活动。这一属性决定了场馆需兼顾公益目标与社会责任,通过普惠性运营模式打破使用门槛,构建全民共享的体育空间。公共性不仅体现在物理空间的开放准入上,更表现为对社会多元需求的包容性,例如兼顾青少年体育培训、老年群体健身活动等差异化服务。

（二）专业性

专业性是体育场馆功能实现的技术保障,体现在建筑标准、设施配置与运营管理三大维度。场馆需严格遵循国际体育赛事规范,具备专业级运动场地、照明系统、安全防护等硬件条件,确保竞技赛事的高质量呈现。同时,专业团队需依据国际或国内相关标准或规范进行场地维护、设备调试与赛事服务,例如田径场馆的跑道弹性控制或游泳馆的水质恒温系统管理,均需通过精准技术参数实现专业化保障。

（三）服务性

现代体育场馆以用户需求为核心构建服务体系,强调服务流程的人性化与精准化。通过智能化预约系统、分级会员制度、运动健康监测等软性服务,提升公众参与度。服务性还延伸至非体育领域,例如提供运动康复咨询、体育文化教育等衍生服务,形成以场馆为载体的综合服务生态。这一属性要求运营者从被动提供场地转向主动设计服务场景,通过数据分析持续优化用户体验。

（四）多功能性

多功能性体现为空间功能的可变性与资源利用的复合性。通过模块化建筑设计,场馆可快速转换场地布局以适应不同规模与类型的活动需求,如篮球场与冰球场地的技术转换。在功能延伸层面,场馆可兼容文艺演出、会展、应急避难等城市公共服务,形成"体育＋"的多元业态融合。这种属性不仅提高了空间使用效率,更强化了场馆作为城市活力节点的社会价值。

三、体育场馆的分类

体育场馆是开展体育活动、举办赛事、服务大众健身的核心载体。由于社会需求多样化和体育运动的专业化发展,体育场馆逐渐形成多种类型。科学的分类有助于理解其功能定位、设计原则与运营模式,为规划建设和管理提供理论依据。以下从不同维度对体育场馆进行分类。

（一）按功能用途分类

按照体育场馆功能用途的差异,体育场馆可以分为综合性体育场馆、专项体育场馆、训练型场馆和多功能文化体育综合体等。

1. 综合性体育场馆 综合性体育场馆是指整合多种运动功能、可承办不同体育项目的场馆。其特点是空间灵活性强,常包含主赛场、训练场、观众席及配套服务区。例如,北京奥林匹克体育中心集田径、游泳、球类等多功能于一体,既能举办国际赛事,也可服务于群众健身。此类场馆优势在于资源利用率高,但因建设成本高昂,需注重后期运营的多元化。

2. 专项体育场馆 专项体育场馆专为单一运动项目设计,严格遵循国际赛事标准。例如,足球场的天然草皮需定期养护,游泳馆需配备恒温系统和专业防滑地面。典型专项体育场包括上海八万人体育场和"水立方"国家游泳中心。此类场馆专业性突出,但维护成本较高,通常用于高水平竞技活动。

3. 训练型场馆 训练型场馆以运动员日常训练或群众基础健身为主要功能,设施相对简化。例如,社区健身房配备基础力量训练器械,体校训练馆设置标准化跑道和跳高垫。其特点是实用性强、开放时间长,但需注重设备安全性和更新频率。

4. 多功能文化体育综合体 此类场馆突破传统体育功能,融合商业、文化、娱乐等业态。例如,深圳大运中心体育场通过可移动座椅和声学设计,可在篮球场与演唱会场地间快速切换,并配套商业零售空间。其优势在于提高非赛事期利用率,但需平衡不同活动对场地的损耗。

(二) 按运营主体分类

按照运营主体的异同,体育场馆可分为公共体育场馆、商业体育场馆和单位内部场馆。

1. 公共体育场馆 由政府投资建设并管理,以公益性为核心目标。如城市全民健身中心,实行低价或分时段免费开放,优先保障学生、老年人等群体使用。其最大挑战在于财政依赖性强,需探索"公益＋商业"混合运营模式。

2. 商业体育场馆 由企业投资运营,以营利为主要目的。如高端健身会所,提供私教课程、智能穿戴设备等服务,室内滑雪场通过门票和装备租赁盈利。此类场馆注重用户体验,但需应对市场竞争和高客户流失风险。

3. 单位内部场馆 服务于学校、企事业单位等特定群体。如高校体育馆、企事业单位员工活动中心,通常不对外开放,设施以满足内部需求为主。部分场馆尝试在非课时或工作时段向社会开放,以提高资源利用率。

(三) 按规模与容量分类

按照规模和容量的多少,体育场馆可以分为大型场馆、中型场馆和小型场馆。

1. 大型体育场馆 容量超过5万人,具备承办国际赛事能力。例如国家体育场(鸟巢)可容纳8万观众,配备媒体中心、VIP包厢等设施。其建设需考虑赛后可持续利用,避免资源闲置。

2. 中型体育场馆 容量在3 000至5万人之间,适用于区域性赛事或文化活动。例如省级体育馆、大学城体育中心,常通过举办中小型演出、展会增加收入。

3. 小型体育场馆 容量不足3 000人,以社区健身设施为主。例如社区篮球场、露天健身广场,具有贴近居民、使用便捷的特点,但需加强设备维护与安全管理。

(四) 按服务对象分类

按照服务对象的异同,体育场馆可分为竞技体育场馆、群众体育场馆、特殊人群场馆。

1. 竞技体育场馆 以专业运动员为核心用户,设施符合国际赛事标准。例如F1赛车场需满足极限竞速要求,田径场馆的跑道材质需定期升级。

2. 群众体育场馆 面向大众健身需求,强调安全性与便利性。例如社区羽毛球馆设置防滑地胶,城市绿道配备智能健身器材。

3. 特殊人群场馆 针对老年人、儿童、残障人士等特殊群体设计。例如无障碍游泳馆配备升降平台,儿童体适能馆采用防撞软垫和适龄器械。

体育场馆的分类标准具有多样性和交叉性,实际中常出现"一馆多类"现象,如兼具公益性与商业性的混合场馆。理解这些分类有助于优化场馆规划设计,推动体育事业与社会经济的协同发展。

四、体育场馆的功能

体育场馆作为现代城市的重要基础设施,既是全民健身的公共服务平台,也是推动经济增长与社会发展的战略资源。其功能不仅体现在提供运动空间、举办赛事活动等基础层面,更通过多元价值延伸,深度融入城市文化塑造、消费升级与品牌建设中。以下从社会功能与经济价值两大维度,系统阐释体育场馆的多维作用。

(一) 社会功能

1. 促进全民健身　体育场馆通过普惠性开放政策与智慧化服务体系,构建全民健康促进平台。政府主导的公共场馆以低收费或分时段免费模式降低参与门槛,覆盖青少年体能培训、中老年健身课程等多元化需求。智能化管理系统实现场馆预约、人流监控与运动数据分析的精准匹配,显著提升公众使用效率。作为全民健身计划落地的重要平台,场馆的普及可以影响居民运动习惯养成,进而推动体质提升,助力全民健康目标的实现。

2. 承办赛事活动　专业化场馆为竞技体育提供标准化支撑,形成覆盖国际赛事、职业联赛与民间竞赛的多层级赛事体系。其场地规格、设施配置与安全保障严格遵循国际标准,确保高水平竞技的公平性与观赏性。赛后功能转化策略则延伸场馆价值,通过场地复用、业态叠加等方式转型为大众运动中心或商业活动空间,实现竞技价值向公共服务价值的持续延伸。

3. 服务社区文化　场馆超越传统运动空间定位,成为社区文化融合与社会治理创新的重要载体。通过举办文体市集、公益讲座、亲子活动等社会性项目,强化居民归属感与社区凝聚力。其空间灵活性还体现在应急服务功能上,灾害时期可快速转换为临时避难所或物资调度中心,凸显公共基础设施的社会兜底价值。这种功能延展使场馆深度融入城市文化生态,成为基层治理的活力节点。

(二) 经济价值

1. 拉动消费　场馆通过门票销售、衍生服务与技术创新构建复合消费场景。基础运动服务与高端体验项目形成差异化消费层级,满足个性化需求。数字技术的应用进一步拓展盈利边界,线上健身课程、虚拟赛事直播等新模式开辟增量市场,形成“线下实体＋线上服务”的双向价值循环,持续释放体育消费潜力。

2. 带动周边产业　场馆建设与运营触发产业集群效应,推动建筑、科技、文旅等关联产业协同发展。其空间集聚特征吸引商业配套入驻,形成以场馆为核心的消费商圈。大型赛事更产生“乘数效应”,通过基建投资、住宿餐饮、交通物流等产业链条拉动区域经济增长,成为城市经济发展的空间触媒。

3. 提升城市品牌　标志性场馆通过建筑美学与功能创新塑造城市文化符号,国际赛事的高曝光度则创造全球传播窗口。这种软实力提升间接转化为招商引资优势,吸引人才、资本与创新资源的集聚。顶级场馆可使城市旅游收入、人才吸引力等关键指标显著增长,成为城市竞争力的战略性资产。

体育场馆的社会公益属性与商业运营需求并非对立,而是通过功能融合实现价值共生。智慧化管理优化资源配置效率,绿色技术应用降低长期运维成本,多元业态组合则平衡公益服务与商业开发。这种“社会效益奠基—经济效益反哺”的良性机制,使场馆从单一运动空间升级为驱动健康治理、消费升级与城市更新的综合平台,持续赋能社会经济发展。

第二节　学校体育场馆管理

学校体育场馆是促进学生全面发展的重要基础设施,不仅为体育教学、训练和竞赛提供专业场地,更是培养学生运动习惯、增强体质健康的核心载体。通过日常体育课程与课外活动,帮助学生掌握运动技能、提升团队协作与抗压能力;同时,开放式的健身区域鼓励师生课余自主锻炼,有效缓解学习压力、预防近视和肥胖等青少年健康问题。此外,学校场馆还可承办校际赛事、社区体育活动或应急避难,成为连接校园与社会的多功能空间,在强化学生身体素质、塑造校园文化认同感及服务社会公益等方面具有不可替代的作用。

一、管理特点

学校体育场馆的管理特点集中体现在教育性、安全性、公益性和阶段性四个维度,这些特征共同构成其区别于社会体育设施的独特属性。

(一) 教育性

学校体育场馆的核心功能是为教学服务,其管理始终围绕育人目标展开。场馆规划需匹配课程体系,通过标准化运动场地、器械配置支撑学生体能训练与技能习得。场馆使用优先保障体育教学与训练,通过科学排课与活动设计强化身体教育功能。管理过程中注重融入规则意识、团队协作等素质教育元素,定期开展体育文化宣传,引导师生形成终身体育理念。同时,场馆陈设也要配合校园文化建设,利用体育历史事件、实物、纪念物或标语等来丰富校园体育文化。

(二) 安全性

安全管理贯穿场馆运营全流程,包含设施维护、活动监管与应急机制三重保障。严格执行运动器材年检制度,落实地面防滑、器械缓冲等防护标准,配备急救设备与专业人员。制订分级安全预案,对高风险项目实行准入审核与过程监护,通过智能化监控系统实时预警风险。定期组织师生安全培训,建立运动损伤预防体系,确保体育活动零事故底线。

(三) 公益性

作为公共教育资源,场馆运营坚持非营利导向,通过免费或低收费政策服务师生群体与社会公众。管理机制中设置公益开放时段,平衡教学需求与社会服务职能,重点保障青少年体育锻炼权益。通过财政补贴维持运营成本,避免商业性开发,确保设施普惠价值。特殊时段向残障人士、青少年等群体倾斜开放,践行教育公平理念。

(四) 公共性

学校体育场馆作为社会公共资源的重要组成部分,其管理遵循全民共享属性与开放服务原则。场馆运营突破单一教学功能边界,通过制度化开放机制保障师生、周边居民及社会团体的平等使用权,体现公共设施的社会责任。管理实践中建立预约登记、分时段共享等制度,平衡校内需求与社区体育资源供给,通过资源配置优化提升设施周转效率。注重特殊群体运动权益保障,在场地分配中预留残疾人专用通道及适老化设施,推动全民健身公共服务均等化。同时强化场馆的文化纽带功能,在重大节庆日组织群众体育活动,促进校园与社区体育生态融合共生。

(五) 阶段性

场馆管理策略随教学周期动态调整,呈现学期模式与假期模式双轨运行特征。学期内以课程教学为核心,统筹安排体育考试、社团活动等模块;寒暑假转为全民健身服务模式,延长社会开放时长。不同学段场馆配置差异化,基础教育阶段侧重基础体能设施,高校则增加专项训练场地。场馆管理标准根据学生年龄特征制订,如中小学强化安全监护强度,大学侧重自主管理能力培养。

二、管理目标

学校体育场馆的管理旨在通过科学规划与高效运营,实现教育功能、资源效益与社会价值的最大化,具体目标包括以下方面。

(一)保障教学与训练需求

核心目标是满足体育课程、校队训练及学生日常锻炼需求,确保场馆设施适配不同学段的教学内容,并通过合理排课、器材维护和场地预留,避免教学活动与对外开放的冲突。

(二)促进学生体质健康与全面发展

通过安全、开放的场馆环境培养学生运动习惯,降低近视率、肥胖率等青少年健康问题;依托体育节、社团训练等多样化活动提升学生的团队协作、抗压能力等综合素质,助力"五育并举"教育目标的实现。

(三)确保安全与风险防控

建立全流程安全管理体系,包括设施定期巡检、安全标识标准化、应急预案演练,并通过保险购买和身份核验规避意外风险。

(四)平衡公益性与可持续运营

在优先服务师生的前提下,探索有限度的开放模式,将部分收益反哺场馆升级;同时争取政府补贴、校企合作等多元资金支持,减轻学校财政负担。

(五)服务社会公益与社区融合

发挥场馆的公共属性,承办社区体育赛事、公益培训或应急避难,强化学校与社会的互动,提升教育资源的社会贡献度。

学校体育场馆管理的终极目标是通过教育赋能、安全托底、资源增效和公益延伸,打造"以学生为中心、以健康为根基、以社会为延伸"的生态化运营体系,为学校教育质量提升和社区公共服务优化提供坚实支撑。

三、安全管理与维护

因为学校体育场馆人员密集且活动强度高,安全漏洞容易引发灾难性后果,所以一定要高度重视学校体育场馆的安全管理与维护工作。2023年,黑龙江省发生两起重大体育场馆顶盖塌陷事故,分别涉及齐齐哈尔市第三十四中学体育馆和佳木斯市桦南县悦城体育馆。这两起事故暴露出场馆设计、施工监管及安全管理等多方面问题,引发社会广泛关注。

(一)安全制度

体育场馆的安全管理重在预防和应对。日常活动中,学生的体育课和课外锻炼需要有老师或工作人员在场监护,及时指导正确的运动方法,防止意外发生。所有运动设备需要定期检查,比如每月检查篮球架的稳定性、单杠的连接点是否牢固,每年对游泳池的水循环系统做全面检测。场馆内还需制订清晰的应急预案,例如准备急救箱、培训工作人员处理扭伤或摔伤等常见问题,并定期组织火灾逃生、人员疏散的演练,确保紧急情况下能快速响应。

(二)维护重点

日常维护是保障场馆安全的关键。塑胶跑道需要每周清扫杂物,每季度修补磨损区域,避免积水或开裂导致滑倒;沙坑要定期翻松沙土,保持松软状态。运动器械的维护同样重要,例如检查排球网的松紧度、更新老旧体操垫的防滑层,对超过使用年限的器材及时更换。通过日常清洁和定期保养,既能延长设施寿命,也能为使用者创造安全、舒适的运动环境。

四、开放政策与社会责任

体育场馆作为公共服务的核心载体,其开放政策不仅是资源高效利用的必然要求,更是履行社会责任、促进社会公平的重要体现。随着健康中国战略和全民健身国家战略的推进,推动场馆从"封闭管理"转向"有序开放",已成为破解群众"健身去哪里"问题的关键路径。通过制订科学合理的开放政策,场馆得以打破校园或专业场地的物理边界,成为全民共享的健康空间;而建立准入机制、强化安全保障等举措,则彰显了公共服务机构对生命权、健康权的责任担当。

(一)政策依据:让全民共享体育资源

2017年,教育部和国家体育总局联合印发的《关于推进学校体育场馆向社会开放的实施意见》指出,学校应在保障正常教学的前提下,积极推进体育场馆向社会开放。政策强调以公益性为导向,明确要求公立学校场馆每周设定固定时段向周边居民开放,并按照"成本补偿"原则制订低价收费标准,优先满足青少年、老年人等群体的健身需求。例如,许多中小学将周六上午设为"社区健身日",市民凭身份证登记即可使用操场、篮球场等设施,既缓解公共体育资源不足的问题,也促进学校与社会的良性互动。

(二)实践策略:平衡开放与安全

开放过程中需建立科学的管理机制:一方面,与街道办、社区居委会合作,采用"预约制＋时段分流"模式,例如工作日晚上开放羽毛球馆、周末开放足球场,避免人员过度集中;另一方面,严格实行实名登记制度,要求使用者签署《安全责任书》,并为场馆购买公众责任险,覆盖意外伤害风险。例如,杭州市部分学校引入"人脸识别"系统,居民刷脸入场时自动触发保险保障,既简化流程又降低安全隐患。通过这类措施,场馆在履行社会责任的同时,确保开放过程有序、可控,实现公益性与安全性的双赢。

第三节　公共体育场馆管理

从我国公共体育场馆治理的发展演变过程来看,在社会发展的不同历史阶段,其承担的社会使命是不同的。加之国家政治经济文化事业不断演进,国家治理方式不断调整,民众权利意识不断提升,公共体育场馆的社会角色也日益复杂化、多元化。

一、公共体育场馆的概念

公共体育场馆是指通过政府财政拨款或政府通过其他途径筹集资金兴建的,以满足运动训练、运动竞赛和群众体育娱乐等需要的社会公有体育场和体育馆及其附属配套设施。由此可见,公共体育场馆是以政府为主导、面向社会公众开放的公益性体育设施,涵盖体育馆、游泳馆、运动场等类型,旨在满足全民健身、竞技训练、赛事举办及文化传播等多元需求。其管理核心是通过科学规划、高效运营及资源整合,保障设施安全、服务普惠与可持续利用,常见模式包括政府直管、委托经营以及政府和社会资本合作(PPP)等。作为社会公共服务体系的重要组成部分,公共体育场馆不仅通过低门槛开放促进全民健康水平提升、缓解公共医疗压力,还通过包容性设计

(如无障碍设施)推动社会公平与融合;同时,其作为城市应急避难场所和社区文化纽带的功能,增强了城市韧性并培育了体育文化认同,对构建健康社会、凝聚城市活力具有深远意义。

二、公共体育场馆运营管理模式

公共体育场馆的主流运营模式主要呈现三种典型形态,每种模式在权责分配和服务效能方面具有显著特征。

(一)政府主导型运营模式

它以财政资金为基本支撑,通过全额或差额拨款方式维持场馆基础服务功能。该模式强调公共服务属性,通常设置工作日免费开放时段、特定人群价格减免政策,并配套全民健身专项补贴资金。其优势在于能有效保障基础体育服务的普惠性和均等化,如北京市属体育场馆年均提供公益时段超 2 000 小时,惠及群众超 100 万人次。但该模式普遍面临运营效率偏低的问题。

(二)委托经营型模式

它通过引入专业体育运营商实现管办分离,形成"所有权归政府、经营权市场化"的治理结构。政府通过特许经营协议明确服务标准,要求运营商保障年度开放天数不低于 330 天,公益时段占比超过 30%,同时建立服务品质保证金和超额收益分成机制。如上海东方体育中心引入久事集团后,通过承办电竞赛事和明星演唱会实现年增收超 3 000 万元。但该模式需防范运营商过度商业化倾向,部分场馆曾出现健身区域被商业展览挤占的争议事件,凸显出契约监管的重要性。

(三)混合所有制(PPP)模式

它通过政府与社会资本合作重构运营体系,在杭州奥体中心、深圳大运中心等项目中形成可复制经验。该模式通常采用 ROT(改建—运营—移交)或 BOT(建设—运营—移交)形式,社会资本方承担 30%～50%的改造成本,同时获得 10～30 年特许经营期。

三、公共体育场馆治理困境

作为公共体育场馆内部治理而言,伴随着外部环境的调整,特别是国家政策方针的调整,公共体育场馆治理面临着诸多困境。如果从治理的不同层次来看,这些难题大致可以从治理域、治理观和治理术三个层面呈现。治理域是治理所涉及的具体范围和领域,它为治理观和治理术提供了基础和背景。治理观是对治理的总体认知和理念,它决定了对治理目标、主体、方式等方面的看法,而治理术是将治理观付诸实施的具体手段和策略。治理域、治理观和治理术从不同层面对公共体育场馆治理中所面临的问题进行了分类,从而更好地按图索骥、精准施策。

(一)治理域困境——从竞技夺标到体育强国建设

新中国体育经历 70 余年的发展,竞技体育成为彰显社会主义制度优越性、振奋民族精神、凝聚各民族力量的重要社会活动,而公共体育场馆正是举办大型竞技体育赛事的重要载体。所以,在相当长的一段时间,公共体育场馆一直作为竞技体育"夺标"的重要场所。但是到了 20 世纪 80 年代末 90 年代初,因为公共体育场馆运营压力增大,体育场馆向市场化和社会化转向,居民健身热情旺盛,加上公共健身场所匮乏等原因,公共体育场馆改弦更张、市场化改革就成为必然。2019 年,国务院办公厅印发了《体育强国建设纲要》,文件描绘的 2035 年战略目标中,就包括了"更亲民、更便利、更普及"的全民健身,还有包含公共体育场馆在内的"资源整合、数据共享、互联互通"的全民健身公共服务。经过 40 余年的改革,我国公共体育场馆大多数仍为传统事业单位,这表明这一系列的改革依旧是表层的改革,以创收为目的,基本上未涉及其管理体制的改革。这些问题虽然表象各异,但底层原因相同、结构相似,因此在本质上构成了一个系统性的挑战。

1. 体育场馆的市场化　大型体育场馆的运营是一道世界性难题,如何运营这个庞然大物,创造最好的经济效益和社会效益,成为所有国家的行政部门都曾面对或正在面对的难题。从专业管理的角度看来,国内大型体育场馆的管理效果很不理想,硬件和软件条件都堪称一流的场馆甚至不如欧美国家的一些业余队场馆设施的管理水平,在场馆的运营、维护等方面和它们存在较大的差距。目前国内体育场馆设施对建设资金的保障力度比较大,而对后期的保护和维修重视和支持程度不够。就大型体育场馆而言,国际上惯常做法是每年都要拿出场馆建设费的5%～10%来维持其健康运行。所以,市场化成为我国政府减轻维护负担、盘活资产、扩大效益的必然选择。但是,如何进行符合国情民意的市场化成为每个公共体育场馆都要面临的共同难题。

2. 社会服务的公益性　公共体育场馆是由国家财政拨款建立,受国家机关领导,是所需经费由国库开支的体育事业单位,"国有资产和事业单位"成为公共体育场馆治理中两个重要基点。非经营性国有资产具有非增值性的特点,其占有和使用不是为了自身价值的增值,而是为履行国家行政管理职能和社会服务职能提供物质基础。显然,公共体育场馆属于非经营性国有资产的范畴。我国公共体育场馆属于事业单位,带有较为浓厚的公益性色彩,政府除了承担绝大部分甚至全部的建设费用之外,还承担着成本折旧、日常开支、管理维护等费用。我国公共体育场馆在经营管理实践中进行了一系列改革和探索,摸索出经营承包责任制、租赁制、差额管理、委托经营责任制、自收自支责任制等经营管理模式。与此同时,也在寻找如何更好服务大众、提升公共体育场馆公益性的途径。

3. 体育场馆的智慧化　公共体育场馆的智慧化是伴随着科技水平的不断提升,以及体育场馆治理需求的不断提高而提出的。在20世纪80年代以前,我国公共体育场馆的科技元素局限在体育场馆工艺层面。以北京亚运会为契机,亚运场馆群开始与国际接轨,在注重体育场馆工艺的同时,注入了"辅助用房功能分布及流线设计",实施单体智能化技术。到21世纪初,以举办北京奥运会为契机,公共体育场馆开始了智能化和互联网化。随着通信技术的迭代升级,以及公共体育场馆解决自身难题的需要,以2014年出台的《关于加快发展体育产业促进体育消费的若干意见》为起点,开启了公共体育场馆的集成创新和应用创新的智慧化阶段。借力物联网、大数据等新一代通信技术,主张多元主体协同的数字治理悄然进入我国公共体育场馆治理领域。

(二) 治理观困境——从管理理念向治理思维的跃迁

治理观就是人们对治理域中出现的问题所秉持的一系列观点、理念和认知。随着我国体育事业改革的不断深入,公共体育场馆在社会中所扮演的角色在发生深刻变化。要落实政府的改革目标,实现公共体育场馆的收益性和公益性的双重角色达成,管理者就必须实现治理观念的改变,进而实现公共体育场馆的高质量供给和快速发展。治理观的改变体现在治理主体的改变、治理方法的调整、价值取向的改变等。

1. 治理主体从一元主体到多元协同　计划经济时代,政府是公共体育场馆的唯一管理主体,政府承担了场馆建设、资金投入、日常管理等工作,也导致了公共体育场馆管理效率不高、灵活性不够、利用率不足、难以满足居民多样化健身需求等问题。随着体育市场的不断开拓和深入,公共体育场馆开始借鉴国外大型体育场馆的管理经验,采用租赁、合作、公司化等方式进行市场化改革,社会、市场和社区等组织以及居民群体开始通过一定途径、一定程度地介入到公共体育场馆的治理中。

2. 治理结构从科层化到扁平化　我国公共体育场馆管理科层化的痕迹非常明显,这主要是由公共体育场馆的所有权和管理方式决定的。近年来,科层化管理对公共体育场馆的负面影响逐渐凸显,比如公共体育场馆管理缺乏灵活性、创新性等。所以,相较于传统管理方式的新公共管理、新公共服务及数字治理理念等陆续被提出,加之信息化办公水平不断提高,扁平化治理成为解决科层化治理难题的重要路径。从传统的科层化到力求突破的扁平化治理的转型,需要管理者观念水平的提升和改变。

3. 价值取向从事业单位到兼顾"公益与营利"　在过去相当长的时间里,公共体育场馆都是政府附属的事业单位,强调其公共服务的属性,主要关注公共体育场馆服务竞技体育的效益和成绩,对当前政府较为关注的公益性很少顾及,或者说关注不够。随着时代的发展和消费观念的转变,公共体育场馆在整个体育事业中所处的环境和扮演的角色都在发生急剧变化。新时期,我国公共体育场馆开始从早前单纯服务于"为国争光"的竞技体育,转向公益性与营利性兼顾。

(三) 治理术困境——从科层制管理向横向协同的调整

治理术就是达成治理目标的策略、方法和手段的综合体系,它是具体治理活动的践行和达成。就公共体育场馆的有效治理而言,治理术就是公共体育场馆为实现公益性和经营性目标而采取的一系列策略和方法。

1. 各方利益难协调　经过几十年的不断改革,公共体育场馆的利益相关方日益多元化,包括政府、场馆运营方、某些俱乐部和普通民众等。政府希望公共体育场馆能够扩大开放的力度和广度,最大化发挥体育场馆的公益性;而场馆运营方更倾向于追求利润最大化,在提供部分基本公共服务的同时,最大程度地扩大商业开发和高收益项目;部分俱乐部队伍则希望场馆为他们的训练提供更长时间和更好的场地保障;而广大民众则希望公共体育场馆能够提供更多、更便宜甚至免费的公共服务。在场地受限、时空有限的现实情况下,治理实践中选择一个让各方都满意的方案或办法是非常困难的。

2. 服务手段创新难　公共体育场馆服务方式的创新主要受管理者的创新思维能力、资金支持以及具备创新意识和能力的人才等因素的影响。当前大多数公共体育场馆仍采用事业单位编制,传统的科层制管理思维和方法依然占据主要地位,这种传统管理思维惯性束缚了方法创新。创新需要技术、设备的支持,也需要资金保障。例如智慧体育场馆的建设受限于经费不足,仍有大部分公共体育场馆未进行智慧化场馆改造。此外,受国家政策影响,早期公共体育场馆的管理者和员工大多是运动员出身,对现代管理和营销知识缺乏了解,也不具备相应的治理能力。

3. 监督执行不到位　2019年,国务院办公厅颁布了《关于促进全民健身和体育消费　推动体育产业高质量发展的意见》。文件提出深化"放管服"改革,释放发展潜能,"鼓励各地推进公共体育场馆'改造功能、改革机制'工程"。毋庸置疑,公共体育场馆"放管服"改革对丰富全民健身公共服务供给,激活公共体育场馆的服务效能,加快公共体育场馆市场化进程起到了重要作用。

四、公共体育场馆服务创新

公共体育场馆的服务创新要突破现有困境,亟需动员社会、市场力量,以创新现有的治理模式。系统性破解公益保障与市场运营的二元对立难题,需要从空间重构、数字转型、治理革新与供给升级四大维度着手解决。

(一) 场馆空间重构与功能再造

传统体育场馆常面临空间利用率低、功能单一的问题。通过立体化改造和功能叠加,将单一运动场地升级为复合型公共空间。例如,利用建筑屋顶增设健身步道,地下空间改造为商业配套,既保留主体运动功能,又融入休闲消费场景。这种改造以集约化利用为核心,打破平面布局限制,使单位面积能承载更多元的活动类型。

(二)数字化服务升级

数字化转型的核心是建立数据驱动的服务体系。通过智能设备实时采集用户入场频次、器械使用偏好等运动数据,结合算法分析优化资源配置。例如,动态调节场地开放数量、推送个性化课程建议等。技术应用需聚焦实际痛点——简化预约流程、提升设备维护效率、降低人工管理成本,而非盲目追求技术堆砌。

(三)协同治理机制优化

场馆管理需打破政府包办模式,建立多方协作的治理框架。政府负责制定规则与监督公益目标,运营商专注服务运营与市场开发,社区代表参与需求反馈与质量监督。通过权责清晰的契约设计,平衡公共利益与商业收益。

(四)多样化服务供给体系

针对不同群体需求构建分层服务体系,通过免费时段、低价会员等方式保障基础层普惠性健身服务,增值层开发高端定制产品(如私教课程、健康管理)。同时延伸"体育＋"场景,引入文化演出、技能培训等业态,形成多维度消费生态。

体育场馆创新需回归本质——以空间效率、技术赋能、治理协同和服务包容为核心,从硬件改造到运营模式全面升级。避免概念化空转,始终围绕"用户需求满足"与"社会价值创造"双目标推进,才能实现可持续的公共体育服务转型。

第四节　商业性体育场馆管理

商业性体育场馆是以市场化运营为核心的体育服务载体,通过提供专业化、差异化的运动场地、设施及配套服务实现盈利目标。其管理需兼顾经济效益与社会效益。

一、商业性体育场馆的概念

商业性体育场馆是以市场化运营为核心、以营利为目的,向社会提供专业化运动场地、设施及衍生服务的经营性场所。其本质是通过高端健身、定制培训、赛事承办等差异化服务满足消费者的多元运动需求,同时整合商业资源形成复合消费场景。与公共体育场馆的公益性不同,商业性场馆强调投资回报率,运营自主性高,服务对象以中高收入群体及企业客户为主。

二、商业性体育场馆的经营模式

我国商业性体育场馆的经营模式呈现多元化发展格局,在政策引导与市场需求的双重驱动下,逐步探索出以下几种典型模式及创新方向。

(一)委托经营型模式

以特许经营协议为基础,政府将场馆运营权移交专业机构,形成所有权与经营权分离的管理架构。通过设定最低开放天数、服务质量保证金等约束条款,确保公共服务底线,同时赋予运营商开发赛事承办、健身培训等衍生业务的自主权。

（二）PPP混合所有制模式

通过BOT、ROT等合作框架构建政企风险共担机制，社会资本方参与场馆改造投资并获取长期运营权。核心在于建立弹性收益分配体系，基础服务执行政府指导价，衍生业务按比例分成，部分项目创新实施"公益成本兜底＋经营利润共享"机制。该模式有效减轻财政负担并提升服务供给量，但需通过契约设计平衡公共利益与资本回报诉求，避免公共服务质量滑坡。

（三）承包租赁型市场化模式

以市场化招标方式将场馆整体经营权移交给市场主体，实行自主经营、自负盈亏。承包方需完成既定利润指标并按比例分配收益，政府通过合同约束确保国有资产保值。该模式虽能激发经营活力，但存在运动空间功能异化隐患，需在协议中明确场馆主业定位，建立业态准入审查机制。

（四）城市体育服务综合体模式

以空间场景重构为核心，整合体育训练、商业消费与文化娱乐功能，形成复合型消费生态。通过会员体系、家庭积分等运营手段提升用户黏性，配套餐饮、零售等业态延伸消费链条。创新实践中，演艺空间、主题公园等元素的植入有效扩大了客群覆盖面，但需注重体育主业占比控制，保持运动服务核心功能。

（五）企业化自主经营模式

事业单位转型为市场化主体，通过现代企业制度激活运营效能。核心路径包括开发自有赛事IP、拓展场馆冠名权等无形资产经营，构建"以体养馆"的可持续发展模式。该模式需完善国有资产授权监管体系，在市场化运营中守住教育属性和公共开放底线，避免纯粹逐利导向对公共性的侵蚀。

三、商业性体育场馆面临的困境

我国商业性体育场馆当前面临多维发展困境，其核心矛盾在于市场化运营需求与公共服务属性之间的张力，具体表现为以下六大结构性难题。

（一）运营成本高企与收益结构失衡

商业性体育场馆承受能源、设施维护及人力成本的叠加压力，能源支出常占运营总成本的1/4以上。收入结构过度依赖场地租赁与赛事承办等短期收益，会员制消费与衍生产品开发不足，导致经营性现金流脆弱。日常场馆门票收入仅能覆盖四成支出，需依赖非体育业态填补资金缺口，易引发核心功能弱化风险。

（二）专业化人才短缺制约服务升级

行业面临复合型人才结构性缺失，兼具体育管理、商业策划与智慧运营能力的团队配置率较低。施工技术工人持证率低下与中高层管理者数字化技能滞后形成能力断层，直接影响赛事排期优化、设施智能改造等关键环节，造成场馆空置期延长与服务质量下降。

（三）政策支持体系与市场定位错配

现行政策未精准区分公益与商业属性，导致场馆承担双重成本压力：水电执行商业标准增加能耗负担，税收政策未设置体育服务减免条目。财政补贴机制缺乏绩效导向，部分场馆为平衡收支被迫超负荷承接商业活动，偏离全民健身服务主线。

（四）空间效能与功能设计矛盾凸显

规划建设存在规模与需求脱节，大型场馆日常使用率常低于设计容量的20％，而社区化健身设施配置率不足 40％。设计缺陷导致功能适配性低下,夜间照明、适老化器械等基础配套缺失,制约场馆向便民服务场景转化。

(五) 智慧化转型面临观念与资金壁垒

数字化升级遭遇三重阻碍:公益类场馆因考核机制僵化缺乏改造动力,经营性场馆智能化改造成本过高影响改造进度,管理人员数字素养不足导致技术应用效能衰减。部分智慧系统用户激活率不足四成,反映出供给端与需求端的技术认知落差。

(六) 合作管理与风险分担机制存在明显不足

当前政企合作过程中,双方权责划分模糊,易导致监管空白与重复管理并存,降低整体工作效率。此外,合作协议中的绩效目标常难以落实,反映出契约精神不足,影响合作的信用基础。在风险应对方面,安全事故发生后的责任认定缺乏明确统一的标准,场馆运营方往往面临超额赔偿风险。同时,国有资产保值增值的要求与市场波动的不确定性之间存在矛盾,导致社会资本因投资风险较高而退出意愿增强,合作项目的长期稳定性受到挑战。

这些困境的破解需构建系统性改革框架,通过政策精准调控、人才梯队建设与空间效能重构,推动商业场馆向“公益—商业”双轨平衡模式转型。实践表明,优化业态配比与创新治理机制可提升运营韧性,如商圈反哺模式通过商业收益交叉补贴体育服务,实现社会效益与经济效益的动态均衡。

四、商业性体育场馆的发展机遇

经营性体育场馆的服务创新正从单一功能型向生态化、智能化方向转型。

(一) 智能化服务生态系统构建

以用户需求为核心,整合物联网与数据分析技术,通过实时监测人流、设备状态等动态信息优化运营决策。核心在于部署智能调度系统,自动匹配场馆资源与用户需求,例如利用传感器网络调整场次间隔与能源供给。

(二) 功能复合化空间重构

通过“体育＋”模式激活场馆空间价值,将闲置区域改造为商业、文化等多功能复合体。如在屋顶建设智能健身步道,在地下空间植入零售业态,使非高峰时段利用率提升至 70％以上。空间重构需优先考虑社区需求,例如增设适老化健身区与亲子活动空间,推动场馆从单一运动场所向生活社交中心转型。

(三) 协同治理机制创新

建立政府监管、企业运营与公众监督的三方协作框架,通过契约明确公益服务指标与商业开发边界。设立关键机制,包括设置履约保证金约束运营商服务质量,同时允许其开发电竞、演艺等增值业务。

(四) 个性化健康管理服务

基于用户运动数据构建精准服务体系,通过智能穿戴设备与 AI 分析生成定制化训练方案。重点开发高端会员服务,开发诸如动态生理监测、营养计划定制等深度产品,提高核心用户黏性。

(五) 绿色可持续运营模式

部分有条件的场馆可尝试采用光伏建筑一体化、雨水循环系统等技术降低能耗成本,利用碳交易机制实现环保创收。

第五节　体育场馆智慧化

体育场馆是体育运动和比赛的重要设施,它不仅是人类社会文明与科技进步成果的具体反映,是社会经济发展的体现,同时也是举办大型活动和经贸展示的重要场所。体育场馆设施建设是现代化城市的重要标志,其功能远远超越了体育范畴。随着历史发展,体育场馆逐步成为人类文明的一种标志。当今社会,一个地区体育场馆的智慧化水平,已经成为该地区经济发达、科技发展、文化进步的重要标志。

一、相关概念

智慧化体育场馆是以新一代信息技术为支撑,通过物联网(IoT)、大数据、人工智能(AI)及云计算等技术的深度集成,构建"感知—分析—决策—执行"闭环系统的现代化体育空间。其核心在于将物理场馆转化为数字孪生体,实现设施管理、服务供给与用户体验的全链条智能化重构。体育场馆智慧化是指通过物联网、大数据、人工智能等技术重构场馆的运营模式与服务形态,实现物理空间与数字空间的深度融合。其核心目标是以数据为驱动,提升场馆运营效率、优化用户体验、拓展服务边界,最终构建可持续发展的体育服务生态系统。

在体育场馆智慧化之前的较长时期通常被称为体育场馆智能化阶段,体育场馆智能化与智慧化是场馆数字化转型的递进式发展阶段,二者构成"基础能力构建"与"系统价值跃升"的共生关系。智能化聚焦于硬件层级的自动化改造,通过物联网传感器、智能终端等设备实现单一场景的精准控制(如灯光调节、闸机通行),本质是通过场馆"感官神经"的建立,解决数据采集与基础操作的效率问题;而智慧化则强调数据驱动的系统性变革,依托云计算、AI算法与数字孪生技术,实现跨系统数据融合与智能决策(如基于用户行为预测动态定价、结合能耗与人流优化空间调度),本质是场馆"中枢大脑"的构建,推动服务从被动响应转向主动创造价值。二者的关系体现为:智能化是智慧化的技术底座,为智慧化提供数据燃料与执行终端;智慧化是智能化的价值延伸,通过全局优化释放智能化设备的协同效应。例如,智能化的温控系统仅能按预设程序调节空调,而智慧化系统可结合实时人流、室外温度及能耗数据,动态生成最优温控策略并联动照明、新风系统同步调整,实现能效比提升30%以上。因此,智能化侧重"物联"与"控制",智慧化追求"智联"与"共生",二者共同构成体育场馆从"功能空间"向"生态平台"演进的双引擎。

二、发展演进

体育场馆智慧化的发展历史可以追溯到20世纪80年代。随着计算机技术的运用与普及、办公自动化的初步实现及网络技术的开放应用,世界上第一幢智能大楼于1984年诞生在美国康涅狄格州哈特福德市。这栋大楼较早地应用了数字程控交换机,集中使用办公自动化机器,设置计算中心、消防中心、安保中心等初级自动监控智能系统。第一幢智能大楼的出现,引领其他不同行业的楼宇设计也纷纷效仿,越来越多的智能化楼宇开始出现。到了20世纪80年代后期,智能化建筑风靡全球,特别是计算机开发、通信技术、自动化控制等技术的快速发展和应用,使通信网络集成方面有了飞速发展。这一智能化浪潮很快波及体育场馆,体育场馆随即加入了这一进程。

（一）传统的独立体育场馆智能化系统阶段

20世纪80年代末至90年代初的体育场馆智能化主要包括：在体育场馆内设置程控交换机系统和有线电视等通信系统，提供通信手段；在体育场馆内设置广播、计算机网络等系统，利用计算机对体育场馆内的设备进行控制和管理；设置火灾报警系统和安防系统等。这些系统都是独立的，各自实现功能。我国体育场馆的智能化信息化工作是从1987年在广东省举办的第六届全国运动会开始实施的。当时体育场馆内的智能系统都是独立实现其功能，没有实现体育场馆的完整智能化。

（二）定制体育场馆智能化系统发展阶段

20世纪90年代中期，房地产开发掀起热潮，我国经济高速发展，体育场馆的建设日新月异。随着体育场馆智能化水平的不断提高，体育场馆实现了对各个智能系统的高度集成，广泛采用综合布线系统和信息化技术。这一阶段的体育场馆开始能够满足不同体育场馆对智能化系统提出的不同要求，如田径场、武术馆、体操馆等体育场馆，其各自对与之匹配的智能系统的要求有很大差异。这使得体育场馆智能化的发展开始进入定制化发展阶段，为不同类型的体育场馆提供定制化的解决方案，以满足个性化需求。

（三）可持续发展体育场馆智能化系统发展阶段

当今社会，全世界都在倡导绿色低碳可持续发展理念，将智能体育场馆与绿色体育场馆结合起来，是可持续发展的基本要求，也是现代体育场馆智能化的必然趋势。体育场馆智能化的可持续性就是要求在智能体育场馆的规划、设计、开发、使用中，必须坚持绿色体育场馆的理念，即更有效使用水和其他资源，减少对环境的破坏。绿色体育场馆强调节约能源，不污染环境，保持生态平衡，体现可持续发展理念。2008年北京奥运会的标志性场馆之一"水立方"的建筑设计理念就秉持了这一理念。

（四）系统推进体育场馆智慧化发展阶段

进入21世纪10年代末，体育场馆智能化向全域智慧化跃升，依托5G、AI与数字孪生技术构建"数据驱动＋生态协同"的新型架构。该阶段突破单一系统集成，通过统一数据中台实现安防、能源、用户等跨系统智能联动，并延伸出运动健康管理、城市应急响应等衍生功能。场馆深度融入智慧城市网络，通过环境监测模块参与低碳治理，碳排放强度较传统模式大幅降低，同时运用区块链技术实现政府、企业与公众的治理协同，标志着体育场馆从设施集群进化为开放共享的城市智慧服务节点。

三、智慧化体育场馆的特征

体育场馆智慧化是数字化转型浪潮中体育产业升级的核心实践，其本质在于通过技术集群革新与服务模式重构，推动场馆从传统"设施管理者"向"城市服务集成者"跃迁。这一转型不仅涵盖硬件智能化升级，更涉及数据价值挖掘、业态生态重构与治理体系革新，形成"技术—服务—社会"三位一体的系统性变革。

（一）数据驱动的决策体系

智慧化场馆构建统一数据中台，整合用户行为、设备状态、环境参数等多维度信息，通过机器学习与算法模型实现运营决策的精准化。从资源配置到服务优化均依赖实时数据分析，例如基于人流预测动态调整场地供给，依托能耗规律制订节能策略，形成"感知—分析—响应"的闭环管理机制。

(二)技术深度融合的支撑架构

以物联网为感知层、云计算为算力层、人工智能为决策层,形成分层协同的技术生态。数字孪生技术实现场馆物理空间与虚拟空间的实时映射,5G 通信保障高并发数据传输,区块链技术则用于构建可信的治理规则,技术集群共同支撑场馆的智能化升级。

(三)用户需求导向的个性化服务

通过用户画像与行为数据分析,提供定制化运动方案、健康管理建议及消费场景推荐。服务系统具备动态演进能力,可根据用户反馈自动调整服务策略,例如针对不同体能水平生成差异化训练计划,或依据历史偏好推送专属活动信息。

(四)多方协同的治理机制

打破政府、企业、公众的权责壁垒,建立契约化协作框架。通过智能合约明确各方权益分配与风险分担,例如基于区块链的公益服务时长认证系统,实现政府补贴与运营绩效的透明化核算,同时引入公众监督机制保障服务质量。

(五)绿色可持续的运营模式

将节能降耗嵌入智慧化系统设计,通过环境感知设备实时优化能源使用效率。雨水回收、光伏发电等生态技术深度集成,碳排放追踪系统实现全生命周期环境评估,形成资源循环利用的低碳运行体系。

(六)业态融合的服务生态

突破传统体育服务边界,构建"运动＋教育＋医疗＋商业"的跨界融合场景。场馆空间按需切换为赛事场地、文化展演空间或社区健康中心,衍生出运动康复、技能培训、数据服务等增值业务,形成多元价值创造网络。

这些特征共同构成体育场馆智慧化的本质——从封闭的物理空间转型为开放、自适应、可持续的城市公共服务平台,在提升运营效能的同时重构体育服务的社会价值。

四、体育场馆智慧化面临的挑战

(一)数据整合与隐私保护的矛盾

智慧化依赖跨系统数据的深度融合,但场馆内安防、票务、设备管理等子系统往往由不同供应商开发,技术标准与接口协议不统一,形成"数据孤岛"。此外,用户运动行为、健康信息等敏感数据的采集与利用需满足严格的隐私保护法规,如何在数据开放共享与合规性之间找到平衡点,成为技术设计与运营管理的核心难题。

(二)技术快速迭代与基础设施更新周期的错配

人工智能、物联网等技术更新周期短(约 1~2 年),而场馆硬件改造周期通常长达 5 年以上,技术代际差异易导致系统"未建成已落后"。同时,智慧化系统需持续投入算力升级、算法优化等运维成本,但多数场馆缺乏长期稳定的技术预算,可能陷入"重建设、轻迭代"的恶性循环。

(三)高投入与营利模式模糊的财务压力

智慧化升级花费巨大,但收益模式尚未清晰。用户付费意愿受限于传统公共服务的免费惯性,数据商业化面临法律与伦理风险,健康管理、广告推送等衍生服务的市场接受度仍需培育。资本对短期回报的诉求与项目长周期营利的不确定性,加剧了融资难度与运营风险。

(四)多主体协同与权责界定的复杂性

政府、运营商、技术供应商、用户等多方利益诉求存在冲突。例如,政府要求公益服务最大化,运营商需追求商业收益,技术供应商倾向于封闭系统以维持控制权。缺乏统一的权责分配规则与利益协调机制,易导致合作效率低下甚至项目停滞。

(五)组织能力滞后与人才结构性短缺

传统场馆管理团队擅长设施维护与活动组织,但缺乏数据运用、生态合作、智能运维等新型能力。现有人员数字化技能转型困难,而外部引进复合型人才面临成本压力。组织架构需从"职能驱动"转向"数据驱动",但文化惯性可能阻碍敏捷化改革进程。

(六)技术普惠性与社会公平性的冲突

智慧化服务高度依赖智能终端使用能力(如 APP 预约、无感支付),但老年人、低收入群体等可能面临数字鸿沟。过度追求技术先进性可能导致公共服务排斥弱势群体,违背体育设施的公益属性。如何在技术方案中保留人工服务通道、简化操作流程,成为社会价值层面的关键挑战。

体育场馆智慧化是技术升级与系统性变革交织的复杂工程,需在数据治理、技术适配、商业模式、组织能力等多维度突破瓶颈。解决这些挑战不仅需要政策引导与资本创新,更需建立多方共识的动态协同机制,推动智慧化从概念探索转向可持续实践。

五、体育场馆智慧化存在的问题及对策

(一)技术应用与场景需求的匹配偏差

智慧化技术堆砌与真实服务场景脱节,导致"高配低效"。部分场馆盲目引入 AI、VR 等前沿技术,却未针对用户运动习惯、社区健身需求等核心场景进行适配,造成设备闲置率高。技术供给方缺乏对体育服务痛点的深度理解,导致解决方案"形式大于内容",需建立以需求为导向的技术筛选与迭代机制。

(二)数据闭环构建的能力短板

多数场馆仅采用大屏展示人流热力图完成数据采集与可视化,但缺乏数据清洗、建模分析与决策反馈的闭环能力。原始数据质量差、算法模型与业务逻辑错配等问题,使数据价值停留在监测层面,难以驱动服务优化,需强化数据治理体系与 AI 工程化能力。

(三)公益属性与商业开发的平衡困境

政府要求场馆保障公益性开放,但智慧化升级依赖商业收入反哺。价格策略制订面临两难:提高增值服务收费可能排斥低收入群体,免费开放则导致运维资金缺口。需设计"基础服务普惠化+高端服务市场化"的分层模式,通过交叉补贴机制破解公益与营利的对立。

(四)标准化缺失引发的生态协同阻滞

硬件接口协议、数据交换格式、服务接入规范等标准体系尚未统一,导致技术供应商各自为战。某场馆同时使用 3 种互不兼容的物联网协议,系统对接成本增加 40%。需制订行业级标准,促进跨场馆数据共享、城市级服务联动,释放智慧化生态的规模效应。

(五)动态运营与静态规划的时序矛盾

智慧化要求场馆根据实时需求调整服务供给,但既有建筑空间结构固化,改造灵活性不足。某篮球馆因无法拆除固定看台,导致智慧化改造后多模态空间转换效率降低 60%。需在规划阶段预留弹性化设计,平衡长期刚性与短期可变需求。

(六)技术依赖性与服务温度感的失衡风险

过度追求无人化、自动化可能削弱体育服务的情感联结。老年用户因不熟悉智能预约系统而放弃锻炼,青少年群体抱怨 AI 私教缺乏人际互动激励。智慧化不是取代人工服务,而是

通过"智能＋人文"融合重塑体验,需保留人工辅助通道并优化人机协作流程。

体育场馆智慧化需从"技术本位"转向"价值本位",构建"需求精准识别—技术适配改造—生态协同共创"的升级框架,在数据赋能、模式创新、标准制订、人文关怀等维度实现系统性突破,最终达成效率提升与价值共生的双重目标。

案例分析

案例 11.1 成都双流体育中心入选全国 49 个体育服务综合体

双流体育中心是一个集体育场、训练场、体育馆、训练馆、游泳馆、篮球场、网球场、五人制足球场、门球场等于一体的多功能现代化体育场馆,可举行区域性综合赛事、国际级和国家级单项赛事及各种大型文体活动。

近年来,双流赛区牢固树立办赛、营城、兴业、惠民一体化理念,用好全区体育产业本底资源优势,重点发展体育竞赛表演、体育健身休闲、体育场馆服务、体育教育培训、体育用品销售等五大产业领域,创新体制机制、主体培育和融合发展,着力将双流打造成为"四川体育产业创新试验区"。

1. 城市提升——点线面激活运动本底

在后大运时代,双流区对标先进做法,按照"点、线、面"三个维度对双流区体育中心场馆外围进行了品质提升。

以"点"激活,实施赛事场馆周边及城市重要节点绿化品质提升工程。在双流体育中心、四川国家羽毛球训练基地等场馆周边实施绿化品质提升;实施银河路一段约 3 万平方米待建绿地和运动公园提升景观工程、绿道修建、相关配套设施建设。

以"线"串联,围绕体育中心场馆精心设计、精准实施一批道路整治提升工程、沿线绿化提升工程及水环境治理工程,将班车路线装点为移动的带状风景线,采用补种花卉的方式增加植被层次和种类,丰富植物多样性;形成连通成都环城生态公园与空港中央公园的生态走廊,服务于周边市民出行需求。

以"面"升级,实施城市有机更新建设,双流城区周边区域的建筑风貌、道路沿线景观开展系统提升,全面提升整体城市环境。

以"事件活动"为动力,围绕创建天府旅游名县组织开展高质量文化交流活动,积极融入国家文化交流平台和省市重要活动,打响双流体育经济运行品牌,对外展示别样精彩的双流。

以"场景呈现"为基础,满足观众和游客多元体验需求,围绕双流城市特点、特色、特质,统筹文化场景、商业场景、消费场景、生态场景等,以更立体、更生动的微观视角讲述双流故事,传播双流魅力。

以"创新创意"为表达,高标准举办系列国际国内品牌赛事活动。紧扣世界赛事名城建设,聚焦"天府旅游名县创建",引导企业举办消费体验活动和文化体验节会。

2. 创新创意——以赛营城兴业惠民

一直以来,双流区坚持以"体育＋"和"＋体育"为路径,以创新为动力,在承办大型赛事的同时加强旅游营销推广,吸引更多国际国内游客到双流旅游,进一步扩大双流知名度、美誉度和影响力。

为满足广大居民健身需要,双流区体育中心长期以大众运动健康需求为导向,执行免费低收费公益运营,让更多居民有机会走进体育场馆。通过这样的方式,每年接待超过百万人次到体育场馆观看比赛和参加体育运动。

同时,坚持"以文促旅、以旅兴文、文旅共融"理念,持续举办数千场文体惠民活动。持续办好"成都文化四季风"群众文化活动、文化惠民演出"走基层"、全民健身暨"社区运动节"、公益电影放映进村社等群众性文体活动。聚焦"公园城市"建设,创新举办系列品牌文化活动和文创体验活动。坚持"可欣赏、可参与、可消费"理念,为提升文体旅产业发展助力。

问题与思考:

双流体育中心如何盘活资源,实现经济效益和社会效益双丰收?

案例11.2 从琢磨"活下去"到全民"动起来"——场馆"老先进"焕发新活力

2023年是江苏省五台山体育中心建成开放70周年。这座曾承接过城运会、全运会、亚青会、青奥会等大型体育赛事活动的场馆,20世纪90年代曾是全国学习的场馆运营改革先进,今年又被国家体育总局评为全国公共体育场馆开放使用第一批典型案例。

从琢磨"活下去""活得好"的典型,到成为助力全民健身事业发展的排头兵,五台山体育中心克服身处老城区、发展空间受限等城市老场馆常见的客观困难,一未闲置、二不"改行",坚持以公共体育服务为核心事业,赢得百姓好口碑的同时,发扬改革先锋的老传统,找准市场化与公益性的平衡点,打造公共体育服务、场馆运营管理等品牌,在助力全民健身事业发展、建设体育强国的道路上继续走在全国前列。

1. 老百姓的大健身房

每天早上5点,徐传馨会准时打开五台山体育中心的体育场北大门,市民群众鱼贯而入,到体育场塑胶跑道上晨练,很多老客还不忘跟老徐打声招呼。

对很多南京市民来说,体育场一早一晚共8个小时的免费开放时段,是属于他们的快乐时光。自2013年打开体育场大门开始,如今"六馆一场"均建立特定时段、法定节假日、特殊人群等低免开放体系。2022年,场馆免费接待健身群众35.33万人次,低价位服务18.78万人次,发放健身券5 403张,举办公益赛事78场次。

仅仅开放场地,已经不能满足广大人民群众更高更细的需求。体育中心建设百姓驿站、健康小屋,引入社区"家庭医生"门诊,建立医务值班应急救援机制,一套"亲民、惠民、利民"的五台山公共体育服务体系已形成。今年又在户外开辟智能健身站,晨晚练健身点也拓展至8个。五台山体育中心主任张晃新说:"为提高场地利用率,我们将场馆的'边角余料'开发成'金角银边',一方面为老百姓提供更多户外健身场地;另一方面提升了服务内容和质量。"

如今,每月开展一期的五台山科学健身知识大课堂、五台山健身气功大讲堂广受欢迎,贯穿全年的五台山@百姓大联赛等公益赛事报名踊跃,五台山全民健身节已经举办了20届,五台山全民健康节也来到了第六届。提到健身好去处,老百姓总能想到五台山。

2. "开源节流"与"大方"

20世纪90年代,五台山体育中心探索场馆运营改革,其以体为本、多元发展、自主运营的改革路径被作为全国典型推广。如今,生存的压力依然在,改革的基因也始终未变。最近,继体育场、体育馆被成功冠名后,室外篮球公园也将得到冠名。对商业配套场地不多的五台山来说,这笔无形资产开发收入虽然不大,也是实实在在的增长。

篮球公园冠名费用怎么花,张晃新有一番考量。"过去几个月南京雨水比较多,很多篮球爱好者就跟我们提建议,说能不能给户外篮球场加个顶。我们通过调研发现确实可行,这笔冠名费正好可以用来加装可伸缩式顶棚。"目前建设风雨篮球场的计划已经提上日程,张晃新说:"其实这是双赢,爱好者们打球的时间多了,我们的场地收入也能相应提升。"

"双赢理论"让五台山一方面开源节流,方寸之间做腾挪;另一方面在全民健身事业上始终不吝投入。有球友说户外乒乓球区太晒,就加装遮阳棚;露天棋牌桌不够用,就在一些边角地带新建一批……"其实很简单,只要老百姓有需求,我们就去做,运营的目的就是为了全民健身事业。"张晃新说。

记者在体育中心看到,赛事运营公司、体育培训企业、职业俱乐部、体育康复机构等都在这里有一席之地。7月结束的全民健身节,五台山打造"职工体育开放日""暑期文体托管班"等消费场景,推出"福气红包""爆品秒杀"等促销手段,策划互动话题,举行公益活动,1个月时间收入1 100余万元,切实拉动了体育消费。

"我们始终坚持以体为本,在这个基础上拉长产业链条,用市场再来反哺公益。"张晃新说,"目前场馆一半以上的收入来自体育本体产业,未来希望能进一步整合资源、拓展渠道,让场馆运营的'含体量'持续提高。"

3. 打造多品牌矩阵

今年6月,江苏省大型体育场馆负责人培训班第二期在江阴市举办。这是五台山体育中心如今的一项新职能:全省体育场馆运行管理的指导与培训。服务标准化建设、场馆业务开发与管理、劳动用工管理、法务知识……来参加培训的学员们发现课程干货满满,指导性和实操性都很强。

作为江苏省公共体育场馆服务标准化试点单位,五台山体育中心近年来一直在参与制订和推行公共体育场馆相关标准。2022年,由五台山体育中心联合江苏省体育场馆协会申报的《公共体育场馆大型群众性活动安全运行保障规范》省级地方标准正式批准立项。"我们希望能把五台山的体育场馆运营管理品牌打响,让五台山的经验能为更多场馆提供借鉴和帮助。"张晃新说。

除了公共体育服务品牌、体育场馆运营管理品牌,作为全国文明单位,五台山体育中心常年开展形式多样、内容丰富的志愿服务活动。面向7~14岁聋哑、唐氏综合征等残障儿童,提供公益体育服务、免费科学健身指导的"水愈童心"项目还入选国家体育总局"2022年全民健身志愿服务项目库"。

张晃新说:"目前五台山的主要功能已经由竞赛场馆向推广全民健身转型,以提供公共体育服务为主体。全民健身其实一样需要品牌效应,'金杯银杯不如老百姓的口碑',这个口碑就是五台山的品牌。"

资料来源:光明网 2023-08-08

问题与思考:
南京五台山体育中心是如何旧装换新颜,实现服务品类、品质的全方位提升的?

思考题
1. 试述体育场馆在现代城市建设中的功能。
2. 谈谈我国公共体育场馆的运营管理模式以及未来发展趋势。
3. 体育场馆智慧化的特征是什么?

第十二章

体 育 公 园

内容提要

(1) 体育公园的概念、分类及发展历程。

(2) 体育公园的特点和功能。

(3) 体育公园的规划设计原则。

(4) 我国体育公园发展现状及存在问题

(5) 欧美国家体育公园发展现状及成功经验

学习目的

(1) 掌握体育公园的概念。

(2) 了解体育公园的发展历程。

(3) 了解欧美国家体育公园的发展状态及成功经验。

第一节 体育公园概述

一、体育公园的概念

19世纪中后期,欧美工业革命催生了以纽约中央公园(1857年开建)为代表的早期公共公园,这类空间最初被设计为"城市绿肺",以自然景观和休闲漫步为核心功能,甚至明文禁止跑跳、球类等剧烈活动。但随着城市人口膨胀与工业化带来的健康危机,市民对运动场地的需求日益迫切,传统公共公园的单一功能开始受到挑战。直到1880年左右,英国政府才有将体育设施作为公园组织原则(the organizing principle)的想法,并把体育和游戏设施纳入市政公园,在英国伍尔弗汉普顿(Wolverhampton)和奥尔特林厄姆(Altrincham)开设的两个公园,引入了体育公园的概念。在这些场地中设置了射箭、保龄球、板球、草地网球等场地,还开辟了专门的儿童嬉戏区。1890年,英国曼彻斯特在公园内增设网球场,美国波士顿则于1892年建立首个公共运动场,标志着公共公园向体育功能的初步转型。这种转变背后既有社会改革者推动的"公共卫生运动",试图通过运动改善工人体质;也源于现代体育竞技的兴起,如足球、棒球等项目的职业化促使城市需要专用场地。至20世纪初,欧美公园已普遍划出运动专区,而1930年代"体育公园"概念的正式提出,实则是将分散的体育设施整合为系统化、生态化的新型空间——既保留公共公园的绿地和游憩属性,又通过专业运动区、多功能场馆等设计强化其健身功能。由此可见,体育公园并非对传统公共公园的替代,而是在城市化与健康诉求双重驱动下,公共空间从"观赏主导"向"运动友好"的进阶形态。

体育公园的规范定义最早出现在1992年格罗霍夫的《世界公园》一书中,他认为体育公园是具有锻炼器材和运动场地,并修建在景色秀丽的园林中,提供职业训练、体育表演、强身健体活动场所,举行国内外赛事,通过各种丰富的内容和多变的形式引起市民的注意,并让其到园中休息的场所。贝格斯等学者提出,体育公园是以一项运动或多项运动的组合为核心的产品。体育公园可由市政府或私人公司经营,它们可以为一项特定的运动或各种运动提供多个运动区域。这些公园通常是为了举办社区、州或国家的体育赛事而建造的,这些赛事可能会吸引大量的参与者,对公园所在的社区产生重大的经济影响。我国最早的体育公园定义源于 1982 年《城市园林绿地规划》一书。该书将体育公园定义为一种特殊的城市公园,既有符合一定技术标准的体育运动设施,又有较充分的绿化布置;其主要功能是进行运动训练练习和比赛,为运动员和周围居民提供休息游憩的空间。我国政府于 2002 年发行的《城市绿地分类标准》,将体育公园归为专类园的一种,并给出了定义:体育公园是结合面积较大的园林绿化,合理安排体育馆为主的相关建筑,吸引市民休闲健身、观光游赏或举办体育赛事的公园。体育公园不是"体育"和"公园"的简单相加,而是将体育运动的文化内涵和功能需求融入公园的设计中,是二者的和谐统一体。随着我国政府对体育公园建设的日渐重视,以及各地建设速度的加快,学者们对体育公园的研究也日益活跃,纷纷提出自己的观点。2021 年国家发展改革委、国家体育总局联合发布的《"十四五"时期全民健身设施补短板工程实施方案》中对体育公园进行了明确定义:体育公园是以体育健身为重要元素,与自然生态融为一体,集合各类运动场地和设施,具备体育健身、运动休闲、赛事竞技和娱乐休憩等多种功能的公园。这个定义明确指出体育公园是以体育运动为核心功能,同时又融合生态景观、休闲娱乐、社区服务等多功能的公共开放空间。这为我国体育公园的建设和研究明确了方向和范畴。

综上所述,体育公园不仅具备城市公园的所有条件,更有别于一般的综合性的体育场馆,有充足的绿地使其区别于综合性的体育场馆,同时具备突出的运动功能,使其区别于一般公园。所以体育公园应该具有以下几点重要特征:一是以体育为主题;二是体育配套设施完善;三是利于长期开展体育锻炼。因此,体育公园是以满足全民健身和多样化运动需求为核心目标,通过科学规划将体育设施、自然景观、公共服务设施系统整合的复合型城市公共空间。

二、体育公园的发展历程

公共公园与体育公园是城市开放空间体系中既关联又互补的两种类型。公共公园起源于 19 世纪工业革命时期,以自然景观为核心,侧重生态疗愈、文化展示与静态休闲;而体育公园则是在 20 世纪城市化与公共卫生危机背景下,从公共公园中分化出的专项空间,通过系统植入运动设施(如球场、跑道)和全民健身功能,将"被动观赏"转向"主动健康"。

(一)第一阶段:功能转型期(19 世纪末—20 世纪初)

工业革命引发的城市化浪潮导致人口密集、卫生条件恶化,工人们的健康问题成为社会焦点。这一时期,传统公园的"静态观赏"功能无法回应市民对运动空间的迫切需求,公共卫生管理者与改革者提出"运动即良药"的理念,推动城市空间功能革新。各国政府通过公共卫生法等相关政策,首次将运动场纳入市政基础设施范畴。公园设计开始打破景观至上的原则,在绿地中嵌入简易运动设施,形成"休憩+运动"的混合功能。这一转型标志着公共空间从特权阶层的审美符号转向大众健康干预工具,但受限于阶级分化,设施布局多集中于新兴中产社区,工人阶级的实际受益仍不均衡。

(二)第二阶段:系统建设期(20 世纪 30—90 年代)

二战后,体育公园建设受到各国政府的高度重视,冷战双方将其视为国民体质竞争的重要载体,福利国家则将其作为应对社会肥胖危机的公共政策。城市规划理论突破功能主义框桎梏,简·雅各布斯倡导的"多样性原则"推动体育公园与社区深度融合。欧美国家通过立法建立社区级—城市级—区域级分级体系,明确服务半径、人均用地等标准,例如日本《体育振兴法》要求新建社区必须配置运动设施。设计层面形成三大范式——以人为本导向优化无障碍设施与分龄分区,以生态意识保留 30% 以上原生植被,以模块化思维提升空间效率。这一时期体育公园成为城市健康治理的基础设施,但其标准化建设也带来同质化问题,地方文化特色有所削弱。

(三)第三阶段:生态智慧期(21 世纪初至今)

全球气候变化与数字技术革命重构体育公园的价值逻辑。在可持续发展目标框架下,体育公园被赋予碳中和节点、生物多样性庇护所等新职能,设计理念从"功能满足"转向"生命系统构建"。政策层面,各国通过公园城市、15 分钟健身圈等建设计划,将体育公园与城市更新、社区再造深度融合。技术创新重塑空间体验:智能设备实现运动数据交互,可拆卸结构增强空间弹性,低碳材料降低全生命周期能耗。社会公平维度,通过分时段免费开放、针对弱势群体运动空间改造等措施,破解精英化使用倾向。这一阶段,体育公园不再是孤立的功能单元,而是人、自然与技术共生的城市"健康细胞",其发展深度映射着人类对文明存续路径的反思与探索。

三、体育公园的分类

现存的体育公园种类繁多、规模各异。为了便于管理和区分,基于建设目的、功能特点、服务范围、生态融合度等维度进行划分,具体如下。

(一)按建设目的分类

1. 为举办国内外大型比赛而建设的体育公园   该类公园为了满足比赛的高水准要求,通常采用体育场馆和体育公园结合的形式设计。考虑到国际赛事的周期性,这类公园通常遵循赛事期间作为运动员的比赛和训练场,赛后作为市民的健身场地的原则。

2. 由体育中心改建的体育公园   这是社会发展的趋势,使其通过改造,更好地为市民服务,也能长久发展。大型体育场馆赛后闲置和利用问题受到了世界各国政府的普遍关注,大中型体育场馆为民所用,成为发挥场馆综合社会效益和经济效益的共同选择。

3. 为"全民健身"建设的体育公园   该类公园主要服务附近的居民,散布在城市中,是使用率最高的体育公园。

(二)按功能特点分类

1. 综合型体育公园   以多功能、全龄化为核心,集合篮球、足球、网球等球类运动和健身路径,儿童游乐,休闲步道等多样化设施,满足不同年龄、兴趣群体的需求。通常配备智慧管理系统,兼顾日常健身与小型赛事承办,是城市公共体育服务的主力载体。

2. 专项型体育公园   聚焦单一运动主题或项目,如足球公园、自行车运动公园、极限运动公园等。配备标准赛道、训练器材等专业化设施,服务特定运动项目爱好者群体,常作为竞技体育训练基地或赛事举办地。

3. 主题型体育公园   将体育与文化、生态等主题深度融合,如冬奥主题公园、军事体育公园、湿地体育公园等。通过场景化设计强化体验感,兼具教育科普功能。

(三)按服务范围分类

1. 社区型体育公园   服务半径 1～3 公里,嵌入"15 分钟生活圈",以小型化、便捷性为特点。设施以健身器材、多功能球场、慢跑道为主,重点满足周边居民日常锻炼需求,强调高使用频次与低成本维护。

2. **城市型体育公园** 服务全市或跨区域人群,规模较大(通常占地10公顷以上),配备标准体育场馆(如游泳馆、田径场)、商业配套及停车场。除全民健身功能外,还承担大型赛事、文体活动等城市公共服务职能。

3. **区域型体育公园** 依托自然景观或交通枢纽建设,服务省内或跨省游客。设施兼顾运动与旅游功能,如露营区、登山步道、水上运动中心,通过"体育＋文旅"模式吸引消费。

(四)按生态融合度分类

1. **传统体育公园** 以硬化场地为主,绿化占比30%～40%,功能侧重运动效率,生态设计较为简单。

2. **生态型体育公园** 强调"运动与自然共生",绿化覆盖率超60%,采用透水铺装、雨水花园、生态护坡等技术。设施布局顺应地形地貌,保留原生植被与生物栖息地,如森林步道、观鸟平台。

(五)按公园陆地面积分类

我国政府在公布的《体育公园配置要求》中按照陆地面积把其分为微型(2～5公顷)、小型(5～10公顷)、中型(10～20公顷)和大型(20公顷以上)4类。

在日常管理中,需根据体育公园的实际情况进行针对性治理,也要根据所在社区的资源禀赋、居民健身需求等因素来选择适宜的建设方案。

第二节 体育公园的特点与功能

体育公园是时代发展的产物,既开拓、丰富城市居民生活空间,又最大化满足居民就近健身等多样化需求。

一、体育公园的特点

体育公园不仅具备城市公园的休闲、游览、交往、集会等功能和外貌特征,而且同时具备以体育为主题的突出运动功能。不同类别的体育公园的园区布局、项目设置、规模大小都不尽相同,但是都应该具有以下特点:

(一)生态性

体育公园与一般运动场所的最大区别在于生态环境建设,体育公园被明确要求绿地率不少于65%。体育公园独特的园林景观既能改善城市环境,更能使在其间锻炼的人群获得心理和身体需求的满足。居民生活水平的不断提升,对健身运动环境舒适度的要求也越来越高。体育锻炼也是一样,当居民的健身需求被满足后就会更加关注更深层次的健身环境及健身安全性的需求。目前我国建设的体育公园大多生态环境优美,运动设施与公园绿化交相辉映。

(二)主题性

体育公园一定要以运动休闲为宗旨,园区的总体布局、设施布置、活动安排都要体现体育特色。与一般综合型公园不同,体育公园有明显的体育主题特色,能提供给人们更适宜的运动场所、运动设施和运动体验。

(三)便利性

体育公园除了应具有一般主题公园的基础设施外,还要完善各类体育设施和器材,以满足不同年龄、性别、身体状况人群的锻炼所需。为了方便群众锻炼,有条件的园区应设置运动设施租赁室、医务室等保障性配套服务设施,为公园内的活动者提供更便捷更优质的服务。

(四)安全性

体育公园能为人们提供专业的运动场所和设施齐全的舒适环境,一般人群比较密集,所以安全问题不容小觑。既要保障园内设施、场地、后勤等方面的安全,更要保障运动参与者的锻炼安全,因此运动设施一定要符合国家相关标准,勤检勤修。

(五)公益性

国家大力建设体育公园的目的是保持并提高国民的身体素质,发展全民健身运动,因此体育公园具有公益性的特性。体育公园的公益性并不是指完全免费对外开放,因为考虑到体育公园的整体管理服务质量、人员安全的需要和运营管理成本,体育公园提供的服务项目大多采取低收费和针对相关人群免费开放、错峰时段免费开放相结合的方式。

二、体育公园的功能

体育公园具备改善生态、美化环境、体育健身、运动休闲、娱乐休憩、防灾避险等多种功能,也可以从社会、经济、生态和文化维度进行细分。

(一)社会功能

体育公园作为城市公共服务的创新载体,其社会价值体现在对全民健康、社会融合与城市安全的系统性支撑,具体表现为以下三大核心功能:

1. 健康公平促进功能　通过构建覆盖全人群的健身设施网络,体育公园以标准化、普惠性服务打破商业健身的局限性。科学的空间布局精准对接社区需求,缩小不同区域、群体的运动资源差距,使健身权利从"形式可达"转向"实质公平"。全天候开放模式与智能管理系统进一步降低参与门槛,形成可持续的健康促进机制。

2. 社会融合催化功能　作为开放共享的公共空间,体育公园创造多元群体共处的特殊场域。不同年龄、职业、能力的群体在运动场景中自然互动,消解社会隔阂,促进代际沟通、残健共融及文化包容。这种非功利性的交往空间重构社会关系网络,成为培育社会信任与公民意识的重要土壤。

3. 城市韧性支撑功能　依托场地开阔性与设施完备性,体育公园被纳入城市应急管理体系。日常健身空间可快速转换为灾害避难、医疗救援、物资调配的应急场所,其交通通达性与基础设施兼容性可满足突发事件响应需求,显著提升城市抗风险能力与灾后恢复效率。

(二)经济功能

体育公园通过创新运营模式构建多元化的经济价值体系,突破传统场馆的收入局限,形成多维度创收机制。

1. 消费场景延伸　以运动为核心整合多元业态,发展运动技能培训、体质监测服务、智能装备展销等新兴项目,构建"运动＋健康＋科技"的复合消费生态。通过线上预约平台与线下体验空间的融合,形成全时段、全年龄段的消费服务链。

2. 产业协同发展　集中吸引赛事策划、媒体转播、品牌赞助等关联企业聚集,形成体育产业集群。专业场馆与商业配套的协同布局,缩短产业链条,降低运营成本,提升服务供给效率。

3. 区域价值提升　优质运动空间改善片区生活环境,带动周边商业、住宅等土地价值增长。政府通过土地增值税收反哺公园升级维护,形成公共服务与经济发展的良性互动。

(三) 生态功能

体育公园通过科学设计与技术应用,构建城市发展与生态保护的平衡体系,核心功能体现在以下三大领域:

1. 自然生态保护　优先保护场地内原有植被、水体等生态要素,修复受损生态系统,通过生态廊道连接碎片化绿地,为动植物提供迁徙与栖息空间,维护区域生物多样性。

2. 绿色技术应用　采用透水铺装、雨水花园、太阳能照明系统等可持续技术,减少能源消耗与资源浪费。渗透式排水设计实现雨水就地消纳、循环,用于绿化灌溉,形成资源闭环利用模式。

3. 环境质量优化　通过大规模植被覆盖降低地表温度,密集乔木群落形成遮阴降温区,配合水体蒸发作用,有效缓解城市热岛效应,改善周边区域空气质量与微气候舒适度,使体育公园成为城市绿色基础设施的关键节点,推动人居环境与自然系统的协同发展。

(四) 文化功能

体育公园通过空间设计与活动组织,构建多层次文化传播体系,实现物质空间与精神价值的双重塑造:

1. 体育精神可视化　将竞技拼搏、团队协作等体育理念融入景观设计,通过冠军雕塑群、荣誉展示墙、运动主题艺术装置等视觉载体,使抽象精神转化为可感知的文化符号,激发公众的情感共鸣与价值认同。

2. 历史文脉传承　对工业遗存、传统建筑进行创造性改造,在保留砖墙纹理、桁架结构等历史印记的同时,植入现代运动功能。这种新旧交融的空间叙事手法,使城市记忆在功能活化中得以延续。

3. 生活方式引导　通过晨练社群、夜间球场、家庭运动日等常态化活动,培育规律健身习惯。智能步道排行榜、运动积分兑换等激励机制,推动体育行为从随机参与转向文化自觉,塑造健康文明的城市生活范式。

第三节　体育公园规划设计原则

规划和建设体育公园时,应统筹考虑城镇规划布局、土地占用规模、居住人口规模、区域生态环境、交通状况、地区功能、产业布局、场所地位、可持续发展等情况,其间要秉持如下原则:

一、科学选址原则

体育公园选址应优先服务于人口密集且体育设施短缺的社区,通过分析居民健身需求与城市空间结构,确保其服务半径覆盖15分钟步行生活圈。选址需综合考虑交通可达性与生态安全性,形成与城市基础设施联动的健身网络节点,既满足便捷性又保障长期使用稳定性。

二、功能复合性原则

以运动功能为主导,构建"核心—缓冲—衍生"三级复合空间:核心区集中布局篮球、足球等标准化运动场地,满足专业化需求;缓冲区环绕设置健身步道、器械区等大众化设施;衍生区拓展轻餐饮、文化展示等配套服务。通过可移动隔断、多功能地面标记等设计,实现同一空间在不同时段的灵活切换,提升场地利用率与功能多样性。

三、人性化原则

针对不同年龄与能力群体的生理心理特征进行差异化设计：儿童活动区采用软质地面与圆角防撞设施，增设家长看护座椅；老年人健身区配置防滑铺装、大字标识及扶手辅助；残障人士通行路径确保盲道连贯性，并增设语音导航系统。同时通过绿植隔音带分隔运动区与休憩区，优化微气候环境，保障全人群舒适体验。

四、生态可持续原则

采用低影响开发技术降低环境负荷：铺装材料优先选用透水率≥80％的透水砖或再生骨料，结合雨水花园实现自然渗透与回收；场馆建筑集成光伏屋顶与太阳能路灯，满足30％以上能耗自给；绿化以本地耐旱植物为主，保留30％以上原生植被，形成多层次生态群落，确保绿化覆盖率≥65％，兼顾生态效益与运维经济性。

五、安全与可达性原则

基于人流模拟优化空间布局，保证消防通道与设施符合国家规范要求，器械区设置图文安全说明与防撞软包。交通组织实行人车分流，机动车入口独立设置并与地下停车场衔接，健身区全域禁止车辆通行。主入口配备急救站点，配置AED设备与基础医疗物资，构建覆盖使用全流程的安全防护体系。

六、文化融合原则

将地域文化符号融入空间设计：采用本土建材(如青砖、竹木)建造景观设施，以传统体育图腾(龙舟、武术)塑造雕塑小品；利用工业遗址改造或历史场景复现(如旧厂房改建攀岩墙)强化空间叙事；通过举办民俗赛事、非遗体验活动激活文化认同，使体育公园成为传承集体记忆的公共载体。

第四节　我国体育公园发展现状与存在的问题

一、发展现状

我国体育公园的发展始于20世纪90年代对国际"自然与运动融合"理念的引进，早期以零星改造旧体育中心或绿地为主，功能单一。2014年，国务院发布的《关于加快发展体育产业促进体育消费的若干意见》将全民健身上升为国家战略，体育公园成为政策热点，各省市通过中央预算内投资、体彩公益金加速布局。根据国家发展改革委、体育总局等七部门联合发布的《关于推进体育公园建设的指导意见》，原定"十四五"期间新建或改扩建1 000个体育公园的目标已提前超额完成，截至2024年底全国累计建成并投入使用的体育公园超过1 300个。这些体育公园覆盖城乡，形成"15分钟健身圈"的重要节点，全国人均体育场地面积达到3平方米，较2013年增长65％以上，全民健身设施供给显著改善。

在政策层面，国家通过中央预算内投资引导建设，单个项目支持限额达2 000万元，并明确体育公园需以绿色生态为底色、与自然融合为原则，避免"场馆化"或房地产化倾向。例如，北京方庄体育公园、杭州大运河亚运公园等典型案例均采用"体育＋生态"模式,将运动场地嵌入绿地系统,同时兼顾赛事承办与日常健身需求。在运营模式上,政府鼓励公益性与市场化结合,如绵阳城市体育公园通过税收优惠降低运维成本,杭州部分公园引入社会资本参与建设,探索冠名赞助、分时段租赁等多元化收入来源。

随着 2024 年 9 月《体育公园配置要求》(GB/T 44092—2024)国家标准的颁布,以及"人、城、境、业"融合理念的深化,体育公园将不仅是健身载体,更成为城市更新与健康中国战略的关键抓手。国家计划进一步推动户外运动设施建设,完善步道体系,并通过数字化改造 660 余个公共体育场馆,持续提升全民健身服务的公平性与便捷性。

二、存在的问题

近些年,在各级政府的大力推动下,我国体育公园建设取得了不错的成绩,但依然面临很多挑战和问题。

(一)资金短缺与可持续运营压力

体育公园普遍依赖政府财政投入,资金来源单一且不稳定,导致日常维护和设施更新资金不足。尤其在中小城市,财政压力下难以保障设备维修、绿化养护及人员培训的持续性,部分公园因长期失修出现设施老化、环境脏乱等问题,严重影响使用体验和安全性。公益属性与市场化营利之间的平衡尚未有效解决,社会资本引入机制不健全,制约了体育公园的可持续发展。

(二)管理体制分散与权责模糊

多部门交叉管理现象突出,园林、体育、城建等部门权责划分不清,导致决策效率低下和资源浪费。基层管理团队专业化程度不足,缺乏统一的运营标准和绩效评估体系,部分公园存在"重建设轻管理"倾向,日常巡检、安全监控及应急响应机制流于形式,难以应对突发性事件和高强度使用需求。

(三)设施配置失衡与使用率不均

部分体育公园设施布局不合理,存在"一刀切"现象:青少年球类场地过度集中,而适老化、儿童友好型设施短缺;热门区域(如篮球场、健身步道)超负荷使用,冷门设施(如门球场、器械区)闲置率高。智能化设施普及率低,预约系统、人流监测等技术应用不足,加剧了资源错配与拥挤矛盾。

(四)市场化与社会参与度不足

运营模式创新滞后,多数公园依赖财政拨款,未能有效开发商业合作(如体育培训、赛事IP、健康服务等),导致自我造血能力薄弱。社会力量参与渠道狭窄,社区自治机制缺失,志愿者组织、运动社群等第三方资源未充分整合,削弱了公园的社会服务效能和用户黏性。

(五)区域发展差异与政策执行偏差

东部发达地区体育公园密度高、智慧化程度领先,而中西部及偏远县市受资金、技术限制,设施数量和质量差距显著。政策执行中"一刀切"问题突出,例如人口分级标准僵化,忽视流动人口和特殊群体需求;监管缺位下,个别项目以"体育公园"之名行房地产开发之实,偏离公益定位。

(六)数据化管理与智慧化转型滞后

多数公园未建立数字化管理平台,设施状态、人流分布、环境指标等数据采集与分析能力薄弱,难以支撑科学决策。用户端智慧服务(如在线预约、运动数据追踪)普及率低,信息孤岛现象突出,制约了精细化运营和用户体验提升。

三、发展策略

(一) 构建多元融资与市场化运营机制

推动"政府主导＋社会参与"模式,鼓励企业冠名赞助、场地分时租赁、体育培训等市场化收入反哺公益运营。探索 PPP 模式引入社会资本,建立专项基金支持设施维护,通过税收优惠激励企业捐赠,平衡公益属性与商业收益,破解资金依赖难题。

(二) 理顺管理体制与权责统一

整合园林、体育等部门职能,成立跨部门协调机构统一规划管理。制订标准化运营手册,明确责任边界与绩效考核指标,引入专业第三方团队提升管理效能,建立常态化巡检与应急响应机制,确保管理流程规范、权责清晰。

(三) 优化设施配置与智慧化调度

基于居民需求调研动态调整设施布局,增加适老化康复区、儿童友好设施及无障碍设施。推广智能预约系统与人流监测技术,实现场地错峰使用、资源动态调配,利用大数据分析冷热区域,针对性优化设施供给结构。

(四) 激活社会参与与社区共建

开发赛事 IP、健康服务等衍生业态,吸引企业合作;建立社区自治委员会,引导志愿者组织、运动社群参与日常维护。开放场地预约端口对接社区需求,打造"政府搭台、社会唱戏"的共治生态,提升用户黏性与服务效能。

(五) 推行区域差异化政策与精准监管

对中西部及县域加大财政转移支付与用地指标倾斜,避免"一刀切"建设标准。严格审批防止"房地产化"倾向,建立动态人口评估机制,将流动人口、特殊群体需求纳入规划,确保设施供给公平可及。

(六) 加速智慧化转型与数据赋能

构建统一数字化管理平台,集成人流监控、能耗分析、设施运维等功能,打通信息孤岛。推广用户端智慧服务(如小程序预约、运动数据追踪),利用 AI 算法预测使用峰值并优化资源配置,推动体育公园向"可感知、会思考"的智慧空间升级。

第五节　欧美国家体育公园发展现状及成功经验

一、发展现状

欧美国家体育公园的发展呈现出鲜明的区域特色与文化导向。以美国为例,其体育公园以"全民运动"为核心,强调功能多元性与社区参与。美国城市公园体系自 20 世纪初便融入运动基因,芝加哥公园体系首创的"大草坪＋运动场"模式延续至今,94％的公园设有游乐场,80％以上配备篮球场、网球场等基础设施。例如纽约中央公园,340 公顷的绿地上布局了橄榄球、足球等露天运动场地,同时依托室内社区活动中心提供瑜伽、游泳等课程,形成"自然运动＋室内服务"的复合模式。其运营模式注重市场化,通过活动收费、商业赞助及体育培训实现资金循环,如泛太平洋体育公园通过青少年体操课程和老年人水中锻炼项目增强可持续性。

日本体育公园则凸显集约化与法治化特征。根据《城市公园法》,日本将运动公园法定为

"15～75 公顷的大型专类公园",要求体育设施占比最高达 50％。例如大阪城北中央公园,25 公顷内密集配置 4 个棒球场、8 个网球场及儿童游乐区,棒球场作为"国民运动"载体成为标配。日本通过"运动公园＋综合公园"双轨制解决土地紧张问题,如东京井之头恩赐公园在 40 公顷综合绿地中嵌入 10 公顷运动园区,实现"赏樱＋棒球"功能共生。但政府主导的运营模式导致设施更新滞后,公益性收费难以覆盖维护成本,成为普遍难题。

欧洲体育公园则注重生态融合与人文关怀。英国摄政公园将橄榄球场、板球场与湖泊、山坡自然交织,利用草坪和林荫道划分运动与休闲空间,同时限定时段为残疾人开放专属运动区,体现"自然基底＋包容性设计"理念。德国慕尼黑奥林匹克公园通过改造废弃机场,整合足球场、滑雪场与生态湿地,以地形起伏分隔功能区,同时植入 SPA 和医疗中心,形成"运动康复＋生态修复"双重价值。荷兰 Willem 体育公园的创新更为激进,利用高速路隧道顶部架设体育场,以混凝土篷结构整合停车场与室内球场,通过彩色幕布设计平衡安全性与景观性,成为"基建空间活化"的典范。这些案例共同体现了欧洲将历史底蕴、生态修复与人性化服务深度结合的特点。

二、成功经验

1. 规划理念——自然融合与功能复合化　欧美体育公园注重将自然景观与运动设施深度融合,强调生态基底与动态功能的共生。其核心理念是通过最小化人工干预,将运动场地嵌入自然环境中,例如英国通过大面积草坪和湖泊布局足球、板球等传统运动场地,利用地形高差形成天然观赛台阶;德国则在山地公园中结合森林步道设计山地自行车赛道,保留原有植被的同时创造运动场景。这种规划不仅降低建设成本,还通过"动态功能嵌套静态自然"的模式,实现生态效益与运动需求的双重满足,例如荷兰将运河改造为皮划艇赛道,既维持水文循环又激活城市滨水空间。

2. 运营模式——市场化运作与多元化收入　以公私合作(PPP)和商业赞助为核心,欧美体育公园通过门票收入、场地租赁、会员服务及衍生消费(如运动培训、餐饮)实现资金自循环。政府通过特许经营权招标引入专业运营商,如美国中央公园将 30％收入来源锁定为企业品牌冠名(如美国运通赞助慢跑赛事),同时开发高端婚礼、企业团建等定制化服务;德国慕尼黑奥林匹克公园与拜耳、宝马等企业建立长期合作,通过冠名场馆和联名活动分摊维护成本。此外,衍生消费链条的延伸进一步强化营利韧性,形成"主业引流——副业创收"的闭环。

3. 包容性设计——全龄友好与社会公平　全龄覆盖与无障碍设施是欧美体育公园的核心设计原则。其设计逻辑强调"分层适配":针对儿童设置安全软质铺装的无动力游乐区,青少年配置极限运动设施(滑板场、攀岩墙),中老年布局低强度健身器材和康复步道。例如英国社区公园通过"可调节篮球架"满足不同身高人群需求;美国纽约中央公园的健身路径采用防滑橡胶材质并配备盲文指引,确保视障者独立使用。社会公平性则通过分时段免费政策实现,如工作日早晨对老年群体开放免费瑜伽课程,周末为低收入家庭提供公益运动培训,确保资源普惠。

4. 生态可持续与技术创新　欧美注重低碳技术与智能化应用,例如德国采用模块化透水铺装减少地表径流,利用公园湖泊构建雨水收集系统灌溉绿地;丹麦哥本哈根超级线性公园通过太阳能路灯和生物降解材料实现零碳运营。技术创新层面,物联网传感器实时监测人流密度和设施损耗,优化资源调度(如荷兰威廉体育公园在高峰时段自动增派保洁人员);AR 技术则创造虚实结合的运动场景,如芬兰赫尔辛基公园的"虚拟滑雪道",用户通过智能眼镜在夏季体验冬季运动,提升空间利用率。

5. 政策支持与量化标准　法规与量化指标为体育公园建设提供刚性约束。欧盟通过《绿色基础设施战略》要求新建公园的绿地率不低于 60%,运动设施占比控制在 20%～40%;日本《城市公园法》按人口密度分级制订服务半径(社区级 500 米、市级 2 000 米),并规定每万人需配备 1.5 个标准足球场。美国则通过税收减免激励企业参与公园建设,例如企业赞助金额的 30%可抵扣所得税。此外,生态补偿机制推动棕地再生,如法国巴黎将废弃铁路改造为"绿荫长廊体育带",政府补贴占项目总投资的 45%。

6. 文化融合与主题特色　体育公园深度嵌入本土文化与特色运动,例如英国利兹市将工业遗产(旧纺织厂)改造为攀岩主题公园,保留红砖建筑作为文化符号;美国科罗拉多州依托沙漠地貌开发越野摩托车主题公园,举办年度"红岩拉力赛"吸引全球爱好者。文化认同感还通过社区参与强化,如荷兰阿姆斯特丹的 BMX 公园由本地俱乐部主导设计,赛道造型融入传统风车元素,同时定期举办青少年文化节,将运动空间转化为社群精神地标。

欧美体育公园以"自然为基底、市场为驱动、包容为内核",通过精细化政策引导和跨界资源整合,实现生态、经济与社会效益的协同增效。其经验为我国提供了从"功能叠加"到"系统赋能"的转型启示——即通过量化标准约束规模,以文化 IP 激活空间价值,借技术创新优化服务,最终构建全民共享的可持续运动生态系统。

三、经典案例

(一) 纽约中央公园

纽约中央公园始建于 1857 年,最初以"自然基底"为核心,通过保留人工湖、森林和湿地构建生态绿肺,绿化覆盖率超 60%。20 世纪后逐步嵌入运动功能,将自然景观与体育活动无缝衔接,例如环湖铺设 10 公里慢跑道,利用冬季湖面打造滑冰场,夏季开放划船区等,形成"动态功能嵌入静态自然"的独特模式。全龄友好设计覆盖儿童游乐场、瑜伽草坪、老年人健身区及季节性活动(如冰雪节),满足多元化需求。

1. 运营模式与市场化机制　中央公园由纽约市公园与休闲局主导运营,采用"政府监管＋社会资本参与"模式。收入来源多元:大型活动(如纽约马拉松、音乐会)每年吸引超 5 000 万游客;商业租赁(高端婚礼、会展)及动物园门票贡献 30%收入;企业赞助(如美国运通)和衍生服务(运动培训、装备租赁)补充现金流。专业团队负责设施维护,引入 AI 人流监测系统优化资源配置,并通过志愿者计划降低人力成本,年运营预算超 6 500 万美元中的 40%来自市场化收入。

2. 社会价值与经济效益　中央公园提升曼哈顿城市竞争力,周边地产溢价达 40%,成为全球精英聚居地。每年举办 200 余场体育活动,衍生运动消费产业链(如骑行装备、瑜伽课程),间接经济贡献超 2 亿美元。社会包容性显著:免费开放步道、球场等基础设施,并推出"低收入家庭优惠计划",确保普惠性;社区活动(如青少年棒球联赛)增强凝聚力,减少阶层隔阂。

3. 经验启示与挑战　中央公园成功关键在于平衡生态保护与功能开发,以市场化手段激活公共空间价值,同时坚守公益性。其动态适应性(如高峰时段增设临时设施)回应城市需求变迁,品牌化 IP(如冰雪节)强化全球影响力。但高维护成本依赖财政补贴(占预算的 60%),未来需拓展数字衍生品(虚拟游览)和低碳技术(太阳能照明)以降低能耗。核心启示在于:体育公园应成为"自然为体、运营为用"的可持续范本,通过公私合作实现社会效益与经济效益双赢。

（二）慕尼黑奥林匹克公园

慕尼黑奥林匹克公园的前身是 1972 年夏季奥运会的主场馆群，其规划核心在于将历史遗产与生态修复相结合。公园原址为废弃机场和二战后的垃圾填埋场，通过地形改造（如利用废墟堆砌成奥林匹克山）和生态修复，将工业棕地转化为绿地与水域交织的生态空间。设计上强调多功能分区，运动区（足球场、溜冰场）、极限运动区（滑板、BMX 赛道）与文化娱乐区（露天剧场、海洋馆）有机结合，同时保留湖泊和野餐草坪等休闲区域，满足全年龄段需求。例如，露天剧场在非赛事期举办音乐会和放映电影，提升空间利用率，而生态修复技术（如雨水收集系统）则确保可持续发展。

1. 运营模式与公私合作　公园采用"政府主导＋市场化运作"模式。收入来源多元化：场馆租赁承办欧洲杯总决赛等国际赛事，商业合作计划吸引拜耳、宝马等企业赞助，门票收入来自极限运动赛事（如 MASH 极限赛）及皮划艇租赁等按次付费项目。季节性活动策划（如夏季露天剧场市集）结合餐饮服务，吸引家庭及年轻群体，年游客量超 600 万人次。专业化管理团队与当地票务公司合作，优化活动排期和资源配置，确保运营效率。

2. 社会价值与社区融合　公园免费开放健身步道、球场等基础设施，并成立水球、花样滑冰等体育俱乐部，降低市民参与门槛。包容性设计体现在无障碍设施（残疾人专用停车场、更衣室）及限时专属活动（如残疾人足球赛），彰显社会关怀。经济上带动周边餐饮、酒店发展，生态上通过植被修复和低碳技术实现平衡。社区参与方面，与 Open Age UK（帮助老年人的慈善机构）合作举办创新型足球赛（禁止跑步、仅限步行），鼓励老年人保持健康生活方式，增强市民归属感。

3. 经验启示与可持续性　慕尼黑案例的核心启示在于"遗产活化"与"跨界融合"。奥运场馆成功转型为公共资产，避免赛后闲置，通过"体育＋"生态圈（赛事、文娱、商业）提升价值。公私合作破解资金难题，企业赞助和衍生服务（如品牌联名）增强营利能力。生态层面，棕地修复技术为城市更新提供范本。我国可借鉴其经验，例如利用废弃工业区建设体育公园，通过政府与社会资本合作（PPP）模式优化运营，同时注重社区参与和全龄友好设计，实现社会效益与经济效益双赢。

欧美国家体育公园的未来发展将围绕"生态化、智慧化、全龄化"三大核心趋势展开。在生态层面，强调自然景观与运动设施的深度融合，通过低影响开发（如雨水花园、透水铺装）和棕地再生技术，将废弃工业区、垃圾场转化为低碳运动空间；智慧化方面，引入物联网实时监测人流、设施使用率，结合 AI 算法优化运营调度，并通过 AR/VR 技术打造虚拟运动场景，增强互动体验；全龄化则聚焦包容性设计，覆盖儿童无动力设施、青少年极限运动区及适老化康复空间，同时通过社区共建计划（如志愿者园艺、运动社群）强化社会凝聚力。运营模式上，公私合作（PPP）与会员制服务将成主流，企业赞助、赛事 IP 开发及衍生消费（如健康餐饮、运动培训）支撑可持续资金链，形成"运动—休闲—商业"闭环生态圈，最终推动体育公园从单一功能空间向城市活力综合体的转型。

案例分析

案例 12.1　体育公园"迁安模式"

滦河左岸体育公园是迁安市深入贯彻全民健身国家战略的缩影。近年来，迁安市认真开展体育公园建设、体育惠民工程，高标准建设滦河左岸体育公园，在体育公园建设运营方面初步形成"迁安模式"。迁安市获评"中国文体旅融合高质量发展示范城市",连续 4 年获评"河北省体育工作最佳县(市)",连续四届被评为"全国群众体育工作先进单位"。滦河左岸体育公园获评河北省首批示范性体育公园。

1. 坚持扬优势、创品牌,建设体育公园新样板。迁安市依托滦河左岸生态资源、水域资源以及城市文脉,于 2023 年初启动实施占地 102.5 公顷、全长 10 公里的滦河左岸体育公园项目,并于同年 5 月投入使用。同时,坚持政府投资、部门协同,项目化、清单化、节点化分期推进滦河左岸体育公园建设,在 2023 年成功投用的基础上,2024 年又启动实施了卡丁车、"滦河渡"张健横渡基地、房车营地等二期项目建设。在管理运营上,坚持公益性与经营性相结合,探索"政府引导、市场运作、社会参与"的运营模式。迁安市政府与北京体育大学就滦河左岸体育公园品牌建设、赛事活动、人才引进、运营管理等进行全方面合作,构建了完善、立体的公园管理维护体系。

2. 坚持惠民生、优服务,打造全民健身新典范。按照"全龄友好"理念,滦河左岸体育公园建有足球场、篮球场、网球场、轮滑场、儿童运动拓展场、皮划艇训练基地等场地 20 余个,可满足皮划艇、赛艇等 100 余项运动需求,打造了全龄段一站式全民健身场所。滦河左岸体育公园坚持全年全时段免费向群众开放,配备了智能体检一体机、太阳能充电器等便民设施,灵活植入体育商店、水吧、小剧场、轻餐厅等服务场所,实现了大湖美景与体育运动、休闲社交完美融合。实施品牌赛事培育战略,目前已有原创水上赛事两项,即:中国•迁安水岸铁人运动公开赛、中国•迁安滦河横渡挑战赛,首创的水岸铁人运动公开赛成功列入中铁协 C 级赛事,中国皮划艇巡回赛创北方城市举办该赛事之先河。今年以来,成功举办各类赛事活动 100 余场次。

3. 坚持促融合、兴业态,树立体育消费新标杆。该市打造"体育公园+基地"模式,中国铁人三项青少年训练基地、"滦河渡"张健横渡基地等国家级、省级运动训练基地纷纷落户于此,北体水上运动俱乐部入驻滦河左岸体育公园,聚焦皮划艇、桨板等项目,快速吸引大批水上运动爱好者,组建了专业运动队伍,参加全国各类赛事。打造"体育公园+教育"模式,以赛事竞技、等级考试为切入点,引人流、兴培训,促进体教融合。滦河左岸体育公园常年组织足球、网球、轮滑、皮划艇、桨板等公益性培训,累计参训 10 000 余人次,并组建了迁安市青少年运动梯队,开展全国桨板运动水平、全国桨板技能教练员培训等系列活动,吸引京津冀 3 000 余人次参与。打造"体育公园+旅游"模式,结合举办的全国赛事,推出地学山水休闲游、黄帝文化研学游等特色旅游线路,形成"一人参赛,多人旅游,单人竞赛,多人消费"的体旅消费模式,年吸引游客 20 余万人次,带动消费上亿元。

资料来源:人民网—河北频道 2024-11-25

问题与思考:

迁安模式的核心驱动力是什么?

案例 12.2 "口袋公园"打造家门口"微幸福"

街角路边多了精致小巧的公园,闲置土地打造成群众休闲乐园,荒废边角地变成花园……出门走上几百米,就有一座精致小巧的口袋公园,不仅扮靓了城市的"微空间",更兜住了市民的幸福感。"口袋公园"指面向公众开放、规模较小、形状多样,具有一定游憩功能的公园绿化活动场地,面积一般在 400~10 000 平方米之间,类型包括小游园、小微绿地等。

在寸土寸金的城市空间,"推窗可见绿、出门即入园"成为人民的期盼。口袋公园因其规模较小、类型多样,可以充分利用城市空间进行布局。作为面向公众开放、形状多样、具有一定游憩功能的公园绿化活动场地,口袋公园虽小,但胜在星罗棋布、绿意盎然,满足了人们对宜居宜业的要求,在车水马龙的城市中勾勒出一片片休憩的空间。口袋公园有效提高公园绿地服务半径覆盖率,不仅提升了城市"颜值",更为市民提供了休闲锻炼的好去处,为市民打造家门口的"微幸福"。这种微更新、微改造的方式为城市发展注入了新的活力,提升了城市的生活品质和绿色活力。

口袋公园不能"建成一时新,建后无人管",需要加强日常管理维护,要定期对植物进行修剪和养护,清洁口袋公园的环境卫生。用小而美的口袋公园改善城市生态环境、丰富城市绿化景观,让市民在家门口感受好景致,推窗即见绿,提升幸福感,见缝插针的口袋公园多多益善。

资料来源:合肥在线 2023-08-31

问题与思考:

体育公园不一定大而全,也可以小而美,口袋公园的启示有哪些?

思考题

1. 简述体育公园的发展历程。
2. 体育公园的功能有哪些?
3. 我国体育公园存在的问题有哪些?
4. 查找相关资料,了解欧美国家体育公园建设的经验和运行方式。

参 考 文 献

［1］冯振伟,曾雨.加快建设体育强国背景下数字赋能全民健身高质量发展研究[J].体育科学,2023,43(4)：14-23.

［2］高雪峰,刘青.体育管理学[M].北京：人民体育出版社,2009.

［3］贵州省人民政府."村超"以赛事项目制推动县域经济发展的鲜活实践[EB/OL].(2024-10-28)［2023-11-03］.https://www.guizhou.gov.cn/ztzl/gzcfa/zxbd/202311/t20231103_83030318.html.

［4］郭家欣,崔乐泉.全民健身背景下用户在线健身需求体系构建与分析：基于Word2Vec-IPA模型的研究[J].北京体育大学学报,2024,47(4)：131-143.

［5］国家旅游局,国家体育总局.关于大力发展体育旅游的指导意见[EB/OL].(2016-12-22)[2025-03-02]https://www.sport.gov.cn/n10503/c781831/content.html.

［6］国家体育总局.中国户外运动产业呈现十大特点：《中国户外运动产业发展报告(2023-2024)》发布[EB/OL].(2024-10-28)［2025-03-10］.https://www.sport.gov.cn/n20001280/n20067608/n20067635/c28206840/content.html.

［7］国务院研究室科教文卫司,国家体委政策法规司.体育经济政策研究[M].北京：人民体育出版社,1997.

［8］黄海天.管理学及案例[M].上海：上海大学出版社,2014.

［9］中共中央,国务院."健康中国2030"规划纲要[N].人民日报,2016-10-26(1).

［10］金超.全民健身视域下智慧化体育场馆建设研究[J].工程抗震与加固改造,2023,45(4)：179.

［11］李龙,李梦云.我国全民健身公共服务政府性基金投入的时空特征与区域差异研究[J].北京体育大学学报,2024,47(7)：52-69.

［12］刘长江,肖坤鹏.新发展阶段我国全民健身公共服务高质量发展研究[J].体育文化导刊,2024(8)：47-54.

［13］罗宾斯,贾奇.组织行为学[M].孙健敏,王震,李原,译.北京：中国人民大学出版社,2016.

［14］牟利明.美国"总统青少年健身计划"的启示[J].体育文化导刊,2013(7)：24-27.

［15］帕克豪斯,等.体育管理学：基础与应用[M].裴立新,成琦,等译.4版.上海：华东师范大学出版社,2009.

［16］帕克豪斯.体育管理学：基础与应用[M].秦椿林,李伟,高春燕,等译.3版.北京：清华大学出版社,2003.

［17］祁社生,楚柔侠.体育管理学[M].上海：上海科学技术文献出版社,2013.

［18］秦椿林.体育管理学高级教程[M].北京：高等教育出版社,2009.

［19］杨磊.2024年全国路跑赛事共671场 中国马拉松凸显"规范化"[EB/OL].(2025-01-03)[2025-03-14].http://ent.people.com.cn/n1/2025/0103/c1012-40394955.html.

［20］孙汉超,秦椿林.体育管理学教程[M].北京：人民体育出版社,1996.

［21］谭白英,邹蓉.体育旅游在中国的发展[J].体育学刊,2002(3)：22-25.

［22］谭建湘,霍建新,陈锡尧,等.体育场馆经营与管理导论[M].北京：高等教育出版社,2014.

［23］国家体育总局体育经济司.2023年全国体育场地统计调查数据[EB/OL].(2024-03-11)[2024-12-18].https://www.sport.gov.cn/n315/n329/c27549770/content.html.

[24] 国家体育总局体育科学研究所. 国家国民体质监测中心发布《2020年全民健身活动状况调查公报》[EB/OL]. (2022-06-07)[2024-12-18]. https://www.sport.gov.cn/n315/n329/c24335053/content.html.

[25] 王立诺. 全民健身时代体育产业发展研究[M]. 北京：中国财政经济出版社，2022.

[26] 王莹，车利，陈士亮，等. 全民健身信息服务平台线上健身课程体系构建[J]. 首都体育学院学报，2024，36(5)：473-480,550.

[27] 王艳，刘金生. 我国小城镇体育产业发展方略[M]. 北京：人民体育出版社，2023.

[28] 韦里克，坎尼斯. 管理学：全球化、创新与创业视角[M]. 孔茨，马春光，译. 北京：经济科学出版社，2015.

[29] 肖林鹏. 体育管理学[M]. 北京：北京师范大学出版社，2011.

[30] 徐丙臣. 管理学理论与实践[M]. 北京：中国经济出版社，2011.

[31] 易国庆. 体育场馆的经营与管理[M]. 北京：人民体育出版社，2009.

[32] 张强，王家宏. 新时代我国智慧体育场馆的发展现状、困境及推进策略研究[J]. 天津体育学院学报，2022,37(5)：566-572.

[33] 张瑞林. 体育管理学[M]. 3版. 北京：高等教育出版社，2015.

[34] 张文健. 职业体育组织的演进与创新[M]. 北京：北京体育大学出版社，2006.

[35] 张亚玲，黄亚玲，刘圣圣，等. 青少年体育俱乐部参与课后服务价值、困境与路径[J]. 体育文化导刊，2022(11)：104-110.

[36] 张岩. 我国公共体育场馆性质辨析[J]. 体育与科学，2004(2)：13-15.

[37] 中华人民共和国文化和旅游部.《中国冰雪旅游发展报告(2025)》：冰雪旅游市场展现前所未有活力[EB/OL]. (2025-01-08)[2025-03-10]. https://www.mct.gov.cn/whzx/zsdw/zglyyjy/202501/t20250108_957719.html.

[38] 周三多，陈传明，鲁明泓. 管理学：原理与方法[M]. 3版. 上海：复旦大学出版社，2003.

[39] 左庆生. 体育管理学[M]. 北京：北京师范大学出版社，2010.

[40] BEGGS B A, MULL R F, RENNEISEN M, et al. Recreation facility management[M]. Champaign, IL: Human Kinetics, 2023.

[41] DESENSI J T, KELLEY D R, BLANTON M D, et al. Sport management curricular evaluation and needs assessment: A multifaceted approach[J]. Journal of Sport Management, 4(1): 31-58.

[42] DISHMAN R K, MCDOWELL C P, HERRING M P. Customary physical activity and odds of depression: A systematic review and meta-analysis of 111 prospective cohort studies[J]. British Journal of Sports Medicine, 2021, 55(16): 926-934.

[43] EDWARDS A, SKINNER J. Qualitative research in sport management[M]. Amsterdam: Elsevier's Science & Technology Rights Department, 2009.

[44] FIELDHOUSE K, WOUDSTRA J. The regeneration of public parks[M]. London: Taylor & Francis, 2012.

[45] GIBSON H., ATTLE S., YIANNAKIS A. Segmenting the sport tourist market: A lifespan perspective [J]. Journal of Vacation Marketing, 1998, 4(1): 53-64.